あの世に行った人たちから学ぶ、この世の生き方

今のあなたの人生を有意義なものに変えるヒント

タイラー・ヘンリー 著
Tyler Henry
采尾英理 訳

Here & Hereafter
How Wisdom from the Departed Can Transform Your Life Now

ナチュラルスピリット

HERE & HEREAFTER
by Tyler Henry

まえがき

死者に学ぶあの世の死生観

十歳の時に祖母の死を予知してからというもの、僕の人生の道筋は永遠に変わりました。それは十四年前のことで、以来、数々のリーディングで死者との交流をはじめとする類まれな繋がりを経験し、宇宙や、宇宙における人間の役割への僕の理解も変わりました。自分自身の臨死体験を含め、直接的なサインや深遠な偶然の一致を通して人々の人生に起こる、聖なる介入のパワーを僕は自分の目で見てきました。そうした経験の数々が、この世を生きて去っていった死者たちから伝えられてきた心情と相まって、生と死、そして人生の意味に対する僕の見方を一変させたのです。

死は誕生と同じく、人生において避けられないものです。この世で与えられた時間をどう使うかによって、人生の質と、その道のりを行く過程でどれだけ優雅に学べるかが決まります。本書では、死者から聞いたあの世での経験から僕が学んだことをお話ししますので、よりあなたの望みに沿った、意義深い人生を送るのに役立つツールを見つけていただけると思います。人はそれぞれ違っても、すべての魂には共通点があり、死後に学ぶレッスンはわれわれの普遍的な共通点を反映しています。ラム・ダス〔訳注／アメリカの精神的指導者〕の言葉を借りれば、「人は結局のところ、お互いを家《ホーム》まで送り届けているだけ」です。

人類はその始まりから、頑なさやエゴ、無知、不調和に悩まされてきましたが、こうしたものは魂の本質ではありません。われわれには、この「人間としての自分」と「魂としての自己」の二分法を認識し、統合する責任があります。よく言われるように、人は「霊的な経験をしている肉体的存在ではなく、肉体的経験をしている霊的な存在」だからです。すべては一時的な儚いものであり、約束されているのは変化だけです。では、どうすれば、人生に起こる避けられない物事をうまく切り抜けていけるのでしょう？

死者があの世で学ぶレッスンは、人生そのものの意味について、われわれに洞察を与えてくれます。もっと実際的に言うと、生きているうちに、より包括的で有意義な死生観を得るのにそれが役立つのです。僕はこれまでの道のりで、死者たちのわれわれとは異なる死生観を知り、そこに極めて貴重な生きる術を見つけては驚嘆させられてきました。

僕が霊能者《ミディアム》として学んだのは、信頼することの大切さです。有益なリーディングを行うためには、自分自身を信頼するだけでなく、仕事をするうえで僕が完全に頼りにしている、自分ではコントロールできない領域を等しく信頼する必要があります。この内的信頼と外的信頼を通して、僕は直観と呼ばれる高次の情報源への信頼を深めてきました。ミディアムにとって直観的に生きることは必須ですが、どんな人でも、頭の奥から時おり響いてくる小さな声を聞いていています。その声にもっと耳を傾けていたら……！　それだけで、時間を無駄にするような些細な出来事に気を取られることなく、もっと効率的に生きられるはずです。チャンスに気づくべき時がわかれば、それをつかむことができます。直観は、注意を向けるべき対象とそうでない対象を判別するための強力なツールなのです。直観はまた、今まで見えていなかった道を示し、提示するすべてを通じて新しい道を切り開いてくれます。

　死後の成長プロセスを死者たちから教わり、僕はあの世における特定のプロセスに普遍性を見いだしました。人は誰であろうと皆、宇宙の同じメカニズムに従っているのです。そのプロセスは、死に際してわれわれの意識をダイレクトに変化させ、その人がどのように生き、どのように他者を助けてきたかについて洞察を与えてくれます。死者があの世で得るそうした理解は、われわれが最大限に人生をまっとうするためのヒントになります。あの世の視点を認識することで、この世での視点をシフトさせられるのです。

　あの世で得る理解はすべて、僕が「人生の振り返り」と呼ぶプロセスでもたらされるらしく、そのプロセスは最終的にエゴの死に繋がります。赤ちゃんが生まれる時に産道を通り、へその緒を切られるのと同様に、魂も分離のプロセスを経て次の世界に移行するのです。人はそうした一連のプロセスを通じて人間的な問題や大きなトラウマ、経験に基づく重荷をすべて手放していくわけですが、手放すにはそれらすべてに向き合うしかありません。人は人生の振り返りを通して、われわれの意識が生前に出会ったすべての人にどう影響を与えたかを理解し、個人の存在が集合体としての存在をどう変化させたかを知ることになります。この自己実現のプロセスを経ながら、われわれの意識は自分を個人としてではなく、万人が属するより大きな集合意識の一部として見るようになります。あらゆる相互作用が統合されるたびに、エゴの層が一枚、また一枚と剥がれていき、人は誰もが同じ手に属する異なる指であること、つまり同じ源の延長であることを悟るのです。

この理解から、受容が生まれます。自分の行動がどう他者を助けたか、あるいは傷つけたか、そしてその行動がどのように自分に返ってきたかを直視しながら、あらゆる問題や障害、傷心、人生で起こった出来事を受け入れるのです。これこそが真の平安です。僕は天国のことを、ハープを奏でる赤ちゃんたちがいる霞がかかった楽園のようなものではなく、われわれの意識が必然的に前に進み、成長して到達するひとつの状態と捉えています。人は最終的に、宇宙に満ちている意識の広大なネットワークにおける自分の役割を自覚します。これを悟ると人間的な問題など取るに足りないものに思えてきますが、そうした人間的な問題がなければその悟りも起こりえないでしょう。

　人が他界した時に到達する境地と、多くの宗教がこの世で到達しようとする境地には大きな共通点があるように思います。世界は宗教やスピリチュアリティや神秘主義を通じて、人類が本能的に察知してきた高次のパワーとの繋がりを得ます。その境地に到達すべく、われわれの歴史は儀式や修行にあふれていますし、人々は源ともっと一体化しようと特定の活動を行います。カール・ユングは意識と無意識を統合するこのプロセスを「個性化」と呼び、ブッダは「悟り」と呼びました。呼び方はどうであれ、内面に向かうことで外側の問題を解決できるという理解が、人類には昔から常にあったのです。

　僕は、人生で完全な悟りを目指すことは現実的ではないと思っています。まず西洋社会では役に立ちません。僕はエゴを破壊するのではなく、成長させるべきだと考えています。ご存知のように、エゴは人が生きていくために必要な防御システムです。あなたが人里離れた寺院に暮らすチベット僧なら話は別ですが、僕はアセンションのための努力というのをあまりお勧めしません。このハードルを少し低くして目覚めた生き方をすることと、悟りを目指して努力することには見過ごせない違いがあります。すべての人は学びの途上にあり、人生のレッスンは、深遠であると同時に実用的であることを狙いとしています。意識と無意識、エゴと魂、愛と恐れ、それぞれのバランスの中に、往々にして不安定なこの世界における安寧は見つかるでしょう。

本書で紹介するツールは、直観を磨き、エゴを認識し、あなたの世界から少しでも重苦しさを取り除くためのものです。個々が癒やされていくと連鎖反応が起こり、他の人たちも癒やしへと鼓舞されるでしょう。そこから旅が始まります。

この世を生きて去っていった先人たちの経験から学ぶことで、われわれは想いを伝えるべき時を知り、後悔を減らすことができます。また、直観を活用することで、魂の奥底まで分け入ってそこから周囲の世界を見定めることができます。宇宙のささやきに耳を傾けるなら、自分が何をすべきかだけでなく、自分とは何者なのかを発見できるでしょう。

あの世に行った人たちから学ぶ、
この世の生き方——今のあなたの人生を有意義なものに変えるヒント

もくじ

まえがき　死者に学ぶあの世の死生観　1
著者による注記　10
第1章　神性に満ちた人生を歩む　11
第2章　エゴをチェックする　39
第3章　直観を取り入れる　87

第4章　真の自己と一致する　135
第5章　避けられない喪失に向き合う　185
第6章　サインを認識する　237
第7章　クレアボヤントの質疑応答　289
謝辞　357
訳者あとがき　361
著者・訳者紹介　367

著者による注記

スクリブリング（走り書き）はリーディングに役立つツールです。僕はこれによって、スピリットとの繋がりのオンオフを切り替えています。ペンを前後左右に反復させていると瞑想状態に入り、雑念から意識をそらすことができます。描き終えたものを見て驚くことも多々ありますが、スクリブリングにおいては内容よりも、マインドフルに繰り返す作業そのものが重要です。

1 神性に満ちた人生を歩む

神秘的に生きることの意味

スピリチュアルに生きるとは根本的に、現実《リアリティ》の神秘的な側面を認識するということです。神秘主義は世の初めから、あらゆる宗教やスピリチュアリズムに共通するものでした。神秘主義が完全に理解されたことは一度もありませんが、それはそのように意図されているからです。神秘体験の性質は言葉を超越していて、体験した者がそれを理解しようと残りの人生を費やすことも珍しくありません。人類は昔から、存在の基盤を成り立たせている「別の」何かに気づいていました。初期の宗教では祖先崇拝にかなりの重きが置かれ、人類が過去から現在まで本質的に繋がっているという思想に基づくその信仰は、共同体の精神性として役目を果たしました。時代が進むにつれ、多神教と一神教が優勢になりますが、こうしたいずれもが、理解を求めて地上から天を仰ぐ試みでした。そうした考えが生まれて以来ずっと、現実《リアリティ》の「別の」側面と繋がろうとする試みも続いてきたのです。この結びつきが、あらゆる宗教実践の土台となっています。

合掌して祈るのも、超越瞑想の状態に入るのも、その目的は同じです。つまり、エーテル界と交わり、意識を好転させるということです。あらゆるスピリチュアルな修養は、自分を向上させることを願って、より偉大なフォースと同調しようとすることが軸となっています。祈りは自分の声が聞き届けられたという感覚を与え、信仰は新たな高みに登るよう人を駆り立ててくれます――たとえその高みが目に見えなくても。

こうした考えは単なる信念ではなく、修養なのです。アフリカの部族は人を陶酔させるドラムサークルに合わせてダンスをしますが、それはスピリチュアルな交信を試みるもので、特別な時にだけ行われます。同じような目的で、多くの人が折に触れ、目を閉じて祈りながら内面に「語りかける」のではないでしょうか。カトリック教徒は崇高な目的を果たす手段としてロザリオを唱え、チベット僧はシンギングボウルで唸るような持続音を奏でて瞑想と祈りに活用します。

僕がこのような儀式を取り上げたのは、それらすべてに共通点、つまり僕のスクリブリングと同じく反復的な要素があるからです。僕がリーディングを行うのを見たことがある人なら、スクリブリングで紙に描かれる内容よりも、そのプロセス自体が霊界との繋がりに役立つということをご存知でしょう。紙に走り書きをするプロセスは、僕にとってのスピリチュアルな修養です。これは宇宙への合図であり、僕の頭が別のモードに入って繋がる準備ができたことを知らせます。この反復作業をしていると、トランス状態としか言いようがない変性意識に入ることができます。この状態に入ると、まだ周囲の環境には多少なりとも気づいているものの、普段なら気づかずに無視してしまうような霊的印象に気づきやすくなります。何かを反復的に行う作業は、目には見えない大いなるものと交信するシステムを構築するのに役立つのです。

健全な儀式を取り入れることは、スピリチュアルな繫がりの強烈さから、日常の俗事を切り離すのに役立ちます。神聖な儀式やルーティンを作ると、スピリチュアリティの土台ができるのです。スピリチュアルな修養のためにスケジュールを組むことは、僕がすべての人に実践してもらいたい基本的なコンセプトです。複雑なことをする必要はなく、むしろ複雑でないほうがいいくらいです。毎日の瞑想や祈りの時間を設けることで、洞察を受け取るプラットフォームができます。こうしてわれわれが神秘を探し求める役割を果たすと、そのお返しとして宇宙がわれわれを探し求める機会が生まれます。その結果は、人生を一変させるようなものになるかもしれません。

神秘主義について深堀りする前に、神秘体験の特徴を理解しておきましょう。神秘体験の性質は、深遠であると同時に想像を絶するようなものです。それは突然起こり、体験者に変化とインスピレーションを残していきます。アメリカの哲学者で心理学者のウィリアム・ジェームズ（一八四二〜一九一〇年）は、その著書『宗教的経験の諸相』（岩波書店）で宗教的な体験について調査しています。著者本人は神秘主義者ではありませんでしたが、証拠や証人を調べ、神秘主義はあらゆる宗教の源だと結論づけました。彼は神秘的な状態の四つの特徴を次のように述べています。

1. 言語を絶する。言葉では言い表せない。神秘体験はあまりに非日常的なので、その深遠さを言葉では正確に描写できない。描写しようとしても、その衝撃の大きさを真に伝えきることは不可能。

2. 知性をくすぐる。神秘体験者は、知識の追求に無我夢中になる。その追求は、得られた洞察の論理的な探究というよりも、深い感情に突き動かされている。

3. つかの間の儚いものである。その体験は通常、短いけれども意味深い。

4. 抗えない。神秘体験者はその体験によって、高位のフォースの一部であるという圧倒的な感覚をおぼえ、他に関心を向けられないこともある。

臨死体験をした人たちが語る内容には、これらの特徴の多くが当てはまります。同様に、神聖なヴィジョンや神秘的な瞬間を体験して霊感に打たれた歴史上の人物たちも、こうした特徴を述べています。このような重大な出来事の起源をどう捉えるかによらず、そうしたことは確かに起こり、大きな変化をもたらすのです。

ハリエット・タブマン〔訳注／アメリカの奴隷制廃止運動家〕からジャンヌ・ダルクまで、歴史上の無数の人々が、世界を変えるほどの偉業を成し遂げられたのは異世界からの啓示があったからだと認めています。画家のサルバドール・ダリは、その超現実主義《シュルレアリスム》のアートの着想を得るために、いつも夢に注目していたことで知られています。起きている状態から眠りに落ちるまでの狭間の時間を利用して、絵のインスピレーションを得ていたのです。彼はうとうとしてくると、スプーンを握りました。そうして「入眠状態」と呼ばれる眠りかけの状態に入った瞬間、スプーンが落ちてハッと目が覚めます。目を覚ましたその瞬間、中間の意識状態にあった時に視えかけていたヴィジョン、イメージを記憶にたぐり寄せるというわけです。アルベルト・アインシュタインは二十分の昼寝を日課にし、新しいアイデアを得るための内観手段にしていました。近代物理学の父であるアイザック・ニュートンは錬金術というスピリチュアルな研究に深く携わり、神秘主義は科学の延長線上にあると信じていました。彼らは皆、自分の使命だと感じたことにただ素直に従うことによって、世界を変えたのです。これが直観です。

スピリチュアルな道とは、まだ完全には理解されていない、普遍的な神秘を理解しようという探究です。神秘体験をした人は往々にして、その体験が明らかに現実のもので、大きな衝撃をもたらしたにもかかわらず、それを詳しく説明する知力を持ち合わせていないと感じるものです。神秘的な活動は、もっと大きな意味を人生に見つけることを目的とした極めて個人的な修養であり、その歩みはしばしば人類のより大きな善に恩恵を与えます。神秘主義は、存在の本質と万物の真理に関する知恵とのダイレクトな繋がりを提供しているのです。

時には人間以外の洞察の源、すなわち高次のパワーとの交流が動機となる場合もあります。ハリエット・タブマンは、神から直接ヴィジョンがもたらされたと信じ、そのガイダンスに従って奴隷を自由へと導きました。ソクラテスは、時として人間と交信する「ミューズ」、つまり創造性の見えざるフォースに言及しました。モルモン教の創始者ジョセフ・スミスは、天使からのメッセージだと彼が信じたものを通じて、もっとも活発な現代宗教のひとつとなるモルモン教を設立するよう駆り立てられました。近代ロケット工学の父ジャック・パーソンズはしばしば過小評価されていますが、直観だけを頼りに推進技術に革命を起こしました。彼は、大学の学位も取得せずに、人類を月に送る燃料技術を生みだしたのです。

ミディアムシップの世界に入ったばかりの頃、僕はできるだけ多くのサイキックやミディアムを訪ねるよう努めました。そして、スピリチュアルな仕事に従事する人と個人的に二百人以上会い、さまざまな結果を得ました。特に関心を引かれたのは、彼らがどこから霊的情報を得ていると考えているかという点で、その回答の多様さには驚かされました。彼らの大半は自分にスピリットガイドがいることを認めていて、交信相手のスピリットがその部屋にいるのが文字どおり視えると主張する人たちもいました。異世界から情報を受け取ると主張する人、キリスト教の神から情報がもたらされると主張する人。古代の神々と接触していると言う人もいました。そうした主張や、各主張に見られる表面的な相違を一笑に付すのは簡単かもしれませんが、僕はそうした多様な回答が、霊的な繋がりを解釈するうえでの本質をよく表していることに気づきました。彼らは個々の信念を超越した何かに、自分の先入観を投影していたのです。

彼らの事例はすべて高次のフォースとの交流に関わるものですが、いったい何者がそうした神秘的な瞬間をもたらすのかという点に関して、誰にも意見の一致を見ることができません。キリスト教信者ならイエスからもたらされると捉えるかもしれませんし、スピリチュアリストならスピリットの仕業と考えるかもしれません。このことは、神秘体験の「言語を絶する」という性質をよく表しています。それを言葉で描写するのは不可能であり、われわれにはその起源を真に理解することはできないのです。われわれの仕事はメッセージの送り主が誰かを理解することではなく、そのメッセージを行動に移すことにあるのかもしれません。

神秘主義は、想像しうる現実《リアリティ》についてのあらゆる概念を、意識的に探究することを勧めています。もっとも疑り深い科学者でさえ、大いなる未知の存在を感じたあとは、唯物論的な現実の捉え方を揺さぶられます。脳神経外科医のエベン・アレグザンダーは、臨死体験後にものの見方が大きく変わったことを、その著書『プルーフ・オブ・ヘブン』（早川書房）で雄弁に語っています。当然ながら、科学機関では神秘体験など考慮されません。それは単純に、そうした体験は科学的手法では測定できないからです。神秘体験はその形而上学的な性質ゆえに、言葉や理性、合理的説明を超越しているのが特徴です。神秘体験は言葉では描写できず、高次のフォースの介入なしに起こすのは不可能です。神秘主義者はそうして自ら体得した知識を携え、高次のパワーとの霊的結合に近づき、自身で得た結論を内面で融合させていきます。人は壮麗な死後の世界を垣間見ると、永遠に変わります。自分が大きなパズルの小さなピースであることを理解するからです。これが不可逆的な認知シフトを起こして、現実《リアリティ》の定義を変えてしまうのです。

この真理を垣間見たことで、僕自身の生き方も変わりました。それは何を優先し、何に時間を無駄遣いしないかという考えに大きな影響を与えました。臨死体験者はしばしば、大局を理解したことで永遠に変わったと語ります。そして、その体験で得た知識を他の人たちにも伝えたいと感じるようです。僕の場合はある意味、スピリットと交信をするたびに死のプロセスがいかに意識を変えるかについて洞察を与えられるわけですが、これが僕自身の自己認識や、この地上で僕に残された時間の使い方を変えたのです。

宇宙と調和して生きていると、本物ではないもの、役に立たないものがすべて剥がれ落ちていき、われわれの永遠不滅の本質が垣間見えてきます。スピリチュアルに生きるというのは個々の歩みなので、自分が歩んでいる道は自分にしか理解できません。あなたが現実《リアリティ》の神秘性を認識していようといまいと、それは原始からずっと、永遠に存在します。科学が進歩しても神秘体験をする人はあとを絶たず、科学がそれを物理的に説明できるようになったわけでもありません。神秘主義者は過去にも現在にも生まれ、未来も生まれ続けるでしょう。そうした状況は変わっていないのですから、スピリチュアルな事象の背後にあるメカニズムに目を向け、それを理解しようと努めたほうがよさそうです。その過程で、自分自身をより深く理解できるはずです。その現実《リアリティ》を認識できた時、人生が変わり始めます。これこそが、自己実現の道です。

視えない世界との繋がりを他者より強く感じる人もいます。ミディアムである僕はこの能力が遺伝的なものかとよく訊かれますが、僕が知る限り、家族でこの能力があるのは自分だけです。とはいえ、スピリチュアルな傾向には生まれつきのものと育った環境によるもの、両方の要因があると僕は確信しています。環境に大きく影響されて霊的なものに対する受信力が育まれますが、その一方で人はそれぞれ特有の気質を備えているため、どんな視点に惹かれるかは個々によります。僕が直観を磨くことができたのには、一人っ子だったことも大きく関係していると思っています。僕には、「直観など磨くな」と言ってくる人はいませんでした。僕はたくさんのことを一人でしなければならず、自分が学んだことを通して変容しました。おとなしくて友だちも少なく、子どもよりも大人と一緒にいたがりました。この一匹狼的な性格によって僕の内省的な性質は強くなり、他者から「修正される」ことなくマイペースで歩むことができたのです。

神秘主義が組織的な宗教とそれに代わるスピリチュアリティの両方にインスピレーションを与えてきたという事実は、人間が神秘的なものに対して常に異なる解釈をしてきた証です。それは超越的であるがゆえに、われわれは自分になじみのあるものから得た知識を紡いで解釈していくしかありません。だからこそ、神秘的な瞬間をいったい何者がもたらすのかということについて、意見の不一致や矛盾があるのだと思います。簡単に言葉にできないもの、理路整然と分類できないものに対し、人はなんとかラベルを貼ろうとするものです。

このことを念頭に置き、スピリチュアルなメッセージの起源について確信しすぎないことが重要だと思います。僕はミディアムなので、人はよく、僕がリーディング中にクライアントの愛する故人と直接交信していると推測します。でも真相はというと、僕はいわゆるガイドたちと確固とした関係を築いていて、彼らが僕の代わりに、交信しようとやってくる意識とのコミュニケーションの大部分を担っているのです。ガイドたちは僕にとって謎であり、言葉で表すことすらできない存在なので、僕はもう彼らが何者なのかを理解しようとするのをやめました。彼らは確かに存在し、僕がメッセージを送受信するのを手伝ってくれるのですから、僕にとってはそれだけで充分です。

ですから皆さんにも、このスピリチュアルな道を歩むうえで、深遠な洞察の送り主を特定しようとして時間を無駄遣いしないことをお勧めします。「完全には知らない」状態に満足すると、自分が何を知っているかを認識できるようになります。学べば学ぶほど、一人の人間が真に理解できることなど氷山の一角にすぎないと気づいていくはずです。人間の仕事はすべてを解明することではありません。それよりも、自分の使命だと感じることや、神秘体験がもたらすひらめきに目を向けるべきです。われわれの役割はただ受け取ること、耳を傾けること、そしてそこから自分なりのやり方で世界をより良い場所にすることなのです。

ニューエイジ運動を特徴づけるものの大半は、古代と現代の信念体系をごちゃまぜにし、単一の教義を持たないのに単一のラベルを貼ってまとめたもの、と評されています。宗教にとらわれないスピリチュアルな生き方をすることと、ニューエイジの信念体系に浸ることは違うと知ってください。ニューエイジ運動のほとんどは、ニューソート（新思考）運動――形而上学や引き寄せの法則、自己啓発、そして「東洋的」とされる考え方から流用された思想を含む、初期のイデオロギー――から派生したものです。簡単に言うと、十九世紀初期のヨーロッパのエリート層は、チベットやインド、エジプトほか、新たに評判になった場所における信仰や習慣に魅力を感じたわけです。たとえばヒンドゥー教からチャクラシステムを採用して、仏教哲学と融合しました。そして、エネルギーヒーリング、直観、ヨガといったものが贖罪や罪業、地獄や天国に取って代わるようになりました。人々は原理主義や業火にうんざりし、神とのより個人的な関係を求めたのです。そうして彼らは古代の宗教や神話、言い伝えなどに、信じられる拠りどころを期待しました。ユダヤ教やキリスト教の物語を超えたスピリチュアリティを探究する試みの中で、さまざまな概念を新しく寄せ集めたものが出現したということです。

その寄せ集めは大当たりしました。ニューソートはニューエイジと名を変えてイメージを一新し、六十年代の人々はまったく新しい信念の波を引き起こしました。直観や超感覚的知覚はニューエイジのカテゴリーとしてひとまとめにされていますが、それはただ、世間がひとまず代替手段《オルタナティブ》と定義する対象にそれらが当てはまるからにすぎません。スピリチュアリティにまつわる一般的な固定観念の多くを崩すことが重要だという理由は、このあたりにあります。スピリチュアリティは大半の人が見ようとしない微妙なニュアンスを含んでいて、そこには織り合わさるさまざまな要素があるのです。直観にどんなメカニズムが働いているのかという疑問に対し、過去数十年の間に科学的な考察がされてきましたが、科学者たちは現実《リアリティ》のスピリチュアルな本質を解明するまで、「意識という難問」への答えを出すことは決してないでしょう。それは宗教のみならず全人類が直観的に惹かれながらも、真の理解には至っていない普遍的な真理です。われわれが何を信じていようとも、現実《リアリティ》の神秘的な本質は存在します。そして人は時おり、自分がその延長線上にいることに気がつくのです。

直観を磨くには実際的であることが大切だと、いくら強調してもしきれないくらいです。本書で述べているツールを利用してよりスピリチュアルに生きるには、バランスを優先することが重要です。行き過ぎないように注意を払い、自分の意見を新しい情報と入れ替えることを厭わないでください。仮にスピリチュアリティが実用的でないとしたら、それを実践する意味などあるでしょうか？

スピリチュアルに手を出す際は、確信してしまわないように気をつけることが大事だと僕は思っています。僕自身の仕事でいえば、何かを確信した瞬間、宇宙がそれとは相反するメッセージを送ってきて、自分がいかに何も知らないかを教えてくれます。たとえば、僕はこの仕事を始めた頃、あの世に移行したばかりのスピリットはミディアムとは交信できないと信じていました。他界して数時間、あるいは数日しか経っていないスピリットはリーディングに現れなかったので、そんなリーディングを何百とこなしているうちに、他界したてのスピリットは交信できないのだろうと思うようになったのです。現れるには時間がかかるに違いない、と。僕はこの見解を前著『ふたつの世界の間で』（ナチュラルスピリット）で述べたのち、いつもどおりリーディングに向かいました。すると、はたせるかな、この見解を自信満々に述べてから最初に行ったリーディングでクライアントの女性の父親がはっきりと現れ、彼が前日に亡くなったばかりだと知らされました。これこそ、謙虚さを忘れるなという教訓です！

僕が言いたいのは、受け取った情報をそのまま受け入れるのが重要だということです。情報に気づき、記録はしても、ラベルは貼らないようにすること。そうすれば、大いに面倒を省いて、もっと優雅に流れに乗ることができるでしょう。人間というのは自分の信念を確立するためにパターンや一貫性を求めるものですが、神秘主義はそこに一石を投じます。自分がパズルの一片にすぎないこと、それゆえに全体像が見えないことを理解してこの道を歩めるなら、すべてを理解しようとして生じるストレスはかなり軽減されます。

歴史を見ると、神との交信には意味のある偶然の一致やヴィジョン、理屈では説明できない感情などがつきものでした。だからこそ僕は、精神的な安定の重要性を強調したいと思います。バランスが基本であり、バランスに導かれないスピリチュアリティは、心の平穏に基づくものではありません。幸せに生きるためには、実存主義的な思考から少し離れる必要があります。サインや勘を利用しながら正しい判断をすることが鍵です。すべてに意味づけをしていると、本当に意味のあるものが意味をなさなくなる、と僕は固く信じています。

スピリチュアリティにおいて、意図はとても強力なメカニズムです。意図は祈りの基本であり、われわれの行いすべてに満ちています。いかなる行動よりも前に意図があるのです。われわれの行動には意図せざる結果がともなう場合もありますが、意図する能力は、意識を持つすべての存在の基本となるものです。僕が行うリーディングはすべてふたつの意図、つまり僕の意図とクライアントの意図が一致して始まります。僕は故人から意図的に送られてきたメッセージ、そして前述したようにガイドからのメッセージを、クライアントに伝えます。この仕組みは、あなたにとっても僕にとっても同じです。より包括的な、直観に基づく生き方を目指すなら、あなたのものの見方に影響を与えている意図にマインドフルになってください。

このマインドフルネス〔編注／今この瞬間に起きているありのままに意識を向けること〕そのものが、直観のひとつの形です。人は自己認識を通じて、自分の可能性を最大限に発揮するための優れた媒体になれます。自分自身を理解しようと内側を探究すればするほど、外側からメッセージが送られてきた時にそれと繋がることができるのです。僕の人生はシンクロニシティに大きく影響され、導かれてきました。あなたも直観を活用できれば、存在することすら知らなかった助けを得ることができるでしょう。

本書はアイデアの宝庫です。ご紹介するさまざまなツールやコンセプトについて、どうぞご自身で熟考し、何が自分の心に響くかを判断してください。この自己探究と進歩の旅路で鍵となるのは、実用性を求めることです。成長もスピリチュアルな旅も厄介なプロセスになる場合があり、以前はなかった感情が浮上してくることもありますし、自分を成長させようという熱意を全員が理解してくれるわけでもないでしょう。でも、それでいいのです。自分のスピリチュアリティを活かし、そこから得られる学びに心を開くことは、あなただけが理解すればいい深遠な個人的プロセスだからです。

あなたのスピリチュアリティと直観は、あなたを恐れで麻痺させるのではなく、行動を起こすよう鼓舞するはずです。僕は自分の子どもがミディアムだと考える親からたくさんメールを受け取りますが、何を見てそう思ったのか彼らに尋ねるとたいていは、子どもが恐ろしいものを見ると言っている、夜に一人で眠りたがらない、自分の経験していることが原因で学校に行きたがらない、といった具合の同じような返事があります。人は一般的に、子どものミディアムであることは、怖いことだと思うようです。僕自身も霊的なものに気づく子どもだったので不穏を感じる場面はありましたが、その回数は片手で数えられる程度です。実際のところ、そうしたケースの九五パーセントは想像力が豊かなために不安がる子どもと、それを少しばかり深刻に考えすぎている親のケースです。

ミディアムや霊的なコミュニケーション全般に関して、映画やポップカルチャーから学んできた知識を積極的に捨てていく必要があります。霊的なコミュニケーションを、暗闇で出くわす不気味なものとして矮小化すべきではないのですが、そうした一般的なイメージはいつまでもなくなりません。僕がそう言うのは、このメンタリティを個々のスピリチュアルな探究に当てはめて考えることが大切だと思うからです。神秘に対する自分の恐れを解明してください。それを解明しなければ、スピリチュアルな探究の邪魔になってしまいます。精神世界は自然の一部であり、われわれが暮らす環境と同じようにただ存在しています。世間一般では精神世界というテーマは「超自然的」と考えられていますが、その世界は単にまだ理解されていない「自然」です。いつの日か、それは自然なのだと理解されることでしょう。あなたも直観を磨き、認識し、表に出すことによって、そうした通説を変えるのに一役買うことができるかもしれません。

論理、根拠、批判的思考を重視することが大切です。だからこそ僕は、クライアントおよび交信相手のスピリットしか知りえない情報をリーディングする際、事実検証に重きを置いているのです。「あなたの愛する故人はあなたのことを誇りに思っていますよ」などというメッセージは誰にでも言えます。しかし、明瞭に繋がったリーディングかどうかを決定するのは、あくまでも事実と詳細な情報です。同様に、どんな信念体系を取り入れたとしても、偏りのないアプローチで両方の側面、つまり反対意見にも常に目を向けることが必要です。

物質主義的なアプローチを取る人たちは、神秘主義、ひいてはスピリチュアリティを不可解で非現実的、あるいは曖昧なものと受けとめることがあります。でも、そのどれひとつとして神秘主義やスピリチュアリティには当てはまりません。僕は、直観が多くの偉業や発明に影響を与えてきたと主張します。人類は昔から、自分たちの創造主を理解したいと手の届かない希望を抱いてきましたが、それには理由があります。スピリチュアリティがわれわれを旅に連れだし、探究へと導き、新たな高みに到達するよう駆り立てるのです。神秘主義者たちは、たとえ自分がそうだと名乗らなくても、その時代の革命家です。著名な発明家、作曲家、哲学者、公民権運動家などは皆、未来の人たちのためになんらかの貢献をしたいという魂の呼びかけに従うよう触発されてきました。たとえばコピー機は、その発明者であるチェスター・カールソンがミディアムのリーディングを受けている時に降りてきたメッセージをきっかけに誕生しました。その体験でひらめきを得た彼は、自身のライフワークによる収益をサイキックの研究に寄付したほどです。このように、イデオロギー的な運動から日常生活に役立つものに至るまで、何かが発案者の頭の中にそのアイデアを生みだしてきたのです。そのひらめき、啓示の瞬間は、直観としか言いようがありません。

世界最高の頭脳を持つ人たちが知ってか知らずか使ってきたその直観を、われわれ一人ひとりが利用できるのです。何に注意を払うべきかがわかると、それを磨いていくことができます。

直観を見分けるには、過去に論理的な根拠なしに何かがわかった時のことを思いだしてください。多くの場合、直観に従わなかった時のことを振り返れば、直観が何かを知らせようとしていた時がわかります。「勘は理屈に合わない」と信じるよう条件付けする社会において、自分の勘に従うのは時として難しいものです。それでも勘は、本人が完全には気づかないうちにその行動の多くに影響を与えていますし、それが役に立つことは否定しようがありません。

直観は、優れた判断力という贈りものです。「自分がどう感じているかを判断する」ことから「次に何をするかを決める」といったことまで、人は日々、判断力を活用しています。画家は一筆一筆を判断します。外科医はメスのあらゆる動きを判断しなければいけません。直観は論理に反するものではなく、自分が作り上げ、育んできた精神構造を通じて機能するものです。論理的、情報的に知っていることが多いほど、あらゆる行動において直観があなたのアプローチを導いてくれるはずです。

人は自分の枠から抜けだし、自身のスピリチュアルな本質を認識するのを妨げるものを積極的に取り払っていくべきです。そうして自分の役割を果たしていると、宇宙もその役割を、時にはもっとも神秘的なやり方で果たしてくれるでしょう。

ミディアムである僕は、リーディングで驚くような事実検証をたくさん目にしてきました。けれども、僕が経験したなかで一番謎めいたものは、リーディング中に視たものではありません。それは、プリンターを修理している時に起こりました。

二〇一六年、僕は当時のボーイフレンドと僕の両親と一緒にアパートメントに住んでいました。ある日曜日の朝のこと、自分の部屋に置いていたプリンターが誤作動を起こし、僕は紙詰まりを直すのを手伝ってほしいと母に頼みました。二人で床に座りこんで十五分ほど格闘し、苛立ちが募り始めた頃、突然それが起こりました。僕が凝視していたプリンターが、まるで懐中電灯で照らされたかのように急に光りだしたのです。たちまち僕の背後から、謎の光源が部屋を照らしました。奇妙なブーンという音が部屋中に響き、僕は総毛立ちました。母と顔を見合わせ、光源を確かめようと振り返ると、二メートルほど離れた天井近くに、明るい青色を放つ光源が動いているではありませんか。それは幅も長さも一メートル弱で、見たこともないようなものでした。

僕たちは呆然としながら、光源が天井近くで徐々に変化していくのを眺めました。部屋にビリビリ電気を放つ明るいスカイブルーの光は自ら崩れていき、霧のように浮かぶ黄色い光に包まれました。そしてその霧の中から、黄金の光の名残がカーペットの上に落ちてきました。それはほんの一瞬の出来事で、光はあたかも自らの重みで崩れていくかのようでした。黄金の名残がカーペットの上に落ちてくるのを見て僕はその下に跳びこみ、床に落ちた残骸をつかもうとしましたが、それは無駄に終わりました。母を横目に僕が光をつかもうとしていると、当時のボーイフレンドが部屋に入ってきて、驚きのあまり口をあんぐり開けました。僕たち三人は見たこともないような、そして今後も見ることはないであろう、もっとも奇妙な光景を目撃していたのです。ほんの数秒後に光は完全に崩れて消えていき、ブーンという音も儚く遠のいていきました。

僕たちは誰も、その体験の意味がわかりませんでした。電球の発光だったのか、電気系統の故障だったのか、などとあらゆる可能性を考えましたが、あの光が僕たち三人に与えた大きな衝撃をさっぱり理解できなかったのです。僕たちはそのことについて、それほど話し合うことはしませんでした。それは三人にそれぞれ異なる衝撃を与えた、極めて個人的な体験だったからです。母はそのことを話したがらず、あれは今までの人生で一番奇妙な出来事だったと言っています。僕は当時のボーイフレンドと今も連絡を取っていて、最近、あの光について彼に訊ねてみました。意外なことに、彼がまず驚いたのは僕の部屋に入る前から聞こえていた音だったそうです。リビングルームで聞こえた音がアパートメント中に響き渡っているようだったので、僕の寝室に来てみたところ、あの光を目撃したとのことでした。黄金の光の燃え殻がまったく残っていなかったという事実に、僕はもどかしさと戸惑いをおぼえました。光源から落ちてきた光の玉は、それぞれが一ドル札を半分に折ったくらいのサイズだったのに、カーペットにはその残骸も焼け跡もなかったのです。ＬＡのあの小さなアパートメントで日曜日の朝に目撃したものがなんであれ、それはどこか別の場所から発生したものでした。僕はそれを確信しています。

その体験は神秘体験の定義に当てはまり、僕は不自然なくらい長い間、そのことを説明したり話題にしたりすることができませんでした。でもやがて、あれはなんだったのか、なぜ三人の前に現れたのか理解したいと思うようになりました。一瞬ではありましたが、僕の人生でもっとも衝撃的な出来事だったからです。神のプレゼンスのようなものを感じた、などとは言いませんが、あの光にはなんとも形容しがたい感覚がありました。何者かが一緒に部屋にいるようだったのです。あの体験は、未知なるものに対する僕の見方を永遠に変えました。もし他の二人が同じく目撃していなかったら、僕は自分の目を信じなかったでしょう。

この出来事が起こるずっと前から、僕は自分の人生を導いているように思われる、捉えがたくも不思議な瞬間を何度も経験していました。たとえば何かの夢を見て、それと同じ光景が翌日に現実になる、ということがよくありました。僕が理解しておくとよい側面を強調しているかのような偶然の一致に気づくことも多々ありましたし、宇宙が介入してメッセージを送ってきているとしか思えない瞬間もありました。僕が「恩寵の瞬間」と呼ぶこうした肯定的な瞬間は、僕が進んで耳を傾けようとしている重要なタイミングで起こりました。

その初期の事例は、僕がティーンエージャーの時に起こりました。当時働いていた店に入ってきた女性に、サイキックリーディングをしてもらった時のことです。彼女は僕の誕生日を訊ね、間髪をいれず、僕に関する私的な情報を話し始めました。僕は唖然としました。僕の子ども時代についてよどみなく述べた彼女は、僕が言葉を失うほどに個人的な情報を言い当てました。彼女は僕の過去を知っていましたが、それよりも興味深かったのは、僕の未来について話し始めたことです。十九歳になった僕が、人生が一変するような知らせを山腹で受け取るだろう、と彼女は矢継ぎ早に予言したのです。

それから数年が経って十八歳になった僕は、さまざまなテレビ局と交渉を重ね、数えきれないほどの幹部役員とその友人や家族に僕の霊能力を証明していました。あの女性サイキックに言われたことが常に頭にあった僕は、彼女は僕自身よりも先に僕のキャリア設計を見通していたのかもしれないと思いました。そして手応えのあるミーティングを何度か経たのち、自分がメインキャストとなる番組がＡＢＣファミリーに採用されたという連絡が届くのを待っていた僕はふと、サイキックの予見は単に一年ずれていたのだろうか、と疑問に思いました。自分のキャリアを軌道に乗せようと焦るあまり、「予見が前倒しになったのかも」と期待したのです！

でも、そういう運命ではありませんでした。契約を締結する段階で、思いもよらぬ知らせが入ったのです。そのテレビ局の視聴者層にもっと適任のミディアムが見つかったとのことで、僕は契約には至りませんでした。余裕で構えていたら、翌日は転落のわが身、というわけです。

失望しましたが、近い未来に必ず何かが待っているはずだと僕は知っていました。あのサイキックは気味が悪いくらい正確に多くを予見したので、次にどんな知らせがやってくるのか待ちきれない思いでした。

十九歳の誕生日が過ぎてまもない頃、僕はハリウッド・ヒルズでのリーディングで長い一日を過ごし、帰途についていました。ハリウッド・ヒルズの電波状況はひどいことで有名だったので、母の携帯電話が鳴った時、僕は電波がいいエリアに入るまで着信は放置しておこうと思いました。ところがどういうわけか、母が車を路肩に寄せて停車し、応答しました。相手は僕のマネージャーのマイケル・コーベットでした。電波状況が悪い中、僕はいくつかの重要な言葉をなんとか聞き取りました。「……Ｅ！局が君の番組を希望していて……シリーズのゴーサインが出た！」。僕は呆然としました。

Ｅ！局とはＡＢＣファミリーよりも先に交渉をしていたのですが、その時は話が進みませんでした。ある局に関心を持ってもらうには、別の局から拒絶される必要があった、というわけです。ひとつのチャンスを失った時に別のチャンスが現れる、という実例をこんなにまざまざと経験したのは初めてでした。僕は電話の向こうから聞こえてくる話を反芻しながら、ふと顔を上げて自分がいる場所に気づきました。僕たちは、あのハリウッドサインを見晴らす山の中腹に車を停めていたのです。こうして僕は、十九歳の時に自分の人生を一変させる知らせを受けたのでした。そのサインは間違いようのないものでした。

2 エゴをチェックする

大いなる妨害者

エゴは、自分自身について自分が思いこんでいる信念です。つまり、魂としての本来の自己とは関係のない、自分で創り上げたものや条件付けの正体がエゴなのです。（中略）人は自分の才能や能力や人格が自分であると考えますが、これらはすべてその人に備わる機能であり、その魂を明確にする特徴ではありません。

――タイラー・ヘンリー著『ふたつの世界の間で』より

僕の一番古い記憶のひとつは、エゴに関する非常にわかりやすい洞察を与えてくれます。僕が五歳くらいの頃、家族の友人で、僕のベビーシッターをしていた人と二人でお使いに行きました。僕は母が迎えにきてくれる時間までに、絶対に家に戻っていたいと思っていました。母にも用事があるかもしれないので、待たせたくなかったのです。だから僕は、いつ家に戻るのかとベビーシッターに尋ねました。すると、機嫌が悪かった彼女は、自分のタイミングで家に帰るからと言い返してきました。

その返事は僕をさらに苛立たせただけでした。そこで、いつ家に戻るのかはっきりした時間を教えてくれと主張すると、彼女は「あなたは子どもなんだから、大人の私にあれこれ訊かないで！」と大声でわめきました。

僕はすぐさま後部座席から彼女を覗きこみ、険しい口調でこう訊きました。「僕の人生に口を出すなんて、いったい何様のつもり？」

その時に、「相手がちょっと考えてしまうような疑問を投げかける」という、僕の生涯にわたる性質が発動し始めたのです。幼くはあっても、僕は自分の意思が否定されたことを心のどこかで察知し、エゴが反発していました。そんな幼少の頃から、疑問を発して否定されてもあきらめないという防御システムは構築されており、そういった態度が必ずしも功を奏するわけではありませんでしたが、それが僕でした。母がある格言をよく口にするようになったのにも頷けます。「疑問を発する年頃になったということは、答えがわかる年頃になったのだ」

人類最古からある闘いは、自分自身との闘いです。カール・ユングが雄弁に示したところによると、人にはセルフ（自己）とペルソナ（仮面）という二面性があります。セルフは本来のあなたを指し、僕はそれを魂と呼んでいます。ペルソナは、あなたが周囲に見せている自分の型《ヴァージョン》です。セルフとペルソナがかけ離れている時、人生に不調和が生じます。人は皆、異なる環境では異なる行動をとるものですが、セルフはあらゆる瞬間についてまわり、自分が状況に応じて異なる顔を見せているのを背後から静かに観察しています。

静かに自分と向き合う時間を作れば、より簡単にセルフを知ることができます。ペルソナという防御のための鎧が必要ない一人の時間は、自分自身をより深く知ることを可能にします。自分の深奥を見つめざるをえなくなるので、一人になるのが極めて苦手だという人もなかにはいますが、僕は、一人の時間はスピリチュアルな成長に欠かせないものだと確信しています。本当に自分自身を知りたければ、内観して、潜在意識を深く掘り下げていかねばなりません。神秘主義者たちは歴史にわたり、自分を探すべく一人旅に出ると、しばしば荒野に分け入って最果ての地をさまよいました。それがどんな寓話であれ、彼らの旅は孤独に身を置いたのちに世間に戻り、内省による学びを世に伝えるというものでした。スピリチュアルな人の旅路とは、そういうものなのです。

世間に出るとペルソナが顔を出し、人はエゴの考える「世間受けがよい」方法で自己アピールをします。ペルソナは自分のほんの一部にすぎないのに、大半の人は他者に見せている顔と自分を決して切り離すことなく日々を過ごします。人は生まれた瞬間から、個々の経験に基づいて世界観を形成していくわけですが、たとえるなら銀行のように、頭の中の口座に人生経験の数々が預けられ、そこからどれだけの知恵を引きだすかは本人次第ということになります。エゴの条件付けはあらゆる人や物事についての物語を作り上げ、人はその物語を繰り返し自分に言い聞かせます。そしてたいていの場合、その物語は全体像を描いてはいません。

エゴはいろいろな名称や用語で表されますが、僕が気に入っているのは「内なる妨害者」というものです。この呼び名は、僕が『ハリウッド・ミディアム』でリーディングをしたル・ポール〔訳注／アメリカで人気のリアリティ番組『ル・ポールのドラァグレース』のコンテスト主催者〕によって広まったものです。エゴは真正性を妨げるものなので、われわれが最大限の可能性を発揮するのを邪魔します。そこに潜む妨害者は常に、外からの期待に基づいて自分を形成しよう、自分を変えようと待ち構えています。ル・ポールに言わせると、ドラァグクイーン〔訳注／派手な衣装や化粧で女装した男性のパフォーマー〕であることは、固定化されたアイデンティティを嘲笑し、伝統的な性別による役割に対する社会からの期待を打ち破るためのひとつの手段でした。自分自身について深刻に捉えすぎないことが、伝統的なアイデンティティという深刻さからの解放だったのです。

ル・ポールの亡き父親からのゆるしを乞うメッセージは、内なる妨害者――死後にようやく認識される、中毒や対処メカニズムといった潜行性のシステム――についてまわる説明責任という概念を実例として示していました。あの世でもそうですが、事後には物事がよく見通せるものです〔訳注／ル・ポールの父親は生前ギャンブル中毒だったが、リーディングに現れた父親のスピリットは生前の自分の無責任を認めて謝罪した〕。

幼少期を通して、ル・ポールと父親の関係は波のある、ぎくしゃくしたものでした。生前の父親はル・ポールに約束をしては破るということを繰り返し、幼い息子を感情面で見捨て、心の傷を負わせました。父親のエゴはもっとも身近な人間関係を壊し、その結果、自身の経済状況を破綻させました。彼はしばしば自分の幸せを台無しにする選択をし、当然ながら、それが息子であるル・ポールにネガティブな影響を与えました。ル・ポールの亡き父親からのメッセージは明確で、もう否定もしないし空約束もしない、というものでした。

ル・ポールは波乱万丈な家庭生活を送りながらも、父親的なサポートの必要性に駆られ、自分で自分のサポート源となることを決めました。自ら自分の父親役をするしかなかったのです。父親のエゴが家庭に与えたダメージにより、自衛本能と自己信頼の大切さに気づかされたル・ポールは、機能不全の悪循環を断つことを決意しました。

ル・ポールはリーディングを受ける前から自己認識を深めていたため（そして何年もセラピーを受けていたため）、父親の、自らの責任を認めるメッセージが持つパワーを理解し、かつては不可能だった方法で父親をゆるすことができました。そのメッセージを通して、父親が生きていた時には決してできなかった形で父親を理解できたのです。彼は不幸のあとにやってきた幸福と、自己認識によって得られる回復力を体感しました。

　知ることは、より良い行動を起こさせます。彼の父親はエゴを手放し、あの世で得た気づきを息子に伝えました。すると、残された家族全員が理解とゆるしに駆り立てられ、結果として彼らの魂も癒やしへと促されました。彼の父親の「人生の振り返りプロセス」はパワフルでした！　そのプロセスは彼自身だけでなく、彼が傷つけた人たちの癒やしも可能にしたのです。

　ここでル・ポールの話をした理由は、「エゴ」がどのように世間に対するわれわれの反応のしかたを条件付けているかを特定することにより、内なる妨害者を炙りだすことができるからです。それに、自分で自分を邪魔していることに気づけると、一歩下がって自分のやり方から抜けだすことができます。最終的に自分のためになっていない行動に向き合えば向き合うほど、長い目で見ればずっと楽になります。人は時として自分の利益に反することをしてしまうものなので、そうした自己破壊的な行動をとっている自分に気づいたら、そこに注目してください。それは条件付けによって全体像を見失い、自分の最大限の可能性から注意がそれているしるしです。

「エゴが強い」というのは、ただ単に自己中心的だったり、うぬぼれていたり、自己陶酔したりしていることを意味するのではありません。そうした固定観念は、エゴがわれわれに与えうる影響のほんの一部しか表していません。自尊心という障害物、生活様式的な条件付け、そして（良くも悪くも）自分自身を定義する内的信念といったものすべてがエゴを形成します。人はしばしば自分の考えを自分自身だと決めつけますが、本当は、自分の考えをただ観察しているのが自分自身なのです。この理解を日常に取り入れると、後部席からあれこれ指示してくるスピリチュアルなドライバーを見つけだし、改善していくことができます。

僕の仕事は、常にエゴを思い知らせてくれます。リーディングのプロセスを信頼するためには、自分のエゴに負けてはいけません。「当たった」「外れた」と人から思われることを気にしすぎると、頭の中の貴重なスペースが、自らに課した期待でいっぱいになってしまいます。自信過剰になってもだめだし、慎重すぎてもいけません。この点においてミディアムは独特な立場にあり、効果的な仕事をするためには、エゴがいかにメッセージを曲解してしまうかを心に留めておく必要があります。自分のエゴを積極的に掌握しようとしないミディアムは、誇大妄想する傾向があります。しかも、世の中にはそうした人が山ほどいます。人は皆、外からの承認《バリデーション》を求めるものですが、ミディアムの仕事は事実検証《バリデーション》を中心に展開します。ミディアムは、超自然的と見なされる技能――実際のところ、自分にとっては自然な技能であっても――を披露することが求められます。僕たちミディアムが味わっていることは、誰にも真には理解できないでしょう。ミディアムは、酷評にさらされる中で、自信を持って自分の内なる声を信頼しなければなりません。そのため、あまり自分に自信のないミディアムはトラブルに巻きこまれることもあります。僕が思うに、一部の有名なミディアム同士の仲があまり良くないのはそのせいもあるのかもしれません。本当の満足は、バランスの中に見いだすことができます。

どんな職業でも意思決定は必要ですが、できればその決定に自信を持ちたいものです。ミディアムの仕事も同じで、相手に伝える情報に自信がないといけません。誰にでも自分の主張を押し通すべき時があり、毅然とした、信頼できる決断を後押ししてくれるエゴの構造を人は構築するべきです。その構造は同時に、謙虚さを忘れず、意欲的に学び、うぬぼれを制御するものでないといけないでしょう。

これは、僕の日常生活において常に精査されるべき微妙なラインです。自信を持ちながらも傲慢にならないこと――その重要さを思いださせてくれる、忘れられない一例がありました。ニューヨークシティでのプレスツアーで、ある女性クライアントをリーディングした時のことです。リーディングの撮影中、いつもと変わったことは特になさそうでした。その数年前に他界した母親のスピリットが現れ、クライアントである娘と交わした最後の会話について伝えてきたのですが、クライアントはリーディングで確証できたすべての事実に元気づけられ、僕もそれが世間に向けて放送されることに気分が弾みました。

そこで、それが起こったのです。リーディングが終盤に差しかかり、最後のメッセージが降りてきました。クライアントの亡くなった母親は、娘に兄弟がいることを伝えたがっていました。僕の直観は彼女に三人の兄弟がいることを正しく指摘したのですが、母親によると、四人目がいるとのことです。それは予想もしていなかったメッセージだったため、クライアントの態度が一変しました。それまでに降りてきたメッセージはすべて的確でしたが、その最後のメッセージがあまりにも意外だったことから、クライアントは他のメッセージの信憑性まで疑い始めました。素晴らしいリーディングだったのに、たったひとつの確認できないメッセージのせいで、クライアントが自身の癒やしを邪魔している……そう考えて、僕は苛立ちました。

最終的に、撮影したリーディングは破棄されました。クライアントが最後のメッセージを気に入らなかったため、それが放送されることに違和感をおぼえたのです。せっかく完了した僕の仕事は、唯一の謎めいたメッセージのおかげで尻すぼみになってしまいました。

ところが一年近く経った頃、そのクライアントからメールが届きました。内容の大部分は、最初のリーディングで僕をこきおろしたことへの謝罪でした。なんと、例のメッセージが正しかったことが判明したのです。リーディングからまもなく、クライアントの父親が亡くなりました。彼は亡くなる前に、ある女性を妊娠させたことがあると認め、息子を授かっていたと話しました。つまり、クライアントにはもう一人弟がいたのでした。クライアントはそれまで、最後のメッセージにて伝えられた「もう一人の息子」が、父親ではなく母親のほうの息子だと思いこんでいました。

あのメッセージが正しかったと証明されたことで、スピリットのパワーと、彼らのメッセージを尊重することの大切さをはっきりと思い知らされました。自分のストーリーに合致しない経験やメッセージを一蹴するのは簡単ですが、そうした貴重な瞬間が与えてくれる恩恵を最大限に受け取るためには、心を開いている必要があります。リーディングは放送されませんでしたが、それで良かったのでしょう。僕はあのリーディングでクライアントに弟がいるという考えを投げかけ、のちに驚くべき状況で対処することとなる真実への心構えをさせることができたのですから。

リーディングを希望する人たちはたくさんの期待を胸にやってきますが、悲嘆の感情の性質というのは意識を自分自身に集中させます。時にはクライアントの頑なさが表出して、僕が反発を受けることもあります。数年前、極めて難しいリーディングに直面した時にそういうことが起こりました。その日の朝、僕は不穏な感覚に苛まれ、どういうわけか胸騒ぎがしていました。番組で行ったリーディングは二百回を超え、たくさんの人を訪ねて驚くような出会いを重ねてきましたが、その日の感じはいつもと違いました。

人生で一番長く感じられたドライブを終えて、僕はクライアントの家のドアをノックしました。果てしない時間が流れてから、ドアが開きました。そこには粋な衣装に身を包み、カラフルなアイメークを施し、人目を引くハットをかぶった男性が立っていました。クライアントはなんと、ボーイ・ジョージ〔訳注／奇抜なメイクやファッションで有名なヴォーカリスト〕だったのです。

彼はわざわざ愛想を振りまいたりはしませんでしたが、態度は充分に丁寧でした。リーディングには緊迫感があり、彼の他界した友人が何人か気づいてもらおうと現れました。でも、僕がどれだけメッセージを伝えても、「心当たりがない」と却下されました。差し障りのない印象でさえも否定されたので、たとえ僕が彼の社会保障番号を直観で受け取って言い当てたとしても、彼は非協力的な態度を崩さなかったでしょう。

何時間にも感じられる困難なリーディングを経たのち、彼のマネージャーが顔を出しました。マネージャーは同情して、ジョージが認めようとしなかったいくつかのメッセージを立証し始めたのです。ジョージには世間に向け続けたいペルソナがあること、その仮面が剥がれそうにないことは明らかでした。『ハリウッド・ミディアム』の全四シーズンを通して、僕はその後もそうした状況に何度か直面することになるのですが、有名人たちはエゴに関する貴重な洞察を与えてくれ、セルフとペルソナがどのように相互作用するかを教えてくれました。有名人は世間からどう思われるかを気にして、真実だとわかっている情報を認めたがらないことがよくあります。人から好かれたいと思うのは誰だって同じですが、僕がカメラの前でリーディングをする有名人は時として、私生活を世間にどの程度見せるかを自分で決めたがります。

皮肉なことに、ボーイ・ジョージのリーディングは、『ハリウッド・ミディアム』のエピソードのなかでも僕のお気に入りのひとつとなりました。そう思えるようになるまでには三シーズンかかりましたが、とても思い出深いものとして胸に残っています。リーディング後、ジョージは僕のアシスタントのチャーリーに気さくに話しかけてくれましたし、僕は彼女に対するジョージの優しさに感謝しました。僕の前にいた冷たい目の、作られたキャラクターはわざとよそよそしく振る舞っていたように思われ、僕は、カメラが回っていなければ彼の態度は違ったかもしれないと思いました。ある意味で彼の衣装は鎧であり、人にどう思われるかをその外見でコントロールしていたのでしょう。

ジョージのリーディングを通じて、僕は自分のエゴと向き合い、人から「間違っている」と思われる可能性を受け入れることになりました。クライアントのエゴに向き合うことによって僕自身のエゴにまつわる洞察を得て、次はどうすればいいかを学ぶことができたのです。あのエピソードは、動揺している時に得られるチャンス、つまり相手を写し鏡として自分を見つめるチャンスの典型例となりました。

世間に自分をどう見せるかは、世間にどう思われたいかを表しています。世間に見せている姿は自分が自分をどう見ているかを大いに物語っており、そこから人類の普遍的な条件付けに関する貴重な洞察を得ることができます。どんな人の内面にも、ただ認められたいと願っている子どもが存在していて、その欲求を埋め合わせる行動がエゴにゆだねられています。

誰かと対立する状況に置かれた時、人はつい攻撃的になってしまうものですが、それでも相手の言い分に耳を傾け、たとえ痛いところを突かれたとしても、自分に役立つ何かしらの真実がないだろうかと検討してみることが大切です。人はしばしば、自分の怒りの原因に対して耳を塞ごうとします。しかし、マーク・トウェインの言葉を借りるなら「仮にわれわれが聴くよりも話すべくして生まれてきたのなら、舌がふたつで耳がひとつだったはず」です。

とはいえ、批判されて喜ぶ人はいないでしょう。誤解されたり、わざと曲解されたりするのはつらいものです。僕は子どもの頃、批評家がインターネット上でシルビア・ブラウンやジョン・エドワードなどの有名なサイキックをこきおろすのを目にし、彼らのことをとても気の毒に思いました。そして、もし自分がミディアムとして世間に出ることになれば、自分もその批評家たちの標的になるだろうと思いました。

それは現実になりました。彼ら批評家は僕のライブショーにやってきて、リーディングに難癖をつける点が見つからなければ僕の外見をからかい、僕の見た目やセクシュアリティを侮辱しました。つい最近など、舞台裏への通行証を盗んで僕の楽屋に入った男性に、ライブショー直前に詰め寄られたこともあります。何度か殺しの脅迫を受けたこともあり、そのたびに警察に通報しています。

僕がよく言っていることですが、懐疑的であることと皮肉屋であることには違いがあります。懐疑心を抱くのは大切なことで、それはより深い理解に繋がります。皮肉という性質は美化され、知性と混同されてきましたが、それは知性などではありません。皮肉屋はリーディングで何を見せられても、それがどれだけ深遠なものでも、最初から態度を決めています。彼らは確証バイアスを利用して自分の辛辣な意見をことあるごとに正当化し、ひねくれた議論を展開してあらゆるミディアムを嘘つきだと糾弾します。道理にかなった懐疑論を装う科学主義は精神的な後退です。科学主義者は、科学が今すぐ数値化できないものを「存在しない」と考えますが、歴史上には技術的、科学的、あるいは計測的な限界から発見に至らなかったことがいくらでもあります。彼らはその事実を無視するのです。

ミディアムが絶えず現れるということは、スピリチュアリズムが健在であることを示しています。人々はこのテーマに関して、これまでになく気軽に議論するようになっています。そうして注目に値するミディアムが現れるたびに、批評家たちは虎の威を借り、次なる有名人に名を連ねようと追いまわします。

どんな人でも一度や二度は、否定的な意見に直面するでしょう。ですから、自己の真実を知っていることが重要です。本当の自分、そして自分が表現するものを肯定している時、あなたの強さは揺るぎません。誰にでも弱みやトリガー、触れられたくない話題はあるものですが、自分自身を知り、受け入れていると、覆せない土台が作られます。

クライアントのスピリチュアルな信念がリーディングに対する受容力を妨げ、信念がいかに自分を邪魔するかを教えてくれることもあります。僕の素敵なクライアントたちのなかには宗教的な人もいて、そういう場合の多くは、僕の話を理解してもらうのにかなりの説明を要します。僕自身、長老派教会員の家庭に育ったので、キリスト教の多数宗派がミディアムを嫌い、黒魔術師と呼んでいることをよく知っています。僕が通っていた教会のユースグループの集まりでは黒魔術をテーマにしたビデオを見せられ、僕は二度とその教会に戻りませんでした。

地元の街では、僕のことを憂慮したある親が、僕の魂を救済しようと教会で祈りの集会を開いたことがあります。人は自分の理解の及ばない対象を裁くものですが、そのようにジャッジしたくなる自分の欲求に気がつくべきです。他者をジャッジしたいと駆り立てられる時、それは自分の中にある嫌いな性質を映しだしている可能性があります。他者の振る舞いを見て、怒りを募らせるのではなく、そこから学ぶこともできるのです。

僕はミディアムの能力が宗教的信念と矛盾するという理屈を、どうしても理解できませんでした。イエスも他の信念体系における聖人たちも皆、神の存在を実証する奇跡的な偉業をなしました。それなのになぜ、ミディアムは癒やしや効用をもたらしても別扱いされるのでしょう?

ケニア・ムーア〔訳注／アメリカのテレビタレント。ミスUSAに輝いたこともある〕をリーディングした時に起こった、おもしろいエピソードをお話ししましょう。妊娠九か月になろうとしていた彼女はとても親切な人でした。ところが、故人の話になるたびにどこか居心地が悪そうで、感情を隠しているように見えました。リーディングでは亡くなった母親らしきスピリットも現れて、母親がケニアの間近に控えた出産について言及した時に、彼女の背後の棚からおむつの袋がばさりと落ちました。これが僕のことならとても心温まるサインだと受け取ったに違いないのですが、そこでも彼女は不安そうでした。のちに聞いたところによると、彼女はかなり宗教的な環境で育ったそうで、僕は、だから彼女は別の次元と繋がることに戸惑いを見せたのかもと思わずにいられませんでした。誰かにとっては心温まるサインでも、それを怖いと思う人もいるのです。ともかく、彼女は純粋で素敵な人だったので、僕は彼女の人生の転換期に会えたことを光栄に思いました。

僕の経験からお話しすると、あなたのスピリチュアリティが絶えず不安を引き起こすなら、それはあなたが取り入れるべきもっとも有益な信念体系ではないかもしれません。誰にでも自分の信念を持つ権利がありますが、その信念は自分を解放するものであるべきで、自分を惑わすものであってはいけません。教義と迫害に根ざした信念体系は、抑圧とコンプレックスに繋がるだけです。人はありのままでいいのです。自分が理解していないものにラベルを貼るのはやめるべきです。自分には「わからない」ことに対して陰湿な決めつけをするのは簡単ですが、ほんの少しの探究心を持つだけで、あらゆる批判や判断が到達させてくれる境地よりも遠くへたどり着けるでしょう。

メリッサ・ジョーン・ハート〔訳注／アメリカの女優、テレビドラマ監督〕のリーディングをした時も、宗教が引っ掛かりになりました。彼女はミディアムにリーディングしてもらうことを少し不安に感じていましたが、極めて堅実な人でした。ありがたいことに、彼女は自分のその不安を最初に教えてくれたので、僕はそれについての自分の考えを伝える貴重な機会を得られました〔訳注／敬虔なクリスチャンとして育ったメリッサは、聖書に出てくる霊媒師《ミディアム》に対して不安を感じていたので、タイラーは聖書に出てくるミディアムと現代のミディアムでは定義が異なることを説明した〕。聖書を真に理解するためには、その歴史と背景の両方を考慮に入れることが大切です。聖書の時代のミディアムは、古めかしく野蛮な信仰を持つ者と見なされていました。スピリットとの交信は非難され、異端視されていたのです。その一方で、祈りを通じて個人的な神と語らうことは問題ないとされていました。罪になるのは、神から返事がある時だけなのです！

メリッサがリーディングで体験したことを自分の信念体系の枠に落とし込むことができると、そこからは素晴らしい時間になりました。それは番組で行ったなかでも最高のリーディングのひとつとなり、僕たちは今でも連絡を取り合っています。

番組で行ったすべてのリーディングのなかで、アラン・シック〔訳注／アメリカの俳優〕のリーディングは他に類を見ないものとなりました。彼のことを考えると、僕は今日でも感情が高ぶります。とても愛されていた彼のことを思うと、その命を救いたかったと心底残念でなりません。僕たちが会ったのは、彼が心臓発作で急死するおよそ三か月前でした。リーディングではアランと同じ心臓病で他界した故人が現れ、彼に心臓の検査を受けろとはっきり伝えてきました。僕はいつもよりも時間をかけて、そのメッセージがとても重要に感じられる旨を伝え、うっとうしく思われるくらいに強調しました。でもアランは、その父親的な口調でこう答えただけでした。「ありがとう、タイラー医師《せんせい》！」

アランは深堀りをしたがらない、快活で愉快な人でした。ミディアムを熱狂的に信じているという印象はなく、僕が伝えたメッセージに対しては軽口やジョークで返してきました。リーディング体験を楽しんでいたことは確かですが、私的なことを世間に向けて話す時はユーモアで返すのが彼の対処法だったのでしょう。そうした彼のエゴの部分が邪魔をして、僕が伝えたメッセージの深刻さを理解してもらえなかったような気がします。このエピソードのように、エゴはたとえわれわれの意図が善いものであっても、無意識に自分の邪魔をしてしまうことがあるのです。

そのリーディングは、アランよりも彼の奥さんにとって意味のあるものだということは明らかでした。奥さんのターニャと僕は、リーディングを通じて親しくなりました。彼女のアランへの愛情はその行動すべてに表れていました。アランが亡くなってから、僕はターニャのリーディングを行うことになったのですが、その当日、彼女がどんな様子で現れるかは予想できませんでした。

リーディング場所に着く前、僕は目玉焼き《サニーサイドアップ》のヴィジョンを繰り返し視ていました。そのヴィジョンは、太陽が昇るヴィジョンに変わりました。それがどういう意味かはわかりませんでしたが、僕が空腹だったからというのが理由でないことだけは確かです。

ターニャに会ってすぐにそのヴィジョンを話題にすると、彼女は唖然としました。アランが亡くなった瞬間、彼女は声に出してこう言ったのです。「もう二度と太陽は昇らないわ」

目玉焼きと太陽という極めてシンプルなヴィジョンふたつを使って、アランは彼女の太陽が再びちゃんと昇ること、そして人生は好転することをあの世から伝えてきたのでした。あの世にいるアランがターニャと繋がったことは二人の愛の証であり、いつか二人が再会するまで、彼がずっと彼女のそばにいることを確かに示していました。

ある程度の期間にわたって有名人のリーディングをしてきた経験は、僕にエゴに関する洞察をもたらしてくれましたが、プレスツアーもまた貴重な学びを与えてくれました。映画スターや歌手にとってプレスツアーはたいてい、創作活動のなかでも退屈でありきたりな活動の部類に入ります。しかしミディアムにとっては、そこでのインタビューはどんな方向に転んでもおかしくない類のものです。インタビュアーが自分の支持者なのか非支持者なのかは、事前には決してわかりません。インタビューがどのように編集されるか、最終的にどのような狙いで放送されるかもわかりません。ですから、何に直面したとしても、僕は流れにまかせて自分という人間を信頼するしかありません。

僕が経験したマスコミとの仕事でもっとも風変わりだったもののひとつに、『ラリー・キング・ライブ』〔訳注／アメリカのブロードキャスター、ラリー・キングが司会を務めるCNNの看板トーク番組〕でのインタビューがあります。あれは、変な夢を見たような体験でした。番組の撮影はかなり狭いスペースで行われ、巨大なステンドグラス窓から注ぐ光みたいな照明を浴びた僕は、インタビュー形式で罪の告白でもするかのような気分になりました。自分の前にインタビューを受けるのが以前リーディングをしたモービーだと知り、僕は「よかった、知っている人がいた！」とほっとしました。モービーはインタビューを終えるとロビーにやってきて、いつものように気さくに声をかけてくれました。彼ともっと話がしたかったのですが、僕はトイレに行きたくて急いでいました。

撮影場所にある唯一のトイレに向かって狭い廊下を進み、勢いよく扉を開けると、まさに用を足している途中の人影に出くわしました。僕は目を細め、それが本物のラリー・キングだと気づいて後ずさりしました。なんという初対面でしょう！

僕が驚いて叫ぶとラリー・キングも叫び、僕はものすごく恥じ入りました。彼はすぐに気を取り直すと、こう言いました。「君はサイキックらしいが、私が入っていることを予知できなかったのか!?」。そうこうしているうちにインタビューの時間になり、カメラがまわり始めました。最高の滑りだしです。

ラリーは偏りのないインタビュアーでしたが、相手を和ませたかと思うと予想外の質問を投げて意表を突くのが得意でした。やりとりのなかには、侮辱とも取れるコメントもたくさんありました。僕があらゆる死者は最終的にあの世で安息を得られることを示唆すると、彼は困惑したらしく、そんなはずはないと主張しました。死後にはスピリチュアルな変容が起こるという考えに精通していないのは明らかで、意外にも、びっくりするような哲学的な質問で追い打ちをかけてきたのです。そこで僕はこう応えました。「いい質問ですね」

彼は僕の返答が気に入らなかったようです。なんといっても彼はラリー・キングであり、彼の質問は、少なくとも彼にとってはすべて「いい質問」なのですから。でも僕はめげませんでした。彼は僕の名前をからかい、ファーストネームがふたつある人間は信用に値しないとそれとなく言いました。僕は、相手がレイ・チャールズでも同じことを言うのですかと言い返しそうになるのをぐっと堪えました。

全体としてそのインタビューは、僕のエゴにとっての試練となりました。彼は理解する努力をほとんどしていないように思われ、僕は何度も挫折感をおぼえました。それに彼はいかにもラリー・キングらしいやり方で、僕が考えをまとめる前に何度も話を遮りました。最初から最後までシュールな体験となりましたが、僕は一生これに感謝するでしょう。「後ろめたい楽しみは何か」と訊かれて、「ポップコーンを食べることです」と答えてしまったのは心残りですが、それ以外はなんとかうまく対応できたと思います。僕は有名なジャーナリストと過ごせた時間をありがたく思いました……それにしても、あんな初対面になるとは！

誰もが「あなたは正しい」と認めてほしいものです。けれども、全員が認めてくれるわけではありません。よく言われるように、世界一おいしい桃にはなれても、そもそも桃の嫌いな人はいるのです。本当の自分に忠実であるには勇気が必要で、ありのままの自分でいるとリスクを冒すことになりますが、それだけが価値ある在り方です。恐れがそこにあって初めて、勇気が本領を発揮します。本当の自分、自分の信条と一致して生きるために、人は自分の役割を果たさねばなりません。どんな反対者に出くわそうと、その困難を乗り越える中にこそ、学び、習得し、成長する機会があるのです。

亡くなった時に、このことがより明確になります。先述したように、あの世に移行する時に誰もが経験するプロセスがあります。人はそのプロセスで、自分が生前に経験したあらゆる出来事を意識的に目撃します。それだけでなく、生前の自分の存在によって他者がどのように変化したかを理解します。この波及効果を理解することによって、われわれの意識は他者の思いや行動の真意について洞察を得ます。僕が思うに、これは他界した時に起こる意識拡大のプロセスの結果です。一切合切を知るというわけではないですが、死後には生前よりも遥かに多くを知ることになります。

人生の振り返りは、平安に達するための極めて重要なプロセスです。自分が経験してきたことすべてを再び観察するのは気分のいいものではないと思うかもしれませんが、それを観察する際には、人間的な視点は薄れていきます。肉体から離れた意識は死後、エゴを急速に処理し始めます。そして他者の至らない部分を認めるとともに、自分自身の機能不全についてもはっきりと認識させられます。さらに重要なのは、自分がなぜ特定の行動をとったのか、なぜ特定の挫折を経験したのかを理解し始めるということです。

これは内省的なプロセスです。どんなに反社会的な人物であっても、自分が他者に与えた痛みの大きさを理解せざるをえなくなり、最終的には宇宙における自分の存在意義に気づき、なぜ自分がこの世にいたのかが「わかる」のです。それはまるで、パズルのピースが然るべき位置にはまるような感覚です。われわれの意識が、出会ったすべての人をどう変えたか――それを理解すると、自分と他者が演じた役割がはっきりとわかります。

僕のリーディングに現れる魂は、各自のエゴの死のプロセスにおいて、さまざまな段階にあります。僕が聞いたところによると、あの世には直線的な時間が存在しないので、「人生の振り返り」は次々と場面が展開する映画のようなものではないそうです。それは一連のプロセスではありますが、必ずしも定石どおり、始まりがあって中盤に進んでエンディングを迎えるというものではありません。その振り返りプロセスでは実際、一度に複数の経験をするようです。

たとえば、ロサンゼルスの通りに立っている自分を想像してみてください。その通りに立った視点では、目の前の道しか認識できません。でも、ロサンゼルスの遥か上空の人工衛星からの視点で見れば、たくさんの道を観察できます。距離を変えることによってもっと多くを観察できますし、さまざまな場所で起こるさまざまな出来事を一度に観察することも可能です。

人生の振り返りプロセスはこれに似ています。それは人間がしうるもっとも洞察に富む経験であり、それ自体を誕生になぞらえることもできます。というのは、人はこの受容と決意のプロセスを通じて、地球での世俗的な騒動が浄化された次の領域に誕生するからです。人生経験に学んだレッスンは保持されたまま、人は次に存在する状態へと移行します。善行も、はたまた悪意もすべて見逃されません。人生の振り返りという壮大な経験のなかで、すべてが明るみに出ます。

何が自分や他者の行動を駆り立てていたかを認識すると、この地球で存在するために拠りどころとしていた支えを手放すことになります。もう支えなど必要なくなるからです。社会的なプレッシャー、対処メカニズム、押しつけられた期待などにもすべて終止符が打たれます。いろいろな意味で、人は死ぬとその一部が終わりを迎えるわけですが、その一部がエゴなのです。こうした幾重もの個人的な層を取り除くことは再生のプロセスの基本であり、それにより次の領域を進むのに必要なツールを備えることになります。繭から生まれる蝶のように、魂も新たな視点も、いも虫だった頃の出来事など気にかけたりしません。

先日、昔からの友人とエゴの死について話し合った時のことです。僕がエゴの死について自分の考えを説明し、自分のエゴをじっくり観察することによっていかに多くのメリットが得られるかを話すと、彼はマジックマッシュルームを試した時に、そのエゴの死という考えを聞いたことがあると言いました。彼によると、生きている間にエゴの死を促すということが、スピリチュアルな成長に役立ったと感じたそうです。僕は批判的な態度を取りたくなかったのですが、幻覚作用とスピリチュアルなヴィジョンを同列に扱うのは、真の神秘体験の意義を貶めることだと感じました。それに、まだ人間としての責任を抱えながらエゴの死を目指すという考えには、直観にそぐわないものがあります。どんな人でも、そのエゴを殺そうとすべきではありません。それは破壊できない何かを抑圧する行為に他ならないからです。

アマゾン地帯などでは、スピリチュアルな境地に到達するために幻覚剤《アヤワスカ》を用いる集団がありますが、それは儀式の一環です。そうした儀式の宗教的な側面が個人の成長を刺激することはあっても、ソファの上でだらけて幻覚剤を使用することと、儀式としてスピリチュアルな啓示を受けることは別物です。しかも、そうした幻覚剤は使用者を不安定にし、前後不覚にすることがあります。肉体は神殿であり、スピリチュアリティは近道などない旅路として扱われるべきです。エゴを破壊するのを目指すのではなく、それを再構築し、完成に向かうものとして見るべきでしょう。

当然のことながら、生きている間に人生の振り返りプロセスを経験することはできません。でも、自分の生き方を振り返ることはできます。僕は人生の振り返りプロセスを理解することで、自分自身について他者が貴重な洞察を与えてくれることにますます気づくようになりました。人は誰もが同じ能力――生産的なことも、破壊的なこともできる能力――を備えていて、そのパワーを用いてとった行動にあの世で向き合うことになります。

僕は裁きの神を信じていません。また、存在の普遍的な構造というのは成長すべく展開していると信じています。われわれの意識が存続する限り新しい情報が加わり、新たな洞察が集められます。意識の永続性は、人が自分のしてきた経験を常に携えていくこと、そして、周囲の世界にその経験の痕跡を残すことを意味します。あの世では自分自身を評価し、自分がどのように生きて死んだかを受け入れることになりますが、僕はそれを知り、自分の生き方に注意を払うようになりました。他者の立場になって考えることによって、人生の振り返りプロセスという側面をできるだけ分析して模倣しようと努め、意図的な行為もそうでない行為も含めて自分の言動の結果を見るようになったのです。こうして自分の行動に意識的になったおかげで責任を取ることの重要性がわかったので、僕はより良い行動をとれるよう常に努力しています。

エゴの定義を「自分自身や他者を見る時のフィルター」とするなら、頭の中のおしゃべりは「自分が見ているものに関して自分に語る物語」と定義できるでしょう。物語を読み上げるナレーターのように、頭の中のナレーターは、世界や自分自身をどのように認識しているかを自分に語りかけます。そうして語りかける内容は自分に絶大な影響を及ぼします。状況の深刻さというのは、自分の置かれた状況をどう捉えるかによって決まるのです。内側で語られる物語は、生き残るため、パターンに気づくため、結論を導くために必要かつ重要な識別ツールであって、物語に絶対的に問題があるというわけではありません。むしろ、人にはそれが必要です。問題となるのは、エゴによって物語を誤解させられ、視野が曇る時です。それが生涯にわたって無意識に繰り返されると、世界や自分自身についてかなり歪んだ認識を持ってしまうことになります。だからこそ、自分で自分に語りかける物語に注意を払うことが重要なのです。

厳密に言うと、スピリットも物語を語ることがあります。スピリットは物事に対する自分の理解を伝達することができますが、それが彼らの物語です。エゴが処理されていれば、物語が人間的な視点によって損なわれることはありません。魂がよく、生前にはわからなかったことに気づけるのはそのためです。スピリットが現れる時、そのエゴがどのくらい消失しているかは個々によって異なります。信じられないレベルで自己を認識し、ほぼ悟りに達しているスピリットもいれば、自分の生死をまだ把握している途中のスピリットもいます。そのプロセスが直線的な時間に制限されていないことを踏まえると、個々のスピリットは前世を脱ぎ捨てていくさまざまな段階にあって然るべきでしょう。

僕はこうした理解に触発されて、この世に生きている間にできるだけ不健全な物語を解体していきたいと思うようになりました。人は動揺すると、簡単に反応してしまいます。それでも、自分の思考に振り回されるのではなく、自分の思考を観察できる境地に達することが必要不可欠です。たいていの場合、反応はエゴから直接来ています。自分がその瞬間その瞬間にどう反応しようとしているかを第三者的な立場で観察することができれば、感情も変化してきます。思わず何かを口走ってしまい、すぐに後悔するという経験がどれくらいあるでしょう？　失言したと感じる時はいつでも、エゴがそのトラブルのもとです。

自動的に反応するのではなく意識的に対応する、そこに重要な違いがあります。仏教の信念体系では、言葉は神聖なものとされます。本当に言うべきことがある時だけ発言するなら、人はもっとあなたの言葉に耳を傾けるでしょう。自分の言葉に思慮深くなると、その言葉が自分自身や他者に与える影響力に気がつきます。あらゆることに反応しながら、不安定な状態に身を投じるのが当たり前になっていると疲れてしまいます。マインドフルネスは効果的です。それは、あらゆる瞬間を最大限に活用し、思いきり楽しむ方法なのです。

沈黙していると、直観のささやき声が聞こえてきます。意識におけるエゴの支配力を弱めれば、直観にずっと気づきやすくなるでしょう。思考の観察者になることによって自分の本質が見えてきます。あなたの思考や信念はすべて、自分が受け入れてきた、あるいは拒絶してきた情報の流れです。自分自身と自分の思考を区別することが、より意義深い人生への大きな一歩となります。

幼児期の僕には、冷蔵庫の中身をすべて取りだして色ごとに並べる癖がありました。大きくなるにつれてこの不安症的な衝動は、数をかぞえたり、電気をつけたり消したりといったさまざまな形の神経質な衝動へと変わっていきました。

僕は長年にわたって毎夜のごとく、ドアをすべて施錠しただろうかと気をもみ、何度確認しても心配し続けていました。両親と別れる時は毎回、二人と会うのはこれが最後になるかもしれないという煩わしい考えに苛まれました。ところが、意外にもこの症状の性質が、自分の知っていることを活かす機会をもたらしてくれることになりました。マインドフルネスを最良のツールとして活用することによって、不安と本物の直観を区別できるようになったのです。こうした症状は子どもだった僕に多大な不安を引き起こしましたが、そのおかげで僕はよりマインドフルな大人に成長しました。

故人が現れる時、彼らはたいてい、生前の心の健康状態がいかに自分の信念や行動に関わっていたかを認識しています。死後も意識は存続しますが、生前の構造からは解放されるので、この世で精神疾患に苦しんでいた人たちは視点の変化に気づきます。生前に中毒症状に苦しんでいた人も、その症状から解放されて現れます。生化学的な問題を抱えていた人も、他界後には平安を見つけます。もっとも精神を病んでいた人でさえ、自分の人生がどれだけ重要であったか、人間として生きた経験がいかにかけがえのないものだったかを理解して現れました。自ら命を絶った人たちも、たいていは何がその決定をさせたのかを理解し、生きていれば人生が好転していた可能性に気がつきます。われわれは人生の振り返りプロセスによって、他者や自分自身への理解、そしてそれぞれが集団としての体験に影響を与え合っているという理解を得るのです。

そこでは自分の行動がどれだけ広範に影響を及ぼすかということだけでなく、生前はエゴのせいで見えなかった、他者が自分に変化をもたらしたさまざまなやり方についても理解します。こうして他に起こりえた可能性、物事の真の姿、そして今この瞬間それがどんな意味を持つのかが見えてきます。魂の存在において人生の振り返りは極めて重要な時間であり、人生と目的に関するそれまでの理解と定義が問われ、進化していきます。

生き続けるためにできることはすべて行い、可能な限り学ぶことが大切です。どんな経験をすることになっても最善を尽くし、進化し、バランスの取れた土台を作る努力をするべきです。エゴはあれこれ口出しをしてきますが、そうした口出しを友人にはしないのが普通でしょう。自分の思考と本当の自分を分けることです。そうすれば、より幸せな観察者になることができます。

われわれはトリガーに囲まれた世界に住んでいます。トリガーという言葉は、一連の物事を引き起こす何かを想起させます。それは、銃口から銃弾が飛び出たり、ドミノが弾みをつけて次々と倒れていったりするのに似ています。心のトリガーはそうした影響をエゴに与えます。トリガーは反応を誘発するのです。

心のトリガーは、人間の条件に組み込まれています。たとえば、会話に出てくると心の中で後ずさりしてしまうような話題、早く終わってほしいと思うような話題などもトリガーです。この世に生きている人のなかに、何かしらのトラウマを解決しようと試みたことがない人などなかなか見つからないでしょう。トラウマというのはしばしば、何がトリガーとなるかに大きく関わっています。トリガーになる話題や状況の背後にあるネガティブな感情は、その人を回避的にし、生活の範囲を大きく変えてしまうことがあります。

悲しみや恥や怒りは強烈な感情で、その人の行動を形成し、特徴づけます。こうした感情は誰もが経験したくないものですが、時に避けられません。人は自分自身の影《シャドウ》を理解し、不安や心配を引き起こす原因を解明するよう努めるべきでしょう。そこから学べることがあるからです。トラウマとなった出来事を取り消すことはできず、唯一できるのは、それに向き合うことです。コントロールできないことを受け入れれば受け入れるほど、心が満たされていきます。口で言うほど簡単なことではありませんが、それが平穏を得るための実際的なアプローチなのです。自分にはコントロールできない物事がわかると、自分でコントロールできる物事にもっとエネルギーを注ぐことができます。繰り返しになりますが、マインドフルに生きるというのが効率的な生き方だということです。

トラウマにまつわる実例を、ウェンディ・マクレンドン＝コーヴィ〔訳注／アメリカの女優〕のリーディングで目の当たりにしました。彼女の亡きおじと繋がったそのリーディングは、感情を揺さぶられるものになりました。彼はその最期と同じくらい悲劇的な生涯を送りました。僕はその交信を通じて、彼が早逝し、亡くなって随分経つと判断しました。彼は僕に、トリガーだらけの状態で生きたこと、本当の自分に対して一度も心穏やかでいられなかったことを伝えてきました。彼はゲイだったのです。ＬＧＢＴＱの人たちがありのままの自分で生きられなかった時代、彼は自分を押し殺すことを余儀なくされ、結果として自ら命を断ちました。

生きることは耐え難く、彼はもはやそこに意味を見いだせませんでした。本当の自分でいられなかったために、彼は人生の目的や充足感から切り離されているように感じました。恥意識が彼の人格を形成し、秘密にしておく必要性が彼をいっそう回避的な行動へと陥らせていました。彼には自分を助けてくれる人、ありのままの自分でいても大丈夫だと教えてくれる人が必要でしたが、誰も本当の彼を——少なくとも彼が隠していることを——知りませんでした。大きな秘密を抱え込むことによって、彼はありのままに生きられなくなってしまったのです。僕はふと、シェル・シルヴァスタイン〔訳注／作家、イラストレーター。絵本『大きな木』などの代表作がある〕の詩"*The Mask*"を思いだしました。その詩に出てくる二人は青い肌をしていて、それをお互いに隠そうとしています。最後はこんなふうに終わります。

二人は青を探した
生涯を通してずっと

ついに二人はすれ違った——
でも互いに気がつかなかった

——シェル・シルヴァスタイン

自分のトリガーに気づき、それを乗り越えて初めて、人は本当の自分を生きることができます。われわれは皆で人間としての経験を共有しているので、たとえどんな経験をしていようと、あなたが人類史上初めてその窮地に立つ人というわけではありません。誰かがどこかで、あなたがしている経験に共感してくれるはずです。本当の自分に正直でいられる時、人は最高の自分を前面に打ちだせるのです。

ウェンディの愛するおじは、生前に見つけられなかった平安をあの世で見つけました。彼は、他者からの影響がいかに自分自身に対する見方を変えてしまったかを理解できるようになりました。人生の振り返りによって、自分が状況の被害者だったこと、自分におかしな点などなかったことに気がついたのです。彼が生前に感じた恥意識は社会的な条件付けによるもので、彼は社会からのプレッシャーの犠牲になってしまったのでした。

彼の魂は生前の行動を取り消すことはできませんでしたが、彼は何が自分にそうさせたのかを理解しました。この理解が最終的に受容へと繋がり、この受容を通じて平安が訪れました。彼は人生の振り返りプロセスを通じ、生前は見えなかったけれども、本当は多くの人から応援されていたのだと知りました。そして、異なる選択が異なる結果を招いていたであろうことを知りました。彼は自分が静かに応援されていたこと、恥意識のせいでそれが見えていなかったことに驚いていました。自己実現の旅路を通して、彼は社会からのプレッシャーが自分のエゴを歪ませ、物語を乗っとり、自分に対して惨めな思いを抱かせていたことを理解しました。もっとも困難な状況をどのように見立てるかで、その状況が自分に及ぼすパワーが決まってきます。ありのままに生きるとは自由であることを意味し、そこに他者からの不当な期待を背負う必要はもはやありません。

僕は最近、想像を超えるほど奇妙な状況下で、自分の最大のトリガーのひとつと向き合うことになりました。それをきっかけに自己発見の旅に出て、自分のアイデンティティを見つめることになったのです。ことの始まりは、殺人を犯した老女と〈23andMe〉社の遺伝子検査でした。

僕は生まれてから二十三年間、母の母だと聞かされていた女性のことを謎の人物だと思っていました。その女性は二人の人間を殺害した罪で三十年間刑務所に入っていたため、ある意味、僕の実生活には存在していないも同然でした。母が十二歳の時、母が「ママ」と呼んでいたその女性は、二人の人間を撃ち殺してそれを隠蔽しようとした罪で告発されました。それだけでなく、その女性は母の兄を脅し、二人の遺体をモーテルに埋める手伝いをさせました。彼女はメキシコ人のギャングと関係していたようですが、自身はフランス語を話すクレオール・ネイティブ・アメリカンだったので、その組み合わせは特に奇妙に思われました。その女性が母に抱かせた共感性羞恥心は計り知れないもので、母は必死で彼女の二の舞を踏むまいと生きてきたのです。

僕が彼女について知っていたのは、「ステラ」という名前と彼女が犯した虐待の話だけでしたが、その話は僕が聞いてきたなかでも最悪といえる児童虐待の話に匹敵するものでした。一九三〇年代にルイジアナ州のバイユー湿地帯で生まれたステラに出生証明書はなく、十三人の兄弟姉妹がいました。兄弟の何人かは、大人になって登録性犯罪者になりました。ステラは流暢なフランス語と片言の英語を話し、僕の母を通訳として連れまわして、標識を読ませたりナビ代わりに使ったりしていたそうです。

母が十二歳の時にステラが逮捕され、祈りが叶いました。母は通っていた学校の事務員と用務員の夫妻の養子となり、温かい家庭を得たのです。ステラの事件は世間をあっと言わせ、人々は母の状況を知り、事件から何年経っても忘れませんでした。

大きくなった僕はステラの犯したことの重大さを理解し、彼女のことを恥じるようになりました。いとこと僕が通っていた学校では、祖母が犯した衝撃的な犯罪の噂が広まりました。生徒たちに笑いものにされた僕は、母が人生の大半で抱えていた恥辱を理解することができました。ステラが犯したことの暗雲は世代を超えて引き継がれ、子ども時代の僕にも有害な影響を深く及ぼしました。僕は幾度となく母に尋ねたものです。「あの人は本当にお母さんの母親なの？」

母は僕が出会った誰よりも親切な人です。まじめで愛情深い母親の代表のような人なのです。母を知る人は皆、母のことを愛しています。母が笑った時の目の輝きは、本物の善良さから放たれるものです。ステラとは正反対です。僕はステラの血が自分に流れていることを理解できず、そのことを考えるたびに惨めな気持ちになりました。

昨年、僕はクリスマスプレゼントとして、母の遺伝子検査をすることにしました。感傷的になっていた僕は、好奇心から、母方の家系のネイティブ・アメリカンの血筋を調べてみようと思ったのです。母が唾液を採取して〈23andMe〉社に送ると、検査結果が届きました。それによると、母の血筋は主にイタリア系とのことです。おかしいな、と僕たちは思いました。きっと母の父方の血筋が、知らなかっただけでイタリア系だったのでしょう。僕たちはさほど気にせず、その話題は立ち消えました。

数か月後、長期にわたる国内のライブショーをいくつも終えた僕は、母とロサンゼルス空港に到着しました。六時間のフライト後で疲労困憊し、車に乗りこんだ時にはもう睡魔に襲われていました。そこで母の携帯電話が鳴りました。どういうわけか、僕はハッとしました。心の奥底から何かが湧き起こり、そのざわつく感情を抑えきれません。まるで頭に冷水をかけられたような感じでした。

「もしもし?」母が応じました。

一瞬静かになり、母は耳を傾けました。僕には相手の男性の強い南部アクセントがかすかに聞こえるだけでした。少しすると、母の表情が変わりました。完全なショック状態です。母は相手の名前を尋ね、その男性が母の連絡先をインターネットで調べたことを知りました。彼によれば、自分の母親の遺伝子検査をしたところ、僕の母が彼の母親の半分血の繋がった妹だと判明したものの、僕の母の行方がずっとわからずにいたのだそうです。

母は、自分の父親がよその女性を妊娠させていたに違いない、この電話は父方の家族からのものだろうと思いました。しかしその考えは、彼が続けた話によって打ち消されました。彼が調査を通じて至った結論によると、二人の関係は彼の母方の祖母と繋がっているそうです。つまり、おそらく僕の従兄弟にあたるその男性は、ステラが僕の祖母ではないことを言っていたのでした。

僕たちは呆然としました。母は黙りこみ、その電話が意味することを頭の中で整理していました。最初はいたずら電話だと思ったのですが、彼がその母親のＤＮＡチャートを送ってくれて、僕の母との共通項がわかりました。そこで本格的なＤＮＡ検査を行い、数週間後に届いた検査結果により、母には自分のことを必死で探していた本当の家族がいたことが実証されました。この事実はまた、ステラが母を故意に誘拐したこと、母が彼女の本当の娘ではないことを内緒にしていたことを示していました。

僕は激怒しました。現在は八十代になりすでに出所していたステラは、僕が思っていた以上に恐ろしい人間だったのです。やがて判明したところによると、ステラは赤ん坊だった母を不法に手に入れたようで、母の出生証明書も偽造されたものでした。母は自分の誕生日が本当に二月十四日なのか、テレサという名前が本名なのかさえ知りませんでした。僕の実の祖母メアリーは、行方不明になった小さな娘のことを思って毎夜泣きながら、彼女を探し続けることに残りの人生を費やしたそうです。メアリーは明るく優しい人でしたが、生活苦に見舞われていました。女手ひとつで三人の子どもを育てることになった彼女は、経済的負担の大きさに、母を手元に置いておくことができなくなりました。そうして月日が流れ、祖母は、大人になった娘を誰かが見つけてくれないだろうか、再会できないだろうかと願いながら一生を過ごしたとのことです。その願いは叶わず、祖母は二〇〇三年にアルツハイマー病で亡くなりました。僕の新しく見つかった親戚によれば、メアリーは深刻な認知症を患いながらも、決して見つからなかった娘のことを忘れることはなかったそうです。娘に会いたいと泣き、年老いても、別れた小さな娘のことを思いだしていたとのことでした。

母はその後、電話の相手と対面しました。僕の従兄弟にあたるニック、その母親のメアリー、僕の伯父にあたるジョージ、その他のいとこたち全員が、ずっと僕たちを探していたのです。伯母いわく、僕の祖母と伯母はよくテレビを観ては、母がニュースキャスターにでもなっていないだろうかと思っていたそうです。テレビに映る人たちに自分たちの面影がないか探していたということは、二人が直観に鋭く、それだけ必死に母を探そうとしていたことを示しているのかもしれません。

その存在すら知らなかった本当の家族と再会した母は、真相を究明したいと思いました。僕はステラに対して腸が煮えくり返るほどの怒りを感じるとともに、彼女が赤ん坊を盗んだ挙げ句、何十年にもわたって僕たちに血の繋がりがあると誤解させていた理由を知りたいと思いました。母も同じことを疑問に思ったようで、何度か連絡をしたすえに、ようやくステラを電話口に呼ぶことができました。

すっかり弱って声もかぼそくなったステラが電話に応じると、母はスピーカーに切り替えました。僕は子ども時代の元凶ともいえるその女性、僕の家族の人生を恥辱という暗雲で覆ったその女性がくりだす世間話に耳を澄ませました。母がさりげなく、自分が赤ん坊の時に盗まれたことを知ったと口にすると、ステラの口調が変わりました。ステラは電話の目的を察したようで、不気味なくらいあっけらかんと応じました。そして、どうやって赤ん坊だった自分を手に入れたのかと母が尋ねると、こう切り返してきました。

「息子に訊けばいいじゃないか。霊視できるんだから、真実を知っているんじゃないのかい」

僕は怒り心頭に発しました。僕の人生のトリガーが、電話越しに挑発してきたのです。ステラが僕たち親子に味わわせた屈辱はゆるしがたいものなのに、ここにきて彼女はとどめを刺さんばかりに僕を辱めようとしていました。僕は母の子ども時代の詳細を知っているわけではありません。それに、あまりにトラウマ的だった状況に対して先入観を抱かずにいるのは不可能で、それゆえこの問題に関してリーディングをするのも不可能に近いものがありました。僕の立場はあまりに近く、問題はあまりにつらいため、真相を究明しようとしても僕の直観は使いものにならないのです。僕の能力が人生で一番役に立つはずの場面でその能力を使えないのですから、皮肉なものです。

ステラが僕の母を手に入れた状況の真相を知る人はおらず、僕もこれを書いている時点で、その衝撃的な状況にまだ向き合っている段階です。ステラが僕の実の祖母ではなかったと知ったことで、彼女の行動がどれだけ僕の自分自身に対する感じ方に影響を与えていたかを思い知りました。僕は長い間、ステラと同じDNAを有しているということは、自分にもどこかおかしな点があるかもしれないと思っていたのです。そして、彼女の中に潜んでいるものが自分にも潜んでいるのではないかと恐れていました。

そんな恐怖心がある日、一掃されたわけです。もしステラが誘拐という非道な行為をしていなければ、彼女は赤の他人でした。街ですれ違う人と同じくらい、関係のない人です。彼女の罪は、僕が背負うべき罪ではありません。僕は自分がどれだけ彼女に対して共感性羞恥を感じていたかを、あの十五分ほどの電話中にそれが取り払われて初めて理解しました。

この体験によってアイデンティティを詳しく見つめることになり、僕は人がいかに他者と関連づけて自分自身を定義しているかを認識しました。他者の期待に応えたり、他者の行動を自分のことのように考えてしまったりと、人はいろいろな形で周囲の人々から影響を受けています。自分という人間を定義するうえで他者からどのくらい影響を受けているか、そこに意識を向ける必要があります。僕は重荷が取り除かれるまで、自分がそれを背負っていたことに気づいていませんでした。

本章で述べてきたように、エゴがわれわれの人生を動かしています。エゴを破壊することはできないので、自分に役立つようにエゴを形成していくしかありません。われわれは日々、自分とエゴとの関係性を示すような選択に直面していますが、その関係性は他者の行動パターンを見ても明らかです。エゴは物事の見方を引きだすマシーンのようなもので、いくつもの可動部品で構成されています。条件付けは特定の反応のしかたをするようにエゴを形成しますが、その目的はエゴを維持することです。この条件付けがトリガーと連動しているのです。トリガーは巨大な危険信号として機能し、何に注意を向けるべきか、どこから学ぶべきか、何を受け入れるべきかを知らせます。

抵抗を感じる対象は、忍耐強く注意を向け続けるべき対象だということです。抵抗を感じた時は、それが内面的なものであれ外面的なものであれ、そこから学べるレッスンに耳を傾けなければいけません。それを個人的に受けとめなくなるほど、事態は好転します。そもそも人は皆エゴの判断に基づいて、自分が真実だと感じるものを投影しているだけなのです。この事実は状況の本質を打ち消してしまうわけではなく、誰もが意見を持っているということを思いださせてくれます。それを心に留めて、成長していきましょう。

人はこの世を去る時に、自分が抱えてきた信念について多くを学びます。人生の振り返りプロセス、そして最終的にはエゴの死を通じて平安が得られるのです。この世を生きるわれわれは、受容の実践を増やしていくことによって、自分がコントロールできない物事を沈静化させることができます。受容はゆるしや思いやり、他者の視点で見る能力によって可能になります。こうしたことはすべて、痛みを捉え直し、それとの付き合い方をコントロールする力を与えてくれるツールです。自分を傷つけた人をゆるすことができると、頭の中からその人を追いだすことができます。自分の頭を神聖な器として考えましょう。そこに人を無料で住まわせる必要はありません。

恐れは自衛本能です。人は恐れゆえに、「何かをしたい」「何かを避けたい」と思います。恐れは真の状況を歪め、一連の不安を引き起こします。でも自分が何を恐れているのかがわかると、恐れの対象をいくらかコントロールできるようになります。それはある意味、そこに潜む敵の正体を暴くことです。知っているということはパワーであり、自分を知る努力をすればするほど、外の世界をうまく渡っていけるようになるのです。

この世に生きて死んだ人たちから僕に伝えられるもっとも響くメッセージのひとつは、「もっと優しくすればよかった」というものです。

僕は何をする時でも、この言葉を忘れることがありません。なぜなら、結局のところそれが最重要だからです。どうしても優しくなれない時こそ、思いやりを示さないといけません。優しさが必要とされる状況で、持てる力を発揮するのです。世界の暗闇に光を灯さなければなりません。この優しさは自分自身にも向けられるべきであり、人は惜しみなくゆるしを与えるべきです。他者の不親切にストップをかけることはできませんが、他者の厳しい言動によって自分自身への見方を左右されなければ、優しくなることができます。誰にでも欠点や不安、課題はあるものです。しかし、そこには成長のチャンスが潜んでいます。今生でくだす決断は次の人生に持ち越されます。自分が他者や自分自身に対して演じている役割を理解すれば、裁くことも減っていきます。

自分とエゴとの関係性を理解すると、人生が変容します。自分の思考に枠を決められるのではなく、思考の観察者になれば、何世代にもわたって罠を仕掛けてきた思考の枠組みを壊すことができます。あまりに多くの人の行動が、衝動的かつ反動的なマインドセットによって規定されています。けれども、内観を通じて人生の見方を変え、人生を変容させることが可能なのです。つまるところ、エゴは人生で出会い、やがては別れることになる仲間です。だからこそエゴとの関係を育み、バランスの取れた関係性を築かなければいけません。

3 直観を取り入れる

内なる教えという贈りもの

直観は誰もが備えているものですが、ほとんど活用されていません。「何かがおかしい」と感じる瞬間を、誰でも大なり小なり経験したことがあるでしょう。直観を「不快な第一印象」という形で経験することもあります。あるいは、ちょうど同じ瞬間にこちらのことを考えていた相手に「電話をかけよう」と直観が思いつかせてくれることもあります。直観は単なる一瞬のひらめきという以上に助けになるものであり、決して狂うことのない内なる羅針盤のように機能します。それは思考や行動、ひいては人生に知恵を与え、それらを変容させることができるのです。

人の性質として基本的に備わるこの直観については、さまざまな誤解や思い違いがあります。まず、直観の妥当性を軽く扱うべきではありません。直観に逆らい、エゴに思考をまかせてしまうのは簡単です。しかし直観は、何かが起こったあとに実証される一度限りのただの偶発的出来事、という意味合いを超えるものです。直観は生存のために進化し人類の役に立ってきましたが、最近では、狩猟採集時代に重宝されていたようには信頼されていません。それでも直観が日常で輝きを放つ瞬間はあり、理屈を超える形で直観的に相手の状況に共感できる、などということもあります。ペットとの関係に直観が活用されることもあるでしょう。たとえば飼っている犬に見つめられると、どういうわけか何を求められているのかわかる……といった具合にです。内なる教えであるこの直観は常に後回しにされ、エゴとは切り離されていますが、それでも本当の自分の重要な一部には違いありません。

実際のところ、直観は本能です。捕食者となりうる動物の意図を直観的に知る能力は、歴史にわたって人類に仕えてきました。食糧や水源を見つける能力も然りです。直観は突破口を開く力なのです。それは生存手段として活用できるものであると同時に、新しい方向性を示すものでもあります。歴史的に見ても、直観が人類を前進させる役割を担ってきたのかもしれません。直観が微かな洞察の光となって仮説を生じさせ、それがのちに真実だと証明されたこともあるでしょう。直観は次の一段が見えない階段のようですが、ともかく踏むしかありません。多くの場合それは、神からの呼びかけだ、あるいは信用ならぬものだと考えられてきましたが、人類は直観という呼びかけに常に応じてきたのです。

直観が磨かれると、人生のあらゆる面について、目から鱗が落ちるような真理が明かされます。それは人間関係を深め、自分自身の強みや弱みを見せてくれます。こうした内省の副産物として得られるのが気づきです。気づきはわれわれが強いストレス下にある時に、より効果的で効率的な決断をくだす手助けをしてくれます。ビジネスにおいては、勘に従うと、誰が信頼できるか、誰となら組むに値するかを判断する助けになるでしょう。

そのことが生産性を高め、人生経験のあらゆる側面を上向かせてくれます。健康面では直観が、内省や自己分析を通じて総合的なウェルビーイングに関する洞察を与えてくれます。マインドフルに生きることと直観的に生きることは密接に関連しています。直観的な土台を築くことによって、明晰さと確信を持って人生を歩むことができるでしょう。

直観は、人類を個人的にも集合的にも前進させます。直観が長々と感じられることは稀で、たいていはすべてを内包するような、頭が冴えわたる一瞬に感じられます。突然のひらめき、自己実現、「アハ」体験といったものはすべて、最初は直観レベルで始まります。そうしたガイダンスの小さな声に耳を傾けることができると、自分が孤独でないことが明らかになります。

ミディアムの能力と直観は似たようなものなのだろうか、と疑問に思われることも多いですが、確かにある意味で両者は似ています。リーディングを行う時は、自分が感知しうる対象の微細さに気づける境地に入らないといけません。クライアントからの確証を得て自分が軌道に乗っていることがわかると、方程式の答えが急にわかったような感覚になります。また、故人からのメッセージを受け取ると、自分のものではない記憶を受け取ったような感じがします。このようにミディアムのリーディングは直観的なものであり、それは常に情報を迅速に転送するプロセスです。

ミディアムの道を歩まずとも、直観を磨いて実践することは誰にでもできます。そもそも、ミディアムに「なる」ためにできることなどほとんどありません。人はミディアムであるかそうでないかのどちらかであり、習得したスキルによってなされることは限られています。僕はコミュニケーションスキルや伝え方、自信については時間をかけて身につけてきたものの、僕の能力自体はほぼ変わっていません。誰でもミディアムになれるという考え方がミディアム界隈にはありますが、そういったアイデアは、ミディアム願望のある人たちにサイキック能力開発コースを売るためにあるのではないかと僕は思っています。重要なのは、何が直観であるか、そして何がそうでないかを知ることです。

直観的に生きるというのはつまり、直観を妨げているブロックを解除するということです。「直観的な人になる方法」を教えてくれる本も、教師も、資料も存在しません。直観という概念になじむことは重要ですが、直観は実践して初めて役に立ちます。人は直観という概念を好みますが、大半の人にとってそれは目新しいものです。けれども、ひとたび直観が日常化されたなら、自分の決断に対する自信が増してきます。ミディアムである僕が孤独を感じることがないのは、故人たちと繋がることができるからでもあります。直観も同じように、一度迎え入れたら二度と離れたくない友人のようなものです。

ここからは直観が働きかけてくる多種多様な形、そして直観がもたらす結果への気づき方についてお話ししていきますので、直観と不安は何が違うのか、より深く理解していただけると思います。直観の世界を探究していくうえで大切なのは、直観を論理的思考とは真逆のものと考えないことです。直観は論理的思考に知恵を与えるものであり、われわれを前進させるあらゆる知識の土台です。ちょっとした心がけと直観に気づくためのツールがあれば、直観が人生を導く力となってくれるでしょう。

ミディアムとして、僕は直観的に生きる必要があります。僕の仕事はリーディングを行うために座った時から始まるわけではなく、朝起きた瞬間から始まります。僕は自分の直観を妨げうるブロックを意識した瞬間から、「気づいている」状態にいなければいけません。仕事は誰にとっても大変なものですが、僕の場合、もし朝になんらかのいざこざがあれば丸一日が狂ってしまいます。それに、直観を妨げる肉体的ブロックというのもありえます。たとえば風邪を引くと、僕の一部が注意散漫になってしまい、特定の直観的印象に気づくのが難しくなります。ある意味、有能なミディアムであるためには精神面のバランスを維持する必要があるということです。

そう言うと理論上はもっともらしく聞こえますが、現実的ではありません。人生とは時にバランスを崩すものだからです。不安や恐れは人生につきものですし、こうした感情を尊重する必要もあります。四六時中、直観的に生きることなど誰にもできません。僕がよく訊かれる質問のひとつに、どうすれば直観と頭の中のおしゃべりを区別できるか、というものがあります。直観は一般的に、虫の知らせのようなものと考えられています。それは腹の底から来るような理屈抜きの反応を引き起こし、速攻でその人の注意を引きます。直観は感覚として語られることがあまりに多いのですが、僕が思うに、実際それは「知っていること」です。

確かに、潜在意識が知っていることに対して感覚的な反応が強く引き起こされることはあるかもしれませんが、それでもやはり起源は「知っていること」なのです。これが直観です。一方で、直観に根ざしていない不安な思考は人を完全に頭の中に陥れ、ネガティブ思考の連鎖反応を起こす力を持っています。それは過去に直面したトラウマと直接結びついていることもあり、さらなる不安を掻き立てます。これが不安の正体です。

直観は知っていることであり、不安は感じていることです。僕は仕事上、直観的なマインド状態でいる必要があるので、たとえ感覚的な反応が起きている時でも、直観の「知っている」という性質を認識できるようになりました。直観は瞬時のひらめきのように情報を伝達してくるため、受け取る側は不意をつかれます。一方の不安はおなじみの恐れとして頭を襲い、一番気がかりなことに侵入してきます。

直観を得ると、何か別の源から貴重な知識を与えられたような感じがします。リーディングを行う直観的な人の多くは、そうした価値ある贈りものを情報の「ダウンロード」と描写します。「どのルートで通勤するか」「何時に家を出たらいいか」など、人は一日を通してずっと、そうしたダウンロードの瞬間を経験しています。それらはすべて直観なのです。

ある女性のリーディングをした時のことです。彼女には直観と不安の違いを明らかにする、強烈で痛ましい経験がありました。彼女と知り合ったのは、僕がティーンエージャーでまだ地元の街にいたある夏のことです。トルコで教師をしていた彼女が、帰国した際に僕のリーディングを予約しました。僕は交通事故で亡くなった彼女の息子さんと交信しました。

彼女はリーディングの最後に、息子さんが亡くなった瞬間に受け取った圧倒的な直観について話してくれました。息子さんは、彼女がトルコに住んでいる時に交通事故で亡くなりました。仕事でデスクについていた彼女は、ふと時計を見上げ、その時刻に注目しました。その時、一瞬の洞察が彼女を襲いました。息子がこの世を去ったことがわかったのです。目に涙があふれ、彼女はむせび泣きました。まもなく地球の反対側から電話があり、息子が悲劇的な死を迎えたことを知らされました。

それまでも彼女は、成人した息子から遠く離れた地で、毎日のように彼のことを心配していました。メールの返信がすぐにない時などは特に、息子は無事だろうかと不安に襲われました。でも心の底では息子がちゃんと返信をくれることを知っていて、実際に必ず連絡がありました。それは彼女の心配の種であり、息子と離れている時に繰り返し起こる、心地のよくない思考だったのです。

息子が亡くなった瞬間に彼女を襲った感覚、それよりもっと重要な「知っている」という直観は、彼女がそれまでに感じたいかなる不安な思考とも違いました。それは思考を超越していて、まだ起こっていない記憶のようだった、と彼女は語りました。

直観に対するこの見方は、いつも僕についてまわっているものです。まさに、彼女の言うとおりなのです。十歳の時に僕が祖母の死を予知した際も、それはまだ起こっていない記憶のようでした。どうしてかは説明できませんが、僕は祖母の死を知っていたのです。それは感覚を超越したものでした。

これらの実例は、直観に対する捉え方を変えることの重要性を示しています。直観というと、たとえば母親が子どもの居場所について感じる、理屈に合わない胸騒ぎのようなものという画一的なイメージが持たれているかもしれません。しかし、それでは直観を充分に説明できていません。母親の直観が本物であることは事実ですが、超感覚的知覚というこの極めて強力な手段を活用する能力を、実はどんな人でも備えているのです。

直観に関して言われる特徴のひとつとして、人生で何か重要な出来事が起こったあとに鋭くなる、というものがあります。妊娠する、大切な人を失う、医療的な苦難に見舞われる等の出来事がきっかけとなって、直観的な道に導かれることはよく知られています。「妊娠して以来、予知夢をよく見るようになり、ホルモンの働きと片付けるには到底無理があるような感情が湧いてくる」などと訴えてくる妊婦にも、僕は数えきれないほど会ったことがあります。

大切な人を亡くしたばかりの人たちにもそれは共通しています。僕もその部類であり、僕の能力は祖母の死がきっかけとなって出現しました。これは僕のクライアントのある女性の話ですが、彼女は母親の他界後、直観的な瞬間に遭遇するようになったとのことでした。彼女と母親はよく一緒に音楽を聴いていたそうで、それが二人の「お決まり」になっていました。

母親が他界してまもなく、彼女は信じられないような偶然の一致を経験し始めました。普通に一日を過ごしていると、急に、ラジオをつけなければという気持ちに駆られるのです。最初は車に乗っている時、次は携帯でメールを打っている時、三度目は僕に会いに来る途中でした。三度目は運転中で、彼女はそのタイミングでラジオをある局に変えるべきだという気になったそうです。

ラジオをつけると、その瞬間、決まって母親と一緒に聴いていた特別な曲が流れてきました。最初は彼女の結婚式で母親と一緒に踊った曲で、二度目は子どもの頃に母親がよく歌ってくれた曲でした。そして三度目、僕のところに向かって運転しながら何気なくつけた局から流れてきたのは、母親の葬儀で使った曲でした。

そうした不気味なほどに深遠な瞬間に導かれた理由を、彼女は正確に説明することができませんでした。ただそうすべきだと感じたのです。たとえば家を出てからの道中で、ストーブをつけたままだったと確信するのに似ている、と彼女は言っていました。その確信の奥には切迫感があり、彼女の場合は、行動に移す前にそれを疑問視する時間の隙さえなかったとのことでした。

このような瞬間は極めて意味深いものです。それを、母親が「まだ一緒にいるよ」というメッセージを送ってきたと捉える人もいるでしょう。でも僕は、もっと興味深いことが起きていたように思いました。つまり、毎回シンクロニシティを起こすための行動をとっていたのは、クライアントである彼女自身だということです。一連の出来事は、直観に従うことによって、あたかも彼女が自ら母親からのメッセージを受け取っていたかのようでした。ラジオ局を変えるよう突き動かされ、それらの曲を意識下に導いたのは確かに彼女なのですが、何かにそうするように呼びかけられてのことでした。こうした呼びかけは、最初のリーディング後も何度も続きました。特定のラジオ局を選ぶよう掻き立てられるたびに、彼女は母親を思いだすことになりました。それはまるで、母親が一曲ごとに娘を思い出の道に誘っているようでした。僕のクライアントは意図せずDJとなって、母親のスピリットとの直観を通じた関係に大きな慰めを見いだしたのでした。

喪失がきっかけとなって内なる知恵を得ることがあるように、病気もそうしたきっかけになりえます。病気に見舞われた結果ヴィジョンを受け取った、という歴史上の人物もたくさんいます。先述した、奴隷を解放に導いた運動家のハリエット・タブマンもその部類です。

彼女は幼い頃に、神からのヴィジョンを受け取るきっかけとなるおぞましい経験をしました。それは、激怒した奴隷所有者が、奴隷の一人に鉛のおもりを投げつけようとした時のことです。狙われた奴隷の前に立ちはだかったハリエットは、代わりに鉛で頭を打たれ、地面に倒れました。それを機に、彼女は生涯にわたって繰り返しナルコレプシー（過眠症）発作を起こすこととなり、鮮やかなヴィジョンでガイダンスを受け取るようになりました。彼女の経験のシンクロニシティは計り知れないものでした。他の奴隷に向けられたはずの鉛のおもりがハリエットを打ったわけですが、それが起こっていなければ、彼女はあれほどの規模で地下鉄道を効率的に誘導することはできなかったかもしれません。彼女のヴィジョンが導きとなり、高次のパワーとの結びつきを強化したのです。加護をもっとも必要とする時、彼女は神から送られたそれらのヴィジョンを信頼し、そのささやき声に耳を傾けて自由へとたどり着いたのでした。

僕も最近、医療的直観を受け取り、自分の健康状態に深刻な問題があることを予見しました。遡ること二〇一四年、脳幹付近に腫瘤が見つかって、僕は脳の緊急手術を受けました。そして脳脊髄液が脳に溜まっていたとわかり、その後に水頭症、いわゆる「脳水腫」の治療を受けることになりました。大人になってからのトラウマ的な健康不安はその一件が最大のもので、今後これを超えるものはないだろうと当時は思っていました。

その最初の健康不安を経験して以降、僕の調子は良好でした。国内の各地をまわるツアーが始まり、訪れる都市は年間平均で三十六都市にものぼっていました。さまざまな地を旅してリーディングを行い、参加してくれた素敵な人たちと集うことができるのは喜びでした。その年の始めは西海岸をめぐることになっていて、僕はとりわけ気分が弾んでいました。

時は進んで二〇二〇年一月三十一日。中国はコロナ禍のさなかで、その後一か月もしないうちに、ワシントン州でも新型コロナウイルスが大流行することになります。僕は六千を超えるチケットが完売したショーを二回控えていて、その前日の夜にちょうどワシントン州に到着したところでした。

当日はホテルの部屋で、いつものゲーム三昧の時間を過ごしました。僕は朝遅くまで眠り、少しだけ食事をし、一人の時間を満喫していました。日中は瞑想をし、全力を駆使するであろう夜のためにのんびり過ごしていたのです。部屋で一人ベッドに横たわっていたところ、突然、僕の基準からしても奇妙な感覚に襲われました。

それは感覚を超越していました。何かとても重要なことを思いだそうとしていて、他のことには集中できない……そんな感じです。僕はその夜のリーディングに向けて直観的な印象が降りてきているのだろうと推測し、あまり心配はしませんでした――胸が潰れるような感覚に襲われるまでは。

いきなり誰かに肺腔をバキュームで吸引されたかのようなその感覚に、僕は一点の曇りもなく、自然気胸が起こったのだと察知しました。酸素を求めてあえぎましたが、呼吸困難で声を上げることもできません。携帯電話をつかみ、母を呼びだしたものの、異常を知らせようにも息詰まりの音しか出てきません。

すぐに母が駆けつけ、近くの病院に車で直行しました。車内では目まいが悪化し、意識を保つのが困難なほどでした。緊急治療室に着いて胸のレントゲンを撮られ、九十パーセントの自然気胸を起こしていることが判明しました。レントゲンに写った僕の肺は潰れていて、心臓の近くでしぼんだ風船のように見えました。それが原因で心拍数が急上昇し、緊急処置が必要な状態だったのです。

呼吸を確保するために肋骨の間にチューブが挿入され、肺に繋がれました。それから緊急手術で肺を膨らませ、正位置に戻します。ほんの数時間ですむはずの手術が六時間近くかかりました。その突然の発症には遺伝的な原因があったようです。気腫性肺嚢胞と呼ばれるいくつもの気嚢が肺の中で大きくなり、そのひとつが破裂して、肺が全虚脱寸前だったとのことでした。

術後、複数の合併症が起こり、僕は三週間近く入院することになりました。経過は芳しくなく、ホースサイズのチューブを挿入しなければなりませんでした。肺腔に挿入したチューブはおよそ一か月後に（起きている間に）外されました。それは極度の痛みをともなう体験でしたが、これ以上ないほどにシンクロニシティを思わせるタイミングでした。その後、ワシントン州カークランドが米国内でも深刻な新型コロナウイルス流行都市のひとつになりましたが、僕はそうとは気づかずに、致命的になりうる状況を免れていたのです。しかも、もし僕の肺がショーの前に気胸を起こしていなければ、何千もの人たちが密に集まって、感染リスクを高めていたかもしれません。

健康上の問題が起こった時に僕がそれを察知したこと、それが共時的なタイミングで起こったこと、その両方が神の計らいのようでした。直観と意味深い偶然の一致の関連性が、予想もしなかった形でまたもや明らかになったのです。あの出来事のタイミングは意図されていたように思われ、結果的に僕は息をつく機会を得られました。内なる変容を促す体験は時に恐ろしい場合もありますが、それはたまたま起こるわけではありません。たとえその時点で意味が理解できなくても、体験には意味があるということを信頼すれば、なぜそれを体験したのか視野を新たにすることができます。それが大きな変化のきっかけになることもあるのです。

直観は今この瞬間に関する特別な洞察を与えてくれますが、同様に、未来をちらりと見せてくれることもあります。最近スカイプで行ったリーディングのクライアントは、愛する兄弟をバイク事故で亡くした女性でした。僕が亡くなったその兄弟と交信したところによると、彼は亡くなる少し前に自分の死を知ったそうです。亡くなる日の朝、彼はその前夜に自分がバイクから投げ飛ばされる夢を見たとクライアントの女性に話しました。彼自身はそういうことを深刻に捉えるタイプではなかったのですが、彼女は違いました。

その日、彼女は彼が家に訪ねてくる前に電話でこう言いました。「バイクに乗ってこないでね。愛しているわ」

それが彼との最後の会話になりました。何度も走ったことのある慣れた道路で、バイクがどういうわけか高速のまま道を外れ、彼は即死でした。直観がはっきりと告げてきたことに耳を貸そうとしなかった結果、悲劇的な死を遂げることになったのです。ただ僕は、その夢が彼の命を救うためのものではなかったと思っています。その夢の目的はおそらく、最後に愛を伝えるチャンスを彼女に与えることだったのでしょう。

二人は頻繁に愛情を伝え合うような関係ではなかったので、普段から陽気で、感傷的なところのない兄弟に愛の言葉を最後に伝えられたのは、彼女にとって大きなことでした。彼の直観的な夢によって彼女の対応が変わり、彼女は未来の後悔を防ぐ形で行動に移すことができたのです。

これが直観の神秘的な側面で、それはわれわれよりずっと大きな何かと繋がっているように思われます。直観は自分がその一部となって役割を果たす、シンクロニシティを垣間見せてくれます。自分に起こる出来事を必ずしも変えられるわけではありませんが、直観によって、人生の過酷さによる打撃を和らげる機会が得られるのです。

直観は叡智のひらめきを与えてくれますが、シンクロニシティの道を歩むようそれとなく導いてくれることもあります。何かに対して直観的に「ピン」とくる瞬間が繰り返し訪れ、その何かがあとになってリーディングで話題にのぼる、ということがこれまで幾度となくありました。たとえばテレビ収録したマーリー・マトリン〔訳注／アメリカの女優。聴覚障害があり、ろう者の俳優として初のアカデミー賞を受賞した経歴がある〕のリーディングでは、収録場所に着く前にシンクロニシティが起こりました。彼女の家の近くの通りの角を曲がった時、「サラ・ストリート」という道路標識が目につきました。僕の直観は、そのサラという名前がリーディングで重要な意味を持つことになると告げていました。その名前が目についたのには理由があり、直観こそがその理由でした。リーディングを始めると、マーリーは「サラ」という名前が彼女の家族に関係しているだけでなく、彼女の手話通訳者であるジャックにも関係があると明言したのです！　この件は、洞察を与えようと起こるシンクロニシティのパワーを示していました。

同様に、僕がまだ十七歳の時に行ったリーディングで、偶然の一致について詳しく調べてみようと思わせてくれた出来事がありました。そのリーディングは僕の地元の街で収録され、クライアントはナヴィという名前の、僕より少し年上の女性でした。ナヴィの兄弟は数年前に悲劇的な死を遂げており、彼女のリーディングの目的は、家族で彼の思い出を絶やさないようにしていることを彼自身が知っているか確かめることでした。

その朝、僕は起きた瞬間から奇妙なことに気づき始めました。テレビをつけると、バスケットボールの試合が映りました。カメラマンのミスでしょうか、選手の着ていたジャージをカメラがズームアップしました。僕はさして気に留めず、チャンネルを変えました。そして携帯でＳＮＳをチェックしていると、ジャージのカスタムオーダーの宣伝が画面に現れました。テレビでジャージのズームアップを見たばかりだった僕は、なんだか変だなと思いました。

でもそれ以上は気にせず、僕は普通に過ごしていました。リーディングに向かうために車に乗ると、ラジオがつきました。その最初にかかった曲はブルース・スプリングスティーンの「ジャージー・ガール」でした。今日はおかしなことが続くな、と僕は驚きました。

さらに奇妙なことに、収録場所につくと足元にゴミが落ちていて、それはチェーン店ジャージー・マイクスのサンドイッチの包み紙でした。この時点でさすがに僕は、一連の「ジャージー」が間違いなく何かと関係していると察知しました。あとはクライアントにそれがピンとくることを願うばかりです！

ナヴィに会うと、彼女の兄弟がはっきりと交信してきました。彼が冒頭で知らせてきたことのひとつは、壁に掛けられた青と白のジャージのイメージでした。それを伝えると、ナヴィは大きく感情を揺さぶられました。彼女の兄弟はバスケットボール選手だったらしく、家族は彼の思い出にそのジャージを額に入れて飾っていたのです。僕はそのリーディングに至るまでの一日の出来事の数々がメッセージだったことに気づき、全身に寒気が走りました。そうなると、他にもサインだと気づかずに見過ごしてきたことが何度もあったかもしれない——そう思えました。

直観は、顕在意識に気づかれない場合、夢の中で潜在意識に訴えてくることがあります。起きている時の世界に夢が洞察を与えてくれる、と考えていた偉人は過去にたくさんいました。少なくとも、そのうちの一人はホワイトハウスの住人でした！　エイブラハム・リンカーンはある日、「どこか気がかりな」夢を見ました。それはホワイトハウスの東棟に置かれた木製の棺の夢で、ユニオン軍兵士がそばで護衛に立っていました。リンカーンが夢の中で「誰が棺に入っているのか」と兵士に尋ねると、「大統領です。暗殺者によって殺害されました」との返事がありました。リンカーンはその夢を回想したわずか三日後に暗殺され、その遺体は埋葬の日まで東棟に安置されました。

僕も夢の中で、未来を直観的に垣間見たことが何度かあります。数年前に見た夢は特に衝撃的でした。通常なら、夢を見ている時の僕は頭が部分的に冴えている状態で、ほとんど何も起こりません。ところがその夢は違ったのです。僕は両親の家の外に立っていて、ガレージの窓から中を覗いていました。よく見ると窓が割れていて、破片が外側のセメントの上に散らばっています。さらに注意を払って見ると、男と女が裏口のドアから家に侵入して盗みを始めました。女性は楽しそうに物色し、窃盗犯とは思えないほど大きな音を立てていました。

僕はびくりと目を覚まし、これは普通の夢ではないとすぐに気がつきました。そこで起きるやいなや父に電話をし、家の裏口部分の防犯を強化したほうがいいと伝えました。父はその忠告を真剣に受けとめ、近日中に予防策を検討すると言いました。でも、父の行動は遅すぎました。

その夢から三週間も経たないうちに、両親の家が留守中に盗難に遭ったのです。そんなことは初めてでした。犯行現場を調べると、窃盗犯はガレージの窓を割って裏口のドアから侵入したことが判明しました。最初、窃盗犯が誰で何名いたのかは不明でした。

僕は家の中を歩きまわり、憤りとともに予知夢が当たった驚きを実感していると、とある物がないことに気がつきました。僕のヘアケア用品です。その数週間前、友人のチャズ・ディーンから高級ブランドのシャンプーとコンディショナーをもらったのですが、探しても見つかりません。僕はハッとしました。男がシャンプーとコンディショナーを盗んだりするだろうか？

やがて犯人の正体が特定され、そのうちの一人が刑務所行きになりました。そして、主犯のガールフレンドが窃盗に加わっていたことも判明しました。僕の夢の一部始終が当たっていたことがわかり、僕は二度と夢を疑わないようになりました。直観は、顕在意識に注意を払ってもらえなければ、他の方法で潜在意識にヒントの種を蒔きます。育み、維持していくことで、直観は成長できるのです。

他のスキルと同様に、直観は実践を通して磨かれます。エゴやそのおしゃべりによって意識が注意散漫になることはありますが、直観は常にそこに存在していますから、充分にマインドを静めれば直観の声を聴くことができます。直観を適切に受け取るには静寂が重要である、という説には一理あります。僕が効率的に仕事を行うためには、自分の思考や体への意識を静める必要があります。リーディングではいつも言っていることですが、僕の体とマインドがキャンバスとなり、スピリットがそこに絵を描くからです。こうした概念は新しく生まれたものではありません。個人的な思考や感情を取り払って高次のパワーと同調するという考えは普遍的なものです。その境地に達する方法は人それぞれで、僕の場合はスクリブリングという方法を使います。奇妙に聞こえるかもしれませんが、アメリカ政府もかつてリモートビューイング（遠隔透視）の研究において、まさしくこの概念に関心を示していたことがあります。一九七八年、アメリカ国防情報局はスターゲイト・プロジェクトを立ち上げました。これは遠隔地の情報を直観能力を用いてキャッチできるかどうかを調査するプログラムで、その目的は、サイキック能力を武器とするスパイを養成することでした。

奇想天外な話に思えるかもしれませんが、そのプログラムは主流派の批判にあい、一九九〇年代に資金を打ち切られました。プログラム関係者は、プロジェクトが今も存在していて、名称変更されて極秘扱いされていると信じています。ともかく、アメリカ政府とロシア政府は数百万ドルもの税金と数十年にわたる調査を費やして、この異例となる分野を研究したわけです。リモートビューイングの有効性として認められたものについては数々の矛盾する見解がありますが、証拠は存在しています。ＣＩＡのウェブサイトでは機密解除された多くの報告書のダウンロードが可能で、それらは洞察に満ちたセッションの記録に言及しています。

被験者である遠隔透視者のゴールは、何千マイルも離れた遠隔地に関する情報を直観で受け取ることでした。直観能力のある被験者は意識を向けるべき遠隔地の座標だけ知らされ、マインドをクリアにします。すると、その座標が強力な心的印象を引き起こします。

このリモートビューイングをテストする個々の被験者を、政府はどうやって見つけたのでしょうか。その回答は、プログラムと同じくらい興味を引かれるものでした。研究者のポール・H・スミスによると、プログラムの被験者は特定の長所を複数備え、なおかつ軍隊の経歴がある者という条件を定められていたようです。政府によると、特にクリエイティブな人材、たとえば音楽の才能がある、文才がある、二か国語を話せるなどの人材がリモートビューイングを「得意とする」とされていました。

なぜそのような結論に至ったのかは謎です。僕が思うに、直観的思考をするには異なるさまざまな考え方を統合する必要がある、という事実が政府の結論に関係していそうです。概念化や視覚化に長けていて、情報を保持することが得意な人たちは、遠隔透視者としての資質を備えているのかもしれません。スミスはまた、リモートビューイングの実験を始める前に、被験者の多くが直観的なマインド状態に入るための特別な儀式を行っていたことを認めています。

スクリブリングも、彼らの事前「儀式」のひとつでした。もっと奇抜な方法を取る人たちもいて、たとえばある男性被験者は、リモートビューイングの実験前には特定のデスメタルしか聴かなかったとのことです。マインドをクリアにするためにデスメタルとはびっくりです！　また、ある女性被験者は、リモートビューイングを行う日には「ラッキーな」靴下を必ずはくようにしていたそうです。このように、各自がチューニングするために行っていた儀式は、彼らの個性と同じくらいそれぞれにユニークなものでした。結果としてリモートビューイングが成功するのなら、儀式に正しいも間違いもなかったのです。

遠隔透視者が対処した興味深い問題のひとつに、オーバーレイ〔訳註／被膜がかかること〕と呼ばれるものがあります。オーバーレイが起こるのは、透視者が受け取った直観的情報を早とちりして結論を急いだ時です。たとえば、意識を向けた遠隔地から白色と宮殿のようなイメージを受け取ったなら、それをホワイトハウスだと簡単に推測してしまわないように気をつけないといけません。透視者たちは、直観的印象が論理的なオーバーレイによって薄まると、誤った解釈を招く可能性があることにすぐに気がつきました。彼らは受け取った情報にラベルを貼らずに、そのまま描写することを求められました。そして、推測を避けて情報に忠実であればあるほど、実験成功率は高まりました。

プログラムではまた、サイキック能力の燃え尽き率が非常に高いということが明らかになりました。特にはっきり得られた強烈なヴィジョンが正解だと判明した時は、被験者は「この勢いに乗りたい」という誘惑と闘わなくてはなりません。実験と実験の間では休憩を取ることが不可欠で、時には能力を使わない日を数日設けることもありました。不思議なことに、透視の初心者はしばしば、非常に高い正答率を叩きだしました。その一方で、熟練の透視者はミスをしたり、リーディングの合間をあける必要があったりしたようです。ビギナーズラックなのか、それ以上の理由があったのかは不明ですが、いずれにしても、正答率の高さに夢中にならないことが肝心です。一歩一歩マインドフルに歩むことができれば、長い目で見た時により良い結果を得ることができます。霊的な能力の開発は短距離走ではなくマラソンのようなもので、その能力と手を組んで歩む意欲があれば、それは生涯ついてきてくれます。すべてに言えることですが、大切なのはバランスです。正しい瞑想法を気にしすぎてストレスを感じれば逆効果になるのと同じで、直観的なシステムを築くためにエネルギーを使い果たさないことも重要です。

このスターゲイト・プロジェクトで判明した真実から、われわれ自身のスピリチュアルな取り組みに関する興味深い洞察を得ることができます。多くの人はサイキックスパイ願望など持ち合わせていないでしょうが、それになるプロセスからは価値ある学びが得られます。たとえば、彼らのように直観を発揮するための特定のルーティンを行うことによって、直観を強化するプラットフォームを作ることができますし、マインドが飛びついてしまいがちな結論に注意できれば、直観に対するオーバーレイにもより気づけるでしょう。

直観磨きのためのルーティンの話題が出たので、サイキックツールについてもお話ししましょう。タロットカードや水晶玉や自動書記などはすべて、サイキックやミディアムに由来すると考えられています。一見するとこれらのツールはちょっと胡散臭く、よくありがちな占い師のイメージを喚起するかもしれません。

現実はというと、これらのツールには大きく誤解されてきた歴史があります。僕は十三歳の誕生日プレゼントで、初めてのタロットカードをもらいました。最初は僕も「死神」のカードがあることに戸惑いをおぼえ、全体になんだかホラー映画のはじまりのようだなと思っていました。それが、タロットについて知れば知るほど、そのコンセプトを理解できるようになりました。カードは絵を印刷してラミネート加工した紙にすぎず、直観に繋がりうる特定の感覚や考えを呼び起こすためのものです。カードそのものに明確な神秘性はなく、そのパワーは扱う人次第です。

僕はタロットカードを使っているうちに、カードの絵が象徴として使われていることに気づき始めました。カードは全部で七十八枚で、大アルカナと小アルカナに分類され、それぞれが大きな秘密と小さな秘密を意味しています。使用者は質問や任意のテーマに意図を定めてカードを引き、そのカードが注意を喚起してきたものを通して、そのテーマに関する洞察を得ることができるのです。

ひとたびタロットの世界になじんでくると、特殊な世界のものというイメージは薄れていきました。もともとカードゲームとして人気を博したタロットは、神秘的な目的を持って作られたわけではありません。一部の神秘家たちが何百年もの間、予言目的でタロットを使用していたのは確かですが、主流となっている、タロットをサイキックツールだとする考えは比較的新しいものです。ライダー・ウェイト版タロットが考案されたのはちょうど世紀の変わり目あたりで、そこで現代のタロットデッキのほとんどに見られる象徴的な絵柄が誕生しました。これは状況を新たな方法で捉えるツールで、カードを無作為に引くということは、運命にゆだねられている要素があることを意味していました。また、偶然に選ばれるカードの組み合わせも、カードの第一印象から喚起される発想も、ともに直観によるものでした。

直観を鍛え、定着させるためのツールがあるとわかってきて、僕の視野が広がりました。僕は、水晶玉に対するイメージの多くを古くに根付かせた、「スクライング」についても学びました。十六世紀の名高いフランス人サイキック、ノストラダムスは未来を予言する手段としてスクライングを活用していました。彼のやり方は、まずボウルに水を入れてキャンドルを灯します。夜が更けると、彼はボウルの水をじっと見つめて集中を解き放ちました。すると、目を開けたままの瞑想状態で、静かな水面に特定のヴィジョンやイメージが浮かんでくるのが見えるのです。これがスクライングです。歴史を振り返ると、ブラックミラーや暗い洞窟、そしてもちろん水晶玉などが、頭をぼんやりさせて意識を解き放ち、チューニングするための手段として用いられてきました。

トランス状態に入って無意識にものを書くプロセス、「自動書記」も同じように活用されてきました。適切な手順でこのプロセスを行えば、エーテル界からのメッセージを受け取って書き取ることができます。これはスピリチュアリズム運動によって普及した、洞察を受け取るための手段です。実例としては、ブラジル人ミディアムのチコ・ザビエルによる書物が挙げられるでしょう。ザビエルは南米出身のミディアムのなかではもっとも有名で、彼の自動書記のやり方はとても興味をそそられるものでした。彼は死者からの詳細な手紙を書きとめ、その故人を偲ぶ遺族に渡しました。そこには驚くような情報が書かれていて、故人の生前の人生や最後の言葉など、親しい人しか知らない詳細にも及んでいました。ある時、一人の懐疑論者がザビエルの正体を暴く目的で、偽名を使ってリーディングを依頼するということがありました。二人はザビエルが意味不明なメッセージを伝えてくるか、あるいは手も足も出ないのではないかと期待に胸を膨らませました。ところが、のちに二人が地元の新聞に伝えたところによると、ザビエルは二人の本名をフルネームで紙に走り書き、彼らのほうこそ詐欺師であることを暴いたのです。

サイキックツールやそれを使用していた人たちのことを調べているうちに、神秘的な修養によって自分の感覚を変化させるというのが共通テーマなのだとわかりました。たとえばスクライングでは、イメージが喚起されるまで、暗い、反射する物体を見つめます。タロットカードでも同じで、「新しい目」でカードを見つめ、そこから浮かんでくるもの、注意を引かれるものだけに集中します。

最近では、アイソレーション・タンクの登場でこのアイデアが普及しました。ケールチップスの次にカリフォルニアらしい発明品であるこのタンクは、感覚を静めるための感覚遮断装置で、変性意識状態に到達するために使われます。タンクは人間一人がちょうど入るほどの大きさで、使用者の体温と同じ温度の塩水が入っています。中に入ってタンクが閉められると、暗い環境で無の状態になって浮かぶことになります。

この感覚遮断装置の目的は、感覚入力をなくすことです。他の聴覚入力を排除するために、スピーカーで「ザー」という雑音を流すこともあります。その状態で二十分から三十分ほど過ごすと、肉体にちょっとした再起動をもたらすような治療効果があるとされています。その一方で使用者の多くが、浮遊中に強烈なヴィジョンを視た、サイキック体験をしたなどという報告をしています。こうしたコンセプトは目新しいものではありません。僧侶が神々からのメッセージを受け取るために何日も暗い洞窟にこもっていたように、感覚遮断も古くからあるコンセプトで、昔から直観的な共感を呼んできました。共感しなければ、誰がそれをやるというのでしょう？

僕はこうした神秘体験のさまざまな様式を調べているうちに、ガンツフェルト効果と呼ばれる興味深いコンセプトに行き当たりました。八十年以上前に普及したそれはテレパシーをテストするための感覚遮断実験で、驚くほど特異な結果が得られたようです。その発想はいたってシンプルで、まず光が透過する半透明のもので被験者の目を覆います。そして被験者の背後から光を照らし、かすかな明かりしか視界に入らないようにします。被験者は次にホワイトノイズを流すヘッドフォンを装着し、外からの聴覚刺激をいっさい遮断します。この実験では被験者の大半が、約二十分後に、どこか別の場所からの感覚情報に気がついたと報告しました。好奇心旺盛なティーンエージャーだった僕は、このガンツフェルト効果を自分でも試さずにはいられなくなり、友人と定期的に実験するようになりました。

やり方は簡単です。まず卓球のボールを半分に切って、その半球を両目にテープで留めます。そしてランプの赤い光を背後から照らし、ヘッドフォンを装着して「ザー」という雑音を流します。一人が時間を計りながらノートを取り、もう一人が直観で何を受け取るかをテストします。卓球の玉を両目にテープで貼りつけた僕は、世界一大きなアブのようでした。このガンツフェルト効果の実験はテレパシー的な瞬間こそ一度ももたらしませんでしたが、おかげで僕は感覚遮断の目的に関する洞察を得て、それが瞑想とどのように結びついているかを知りました。

得ようとするものがサイキック的な洞察であれ、心の平穏であれ、感覚遮断のプロセスはどれも同じで、その狙いは洞察を受け取るための真っ白なキャンバスになることです。結果として平穏な印象を受け取ることもあれば、洞察に富む印象を受け取ることもあるでしょう。その両方の場合もあるかもしれません。

サイキック体験を誘発するために活用できるツールのなかで、もっとも強力なツールはあなた自身であることを忘れてはなりません。あなたが使えるツールはすべて、あなたが今この瞬間に根ざしてそれを使う時のみ機能します。月日を経て、僕は洞察を得るための外部ツールにあまり頼らなくなり、内面に向き合うことを学びました。本書で紹介した外部ツールはいろいろありますが、あなたが自由に活用できる内的ツールの世界は無限です。支えとしての外部ツールにあまり頼らなくなると、直観のパワーが増すでしょう。内面に向き合うことで、その表面下に存在しているものにアクセスできるようになります。

これは、内面をまっさらな状態にして初めて可能になります。このメカニズムは誰にでも当てはまるもので、外部刺激を減らすほどに、内なる世界の微細さに気づいていきます。マインドフルネスは人類が始まって以来ずっと存在しているコンセプトで、それが幸福のための強力なツールであるのには理由があります。僕のマインドフルネスの定義は、今この瞬間から最大限の意味を得られるということです。過去に関する思考や未来への不安を静められている時、人は今この瞬間にいます。

マインドフルネスは口で言うほど簡単ではありません。最後に朝食の一口ひとくちを真剣に味わったのはいつでしょうか？　現代社会では、マインドフルになる機会がスマートフォンのブルーライトに取って代わられることがしょっちゅうです。「立ち止まってバラの香りを味わいなさい」などと言われるように、マインドフルネスは根本的に経験的なものです。

僕にはマインドフルな状態を促すのに役立った瞑想練習法がふたつあります。ひとつ目は、多少の視覚化を必要としますが、思考で凝り固まった状態から思考を観察する視点にシフトするための素晴らしい手法です。まず目を閉じて、暗い状態に自分をなじませます。腕や脚の感覚を心に留め、体のどこかに緊張感がないか確かめてください。できるだけ感覚入力に気づけるよう、注意を払います。匂い、肌の感触、体の緊張、姿勢などに気づくという行為すべてが、自分自身に意識を集中させます。それこそが瞑想の最終目的です。心の目で隅々までチェックして、目を閉じている間にどんな刺激に一番注意が向くか確認しましょう。

しばらく刺激に能動的に注意を払い、体を意識していると、少しばかり退屈してくるかもしれません。その時が視覚化のタイミングです。目を閉じた暗い状態で、小川のそばに立っている自分を想像してください。頭の中で描く光景に岩や小石、水、木々などを足してみましょう。水が流れていく様子を静かに観察しながら、思考が頭に浮かんでは消えていくままにします。

頭の中にその光景が描けたら、そこからが本番です。小川が流れるのを観察しながら、頭に浮かんでくる思考に気づいてください。繰り返し起こる思考があれば、それに注意を向けます。

最終目的は、繰り返し浮かぶ思考を心の目でひとつのイメージに変えてしまうことです。一連の出来事や潜在しているものをひとつのイメージに変えることで、結果的にそれをコントロールできるようになります。

例を挙げましょう。支払いが必要な請求書が予期せず届き、そのことが繰り返し頭に浮かんでくるとします。その記憶を頭の中で何度か反芻してみましょう。抵抗せず、小川を観察しながら、請求書の記憶が浮かんでくるにまかせます。請求書を受け取る場面を脳内再生して封を開け、それが原因で湧いてくる、心配にまつわる思考を落ち着かせてください。続いて、可能であればその記憶をひとつのイメージになるまで小さくします。請求書を受け取るまでのことや受け取ったあとの気持ちなどをあれこれ考える代わりに、意識を集中しやすい、その思考にまつわる目立った特徴に集中するのです。

この例だと、その請求書に関して頭の中で一番はっきり描けるイメージは、それが入っている封筒ではないでしょうか。その思考を頭の中でひとつのイメージとして描くことができたら、そこから魔法が始まります。では次に、その思考を象徴するイメージが、心の目で見ている小川を流れていく様子を想像してください。その封筒（請求書を象徴するもの）が下流に向かってどんどん流れていき、視界から消えていくまで見送ります。

このように、あらゆる複雑な思考、特に繰り返し浮かぶ思考をひとつのイメージに変えましょう。思考が自由に浮かぶのを止める必要はありませんが、その思考をひとつの象徴的なイメージとして視覚化するのです。ひとつのイメージを選んだら、それが上流から下流へと流れていくのを観察します。すると、不思議なことが起こり始めます。

思考をひとつのイメージに変え、観察者の視点でそのイメージを観察していると、物語がシフトを起こします。自分の記憶やトラウマを積極的に体験していた状態から、その記憶やトラウマが下流に向かって離れていくのを観察している状態にシフトするのです。その流れはあなたの意識を象徴しています。複雑な思考を体得しやすいイメージに単純化すると、マインドフルネスが遥かに簡単になることに気づくでしょう。視覚化というのは強力で、この瞑想は、自分が観察者となって、つらい記憶による感情的なインパクトを小さくする助けになります。やるべきタスクに繰り返し思考が向かうなら、その思考をひとつの絵にします。あとでやらないといけない宿題であれば、それを一枚の紙のイメージに変えて下流に流してしまいましょう。

思考の対象が他人である場合は、その人に関する考えが浮かんでくるにまかせます。視覚化のステップでは、たとえばその人を一枚の写真にすることもできます。その人の顔や服などをプリントアウトした紙を想像し、それが見えなくなるまで、頭の中の小川の下流に流しましょう。この瞑想のポイントは、複雑な思考を単純なシンボルに変えて、頭の中でそれが流れていくのを観察することに尽きます。

ふたつ目のおすすめは僕が毎日行っている「コード切断瞑想」というもので、前提はひとつ目の小川の瞑想と似ています。この瞑想の目的は、思考を完全に静めることです。小川の瞑想は自分の思考や観察者としての役割により注意を向けさせますが、このコード切断瞑想のゴールは思考をいっさい取り除くことです。

胸をざわつかせる煩わしい思考やつきまとう感情に取り組んでいる人にとって、この瞑想は大いに役立ちます。必要なのは、ちょっとした視覚化だけ！　まずは、ひとつ目の瞑想と同じように、目を閉じて自分の肉体に意識を向けます。頭の状態が落ち着いてきたら、何も期待せずに思考を流します。何かが浮かんできて、少し考えて、また消えていく――その様子を観察します。いくつかの思考が繰り返し起こることに気づく場合もあるかもしれません。

手放したい思考が浮かんだら、それをひとつのイメージに変えてみましょう。次に、赤いコードがあなたの胸に繋がっていて、暗い視界の約十メートル先まで伸びているのを想像します。そのコードの端には先ほどの、思考を象徴するひとつのイメージが繋がっています。それが空間に浮かんでいる様子を視覚化できたら、コードを切断します。

巨大な黄金のハサミを視覚化し、頭の中のイメージとあなたをつなぐコードを切断するところを想像しましょう。コードが切断された途端、そのイメージが流れていく様子を観察します。イメージは暗闇の中に消え、二度と戻ってきません。コードを切断した時のハサミの音をリアルに想像できるほど効果的です。イメージが暗闇の中に消えていくのを観察していると、今度は別の思考が代わりに現れることに気がつくでしょう。そこがポイントです。次に現れたその思考もひとつのイメージに変えて、同じことを繰り返します。

頭の中に次の思考が浮かぶまでの間隔がある程度あいてくるまで、この作業を続けます。作業が調子よく進み始めると超現実的な気分になり、これがマインドフルネスを確立するうえでも、思考に対して主導権を握るうえでも大いに役立ちます。かつての僕は、内観作業にとって視覚化が強力なツールになるという考えを一蹴していましたが、そんな僕でも、視覚化の練習がどれだけ自分の人生や視野を変容させるかということに驚きました。記憶を内から取りだし、自分の外側に見えるシンボルの形に変えることによって、差し迫った思考を簡単に取り扱えるようになるのです。

一日を通してこうした実践をするのは有用ですし、慣れてくると自然に習慣になってきます。ポイントは、マインドに対する主導権を確立して、最終的に心を静めることです。ほんの数秒であってもそれがうまくできている時は、うまくできていることに気がつかないものです。その状態から抜け出て初めて、できていたことに気づくのです。この状態、すなわち過去や未来に関する思考を超越したマインドの状態を得ることこそが、大半の瞑想の目的です。

つきつめると、生活のペースを落とすことには大きな利点があるということです。日常的な仕事を減らすことができれば、たとえば直観のような、今まで受け取っていなかったものを受け取りやすくなります。スピリチュアルな信念の多くは静けさの重要性、静と動のバランスの重要性を強調します。人生は動的なものですし、生活は行動で満ちています。瞑想はそれとは反対に、意識的に活動の回転数を落とします。それにより、休みなく動いている忙しない意識を落ち着かせることができるのです。

人は時に、知らず知らずマインドフルな状態に入っていることがあります。僕は高校時代、授業中に夢想しながら、後ろめたくもマインドフルな状態に入っている自分に気づくことがありました。マインドをさまようままにさせていると、意識の流れがスローダウンします。試験の成績には響きますが、内なる平穏を得るにはこれが最適だったのかもしれません。

道教では、「フロー状態」と呼ばれるものを重んじます。このマインドの状態に入るのは、時間の感覚を失うほどの活動をしている時です。たとえばダンサーやピアニストや水泳選手など、その活動にほぼ全集中する経験のある人は、このフロー状態に思い当たるふしがあるでしょう。また、おもしろい本を読んでいる時や好きな音楽を聴いている時にフロー状態に入ることもあります。人類はフロー状態を渇望しており、その状態に導いてくれる活動を増やすことはマインドフルな生き方に欠かせません。そうした活動を通してこのマインドの状態になじんでいけば、たとえば直観を磨くといった他の活動にもこの状態を適用できるようになります。

フロー状態に導かれる活動をしている時に自分がどう感じているか、心に留めておきましょう。時間を忘れるような活動をしている時と、なかなか時間が進まないように感じる活動をしている時の違いに意識的に気づいてください。時間を忘れるほどのマインドフルな活動に没頭している時には、喜びがあります。同じく、どんな活動が平穏をもたらすかを知ることでも喜びが得られます。

マインドフルな活動の話が出たので、瞑想の話もしておきましょう。ほとんどの人が瞑想に多大な期待を抱くようですが、それでは本末転倒です。瞑想はわざわざ時間を作ってするものではなく、毎日行う生活習慣であるべきです。毎日一時間の瞑想をする必要などありません。実のところ、十分程度の瞑想でさえ不要です。それよりも、数分でいいのでルーティンを行っている時に神聖な一人時間を確保するほうが、より現実的で簡単なはずです。たとえば毎朝、呼吸や自分の中心に三分間ほど集中し、思考をマインドフルに観察してみましょう。これは、歯を磨きながらでもできることです。ただし、眠ってしまわないようにだけ気をつけてください。

こうした少しの瞑想タイムを確保することが、瞑想を生活の一部にするうえで不可欠です。僕はほぼ毎朝、車でコーヒーを買いに行く時に瞑想をしています。助手席に座っている時間を有効活用し、その日の仕事の責任に神経をとがらせたりして時間を無駄遣いしないようにするのです。なすべきことは把握していますが、良い状態で一日を始めることの重要性も知っているからです。マインドフルな瞑想時間は、世俗的な要求が多くなりがちな世界で、内側に向かう訓練を可能にしてくれます。

マインドフルネスとならんで、直観を磨く基本となるのは実践です。人は直観的なひらめきを得ても、それを否定してしまうことが多々あります。でも直観を実践に移さなければ、それが教えようとしていることを無駄にしてしまいます。人生の優先事項の上位にマインドフルネスを置いて、内なる声が語りかけてきている時に注意を向けるようにしてください。その声は、何かを訴えようとしているかもしれません。何も描かれていないキャンバスを自分のために用意すれば、目を向けるべき絵がそこに描かれるのが視えるようになるでしょう。

僕は子どもの頃、取り憑かれたかのように直観を磨こうとしていました。マインドを静め、道を歩いている人を適当にリーディングし、時にはおずおずとメッセージを伝えることもありました。このやり方はお勧めしません。それよりも、直観の焦点を自分に当てましょう。そうすることで自分の内面との関わりを強化することができ、そこに繋がる枠組みが構築されます。

朝の支度をしている時に、着る服は何色にしようかと自分に訊いてみましょう。そして、ぜひその勘に従ってください。仕事に出かける時は、何時に家を出るのがいいと感じるか、自分に尋ねましょう。その時間に従い、道中でシンクロニシティがないか注意を払います。通勤ルートを決める時は、自分に確かめて、どのルートが一番効率的かを検討しましょう。

このように、直観を実践する方法はたくさんありますが、その実践はマインドフルネスにある程度なじんで初めて可能になります。直観的なひらめきを受け取りやすくなってきたら、それを実践している時に教わるメッセージを信頼することが重要になります。メッセージを信頼して従わなければ、それは無用の長物です。

直観は強力なツールですが、それを活用できる範囲は限られています。実践しているうちに直観が鋭くなってきていることに気づき、自分の能力を過信してしまうこともあるかもしれませんが、この内なる羅針盤が自分を万能にしてくれるわけではありません。直観は洞察を得るためのガイドとして機能しますが、誰にでも盲点というものがあります。直観が正確だったと判明した時の学びと同じくらい、盲点からも学びを得ることができますし、その盲点に向き合うのを恐れないことも大切です。エゴは直観でわからなかった部分を「直観が間違っていた」と考えたがるかもしれませんが、自分の実践に批判的になってはいけません。百パーセント正確な人などいませんし、スピリチュアルな法則が働いて、知るべきでないことを知ってしまうのを防いでくれている場合もあるのです。

僕はこのことを、最近行ったリーディングで強く実感しました。依頼してきたのは若い男性で、婚約者と自分のことでリーディングを希望していました。二人は婚約したばかりで、自分たちの将来についての洞察を得られるかどうか知りたがっていました。ミディアムである僕の役割はスピリットとの交信を行うことですが、クライアントが現在進んでいる道筋から洞察を拾い集めることもあります。現在に関する直観的なひらめきを通して、将来的な側面を推測できるというわけです。

これがそのリーディングの目的で、結婚間近の二人に会うと、二人の過去と現在の計画に関する全情報が視えました。二人の愛する故人たちの詳細や、二人がどのように出会い、どのように困難に対処してきたかという情報も受け取りました。僕は将来のための二人の計画や、子どもは何人ほしいかといった情報も言い当てました。そうした未来が視えたわけではありませんが、二人の意図に基づいて、現時点でその方向に進もうとしているらしいことが視えたのです。

全体的に、僕の基準からすると良いリーディングになりました。二人は愛する故人と再び繋がり、絆をさらに確信できたと感じてリーディングを終えました。リーディングでは二人の長所と改善点が強調され、二人とも、未来をどう進んでいくべきかについて理解を深めることができました。これは、すべてのリーディングに共通する目的でもあります。

リーディングを終える直前、男性が訊き忘れていた質問を思いだしました。二人でインドネシアと中国に行く予定にしており、その旅行について尋ねたかったのです。一週間ずつの滞在で、最初にジャカルタを訪れてから北京に向かうとのことでした。彼が話している時、僕はどこか注意をそらされるような奇妙な感覚に襲われました。僕は彼の休暇がインドネシアで切り上げになるようだとリーディングし、理由はわからないまま、そのことに留意して中国での休暇は期待しないほうがいいと伝えました。

そう言われた彼は少し嫌な気分になったようで、僕も気まずい感じがしました。そこで僕は、心配するような理由によるものではないかもしれないし、予期していない旅程変更があるだけかもしれないと補足しました。

ある意味、僕は間違っていませんでした。ジャカルタで休暇が切り上げになったという知らせに、僕は不意を突かれました。旅の四日目、二人は交通事故に遭い、彼の婚約者が急死したのです。彼女にはほんの数日前に会ったばかりなのに、彼女にその死が迫っていることは僕には伏せられていました。

アラン・シックのリーディングのように、こうした胸の痛む出来事を僕はたくさん経験しています。情報伝達者としての僕は、アクセスできる情報に限りがあることを定期的に思い知らされます。僕はこの仕事を通じて、出来事には防げないもの、介入できないものもあることを理解するようになりました。直観が何を明かすにしろ、すべてを知ることを妨げる宇宙の法則というものが働いているのでしょう。

ある時点では知るべきでない事柄でも、のちに知ることができる場合があります。これはよくあることですが、クライアントの人生のある側面に関して霊的印象を得られない時、半年後にまた来てくださいと頼むことがあります。そうして一定の期間が過ぎ、前回は明かされなかった話題に関して新しい情報を得られることがあるからです。

これが特に起こりやすいのは、妊娠中の女性をリーディングしている時のようです。よくある質問は、生まれてくる子は男児か女児かというもので、結果としてかなりの高確率で当たっています。ただしそれを予知できるのは、妊娠からある程度の期間を経た場合であることが多いです。時には数年前から赤ん坊の誕生を予知できることもありますし、僕の番組でもそうした場面を数えきれないほど放映していますが、たいていは妊娠して一定の段階に入ってからでないと、赤ん坊に関する情報を「受け取る」ことができないのです。あの世にいる人たちは時間に縛られてはいませんが、この次元にいる人間に対しては、時間に基づいたいくらかの制限があるようです。情報は直観を通じて瞬時に伝達されますが、情報を得ようとする試みが徒労に終わる場合があるのも確かで、それは仕方のないことです。どちらにせよそのプロセスを信頼し、エゴを焦らせないようにしましょう。僕がいつも自分に言い聞かせている言葉は、「それを知るべき時がくればわかる」です。

僕は、自分の行うすべてのリーディングを大いに信頼する必要があります。「もし間違ったらどう思われるだろう」「クライアントはこのリーディングで何を期待しているのだろう」などと心配してはだめなのです。そして、今この瞬間に全力で集中しなければいけません。あなたが直観力を高め、正確に解釈できていた時にそれに気づけるようになると、信じられないようなシフトが起こり始めます。それは、扉が開いたような感覚です。直観的なひらめきは大きな変容のきっかけになります。スピリチュアリティを信じているというマインドの状態から信頼しているという状態に移行できると、視点の転換が起こります。直観の持つパワーを知り、それが宇宙での自分の立場に対して暗に示していることがわかると、疑いは完全に消えていきます。直観は世界におけるわれわれの役割を肯定し、われわれが高みに到達するのを助けてくれるのです。

内なる教えを採用することの美点のひとつは、それが人生を最大限に生きる助けになるということです。内なる教えは、われわれが後悔しながら生きるのを防いでくれます。その教えを受け入れることができれば、それはわれわれが神の延長であることを思いださせてくれるでしょう。たとえほんの一瞬でもカーテンが翻って現実《リアリティ》の本質が見えると、物質的な困りごとやその場限りの問題にも対処しやすくなります。自分自身を知ろう、良い変化を起こそうという気持ちを引き起こさないなら、それは直観ではありません。また、直観を磨くための実践はすべて、自分を知り、自信を得るための生産的な道に繋がっているはずです。

内なる旅のどの地点にいようとも、人は皆、磨くべき長所を備えています。誰もが何かしらの形で場に提供できる資質を備えているのです。自己発見に向かって自信を持って進むことができると、外側からの答えに頼る度合いは減ってきます。ガイダンス、信頼、聖なる目的というのはすべて、自分自身を通じてアクセスできるものです。

4 真の自己と一致する

自分らしさに調和がある

「本当の自分を知らなければ、本当にほしいものなど決してわからない」

――ロイ・T・ベネット

あなたにとって、「自分らしくある」とはどういうイメージでしょうか? 正直さ、誠実さ、嘘がない、といった言葉が浮かぶかもしれません。でも実際は、本当の自分に忠実であること――自分の情熱や興味、恐れ、変な癖などを、それが世間に受け入れられるかどうかにかかわらず受け入れること――が、本当の自分らしさなのです。これこそ誰もが努めるべきことです。それは、単にそれが好ましい性格特性だからということではなく、自分らしさというのが、人生において真の充足感を見つけるための主たる要因だからです。

もちろん、世間的な水準を押しつけ、社会的な格付けや自分と他人の比較で成り立つシステムを強要するこの世の中で、自分らしくあるというのは口で言うほど簡単ではありません。それがもっとも顕著に現れているのは、さまざまなフィルターのかかった世界や社会的な圧力、でっち上げの現実が存在するソーシャルメディアでしょう。多くの人が自分は合格点に達していないという不安から、オンラインでも現実世界でも真に自分らしくあることを恐れます。むしろ逆に、不誠実に振る舞う偽りの自分のほうが報酬に繋がる場合もあります。それではエゴを歪ませて増長させるだけです。

どんな人でも、それぞれ違った側面において、大なり小なり自分らしさを抑えています。自分を知れば知るほど、自分にとっての真実が見えてきます。自分の行動のモチベーションを知らなければ、心からの願いに反した行動をとってしまうリスクを冒すことになります。自分の望みを知るほどに、求めているものを手に入れることができるのです。

自分らしく生きることは、マインドフルに生きることでもあります。今この瞬間を意識し、今この瞬間に展開している物語に気がついている時、自分の現実《リアリティ》に何が影響を及ぼしているかを真に理解します。人は自分自身に正直であるのと同じように、他者に対しても正直でいることができます。あらゆる物事の真実を追求することは、直観的な生き方の本質です。

僕が交信した死者たちの多くが、自分と他人を比較することや他人のために生きることの危険性、真の自己表現を妨げる頭の中のおしゃべりの危険性を強調していました。たとえばマーティン・ルーサー・キング・ジュニア、ハーヴェイ・ミルク〔訳注／初めてゲイを公表しながら選挙に当選したアメリカの政治家。議員就任後一年も経たずに、同性愛者を嫌悪する同僚議員から射殺される〕、マヤ・アンジェロウ〔訳注／アメリカの作家、詩人。マーティン・ルーサー・キング・ジュニアと共に公民権運動に参加した活動家〕のように、魂と調和して生きる人たちは新風を巻き起こします。この世でもっとも勇敢な人たちのなかには、ただ自分らしくいること——そして、肉体が滅んでもなお人々を団結させる大いなる善のために闘うこと——によって革命を起こした人もいます。彼らの苦境の多くは神、直観、あるいは応える必要性を感じたなんらかの大いなる呼びかけに奮起され、もたらされたものでした。

自分らしい生き方を実現するのに、歴史に名を刻む必要はありません。そもそも自分らしく生きる人たちの多くは、外からの承認を求めて時間を無駄にしたりしません。その好例を、亡くなった祖母と繋がろうとしたある女性のリーディングで視たことがあります。僕はおよそ千回を超えるリーディングをしてきましたが、その中で、数多くのお祖母さんたちとも交信をしました。彼女たちから編み物グッズや秘伝のレシピについて、どれだけ話を聞いてきたかわからないほどです。

ところが、そのクライアントのお祖母さんはいつものパターンと違いました。孫娘であるクライアントから形見を渡された時、僕はそのお祖母さんが人とは違うことにすぐに気がつきました。渡されたのは、使い古された茶色い革手袋だったのです。お祖母さんが現れると、黒い煙と、大きなエンジン音をたてる機械が視えました。そのことをクライアントに伝えると、彼女はこう説明しました。彼女が「おばあちゃん」と呼んでいた女性は機械工として生涯を過ごし、転職しろと迫る両親や社会からのプレッシャーに負けずその職業に徹した、と。彼女は未婚を貫き、（家族からの反対を押し切って）クライアントの母親を養子に迎える決断をしました――一九五〇年代、まだ黒人差別の強いアラバマ州の田舎で、アフリカ系アメリカ人の赤ん坊を養女にしたのです。憎しみや隔離政策の渦中にある南部で暮らす白人女性として、彼女はとんでもなくリスクの高い、そして同じくらい意義深い選択をして、大義のために自分の真実に従ったのです。

お祖母さんいわく、自分のハートに従うのは簡単ではなかったけれど、それゆえにとても価値があったとのことでした。価値あることというのは、簡単には得られません。ですから、すべての困難はチャンスだったのです。彼女は本当の自分に忠実であり続けることによってのみ、この真実を認識できたのでした。彼女はまた、そうした困難な人生経験のおかげで学びを得られたことも認識し、ありのままの彼女を否定した人と同じ数だけ、彼ら以上に彼女を人生に受け入れて愛してくれる人が現れるのだと理解したそうです。自分らしく生きることが彼女と心から共鳴しない人を遠ざけ、共鳴する人を引き寄せたことに気づいたのです。このように、彼女は自分らしくあることで人生に錬金術的な質を招いたのでした。危険を冒してでも自分が正しいと思うことをした時、それが彼女をとりまく状況を変えました。クライアントのお祖母さんの実例は、真実に生きることが何世代にもわたる影響を及ぼすことをまさに示しています。

自分らしく生きている時、人は自分の感情から目を背けません。その必要がないので、投影もしません。自分を守ろうと身構えることもなく、ただ本当の自分に忠実であるだけです。本章では、この自分らしさというテーマを掘り下げ、僕がミディアムとして学んだ自分らしさについて探究していきたいと思います。

もともと不安を抱えて生まれてくる人などいません。意識が世界に気がついた瞬間から、人はその世界によって形成され始めます。人は正の強化にも負の強化にも反応し、そうして年齢を重ねるにつれ、道徳性や善悪の判断について一定の結論に至ります。こうした概念の理解は、保護者や、自分が生きている時代の社会的規範によって構築されます。われわれがある対象をネガティブなものだと見なすと、その対象にまつわるすべてがネガティブな感情を引き起こします。そして人は、自分が悪いと見なしている対象、ひいては不快なものを遠ざけます。

これが問題になるのは、自分のことを悪いと見なしている場合です。われわれが身につける条件付けは、ある種の不安感を増長させることがあります。人生経験によって自分自身や他者に対する見方が歪んでしまい、それが行動に問題をもたらすこともあります。幼少期にサポートを得ていた子どもは、自分自身をサポートできると感じます。逆に、幼少期に疎外されていた子どもは自分を小さく感じ、話を聞いてもらえないと思うでしょう。どんな子ども時代にも有益な経験と有害な経験が混ざりあっていますが、いかなる苦難に直面しても立ち直れる力というのは、子ども時代のそうしたプラスとマイナスの経験が合わさって生まれるものです。

外界の物事に対する自分の信念には簡単に気づくことができます。自分の好きなこと、嫌いなこと、自分にとって刺激的なこと、興味深いことは、ほとんどの人がわりと簡単に特定できるでしょう。しかし内面の、自分に対して抱いている信念というのは特定するのが一番難しいものかもしれません。その多くは、長年にわたる条件付けによって自分に深く刻みこまれているからです。特定の物語を自分に何度も聞かせているうちに、それが物語だとさえ気づかなくなることもあるでしょう。自分が世界を見る時のフィルターに、そうした信念が組みこまれていくのです。

社会的な役割を引き受けると、人はその都度、自分に関するなんらかの信念を拠りどころにします。たとえば職場で必要とされる時、その仕事を完了させるためにはある程度の自信が必要でしょう。対人関係で必要とされる時には自分の強みや弱みを提示して、効果的にコミュニケーションを図れると信じたりします。ただ、こうした自信は特定の外的要因によって形成されるものなので、自分に不安を感じさせるものを常に認識していなければなりません。

自分らしい生き方を妨げる最大の要因は、根拠のない不安の中に見つかることがあります。他人はどう反応するだろうか、自分には問題解決する能力があるだろうかといった不安は、たとえ無意識であっても意思決定に大きな影響を及ぼします。僕は自分の不安を影から出して光に当て、それを活用すべきだと主張したいと思います。スピリチュアル界隈では不安を敵視し、愛こそがすべてだと信じられていることが多いですが、僕はそうは思いません。不安や恐れは精神的な成長のための優れたツールであり、無視するのではなく受け入れるべきものです。たとえば、車に轢かれる不安があるからこそ、道路を渡る時は左右を確認します。不安や恐れがなければ、何を避けるべきか、ひいては何に危険が潜んでいるのかわからないでしょう。

不安や恐れが問題となるのは、それを常に抱えて生きている時です。特定のトリガーが一日の流れを変えてしまうほどの力を持っていると、そうした時間が積み重なっていきます。不安や頭の中のネガティブなおしゃべりに取り合っていると自分が蝕まれ、人生の色彩が奪われてしまいます。たいていの場合、不安や恐れの大部分はその人の条件付けに根ざしています。トラウマ、プレッシャー、「物事はこうあるべきだ」と自分で勝手に抱いた期待はすべて、恐れの原因になりえます。また、強迫性障害や臨床的うつ病などに見られる、脳内の機能不全が不安の原因になることもあります。そういう場合は、心理学や精神医学を通じて、バランスを整えるためにできることを検討しましょう。自分自身でどれだけワークをしていようと、メンタルヘルスを整えるために医療的な助けが必要であれば、それを頼るべきです。病気を治すために薬を服用したり、専門家の支援を受けたりするのは恥ずかしいことではありません。

何が自分を恐れさせているのか、その根本原因がわかるとパワーが湧いてきます。たとえ恐れを排除できていなくても、何がその原因になっているのか、その根っこに何があるのかを知っているだけで、自分でコントロールできる力が増したように感じられます。これは、自己認識ができて初めて可能になります。多くの人は原因不明の問題を抱えていますが、自分自身を知ることで解決に一歩近づけるのです。本当の自分を裏から表まで探究することを恐れている人は多いですが、毎日を充実させたいのであれば自分自身を知ることをゴールにするべきです。カール・ユングは、無意識下に抑圧されたものによって自分を定義してしまわないよう、セルフとペルソナを統一することの重要性を強調しました。自分のパターンや行動の犠牲者に陥ってしまうのが人の常ですが、自己認識によって、どんなワークを行うよりも高みに到達することができます。

恐れていることの多くは羞恥心に関係しています。僕は、リーディングやあの世との交信を通して触れた個々の人生において、羞恥心がいかにパワーを持っているかを何度も痛感させられました。羞恥心にしがみつき、特にそれが長い間続いてしまうと精神的な萎縮に繋がることがあり、人生の輝きが失われてしまいます。羞恥心の多くは、過去の恥ずかしい思いをした経験が原因になっています。人はあとあと恥をかくのを避ける目的でネガティブな質を抑圧し、悩みのタネを抱えこんだまま生きています。

否定論者に対処することについての僕のお気に入りの見解に、セオドア・ルーズベルトの次の名言があります。

重要なのは批評家ではない。人がどんなヘマをしたか、どうすれば上手くやれたか云々と粗探しする者など重視しなくてよい。ほこりまみれ、汗まみれになって実際に舞台に立つ者に栄誉はある。勇敢に闘い、失敗し、何度でも挑戦する者こそ称賛に値する。なぜなら、努力に失敗や弱点はつきものだからだ。行動を起こそうと奮闘する人、偉大なる熱狂を、そして献身を知る人、価値ある目的に力を注ぐ人……結局、最後に勝利の高みを知るのは彼らなのだ。最悪それが失敗に終わっても、恐れずに挑戦した結果の失敗である。彼らは、勝利も敗北も知らない冷淡で臆病な者たちとは決して交わらない。

この名言の論旨は、自分らしくあるには勇気が必要であり、終始批判ばかりしている者は、真に生きる人を馬鹿にしながら自分は決して真に生きることはなく、人生を通して怠惰な道を選ぶ、ということです。あなたのすべきことは世間に気に入られることではなくて、大小を問わず、自分のできる形で世間を変えることです。自分が何をなすべき運命なのかを知る唯一の方法は、自分らしくあるというリスクを厭わないことです。世界を動かし変化させてきた人たちは皆、抵抗にあっています。その抵抗が時にはインスピレーションとして働き、競争を通して創意工夫が生まれることもありました。批判をどう扱うかは、最終的にそれを全体としてどう捉えるかを決める重要な要素です。批判を受けて自尊心を壊すこともできれば、本当の自分に自信を持ち、批判を潔く熟慮しながらも決してそれに左右されずにいることもできます。批判的な意見も考慮しつつ、何事にも自分の核を揺さぶられないレベルまで自分自身、自分の強み、自分の真実を知ることを目標にしましょう。目的に向かって一歩踏みこみ、不安を脇に置く時、自分自身を変えることができます。その結果として、集合体を向上させることができるのです。

自分に自信を持つという道のりは簡単なものではありません。われわれが住んでいるのはトラウマ的な世界です。予期せぬことに直面した時に自信を保つのは難しい場合もありますが、その不確かさをくぐり抜ける手助けをしてくれるのが直観です。内面の世界に触れるようになると、その世界が自分に呼びかけ、「自己認識を深め、生産的なことに目を向けなさい」と求めていることに気づき始めます。そうして自分の意識を探究していくほどに、もっと深堀りしたいと駆り立てられることでしょう。内なる声に耳を傾けていけばいくほど、秘められた未開発の情熱が内にあることに気がついてきます。活用されていない可能性を見つけ、自信を持ってそれを活用するようになるのです。自分という存在のレンズを通して創造するよう呼びかけられ、変化を起こすよう鼓舞されているようにも感じます。自分自身を知れば知るほど、自らの目的を達成するためにやるべきことも増えていきます。

このあたりで、それぞれの人生の目的はひとつだけなのだろうかと疑問が浮かんでいるかもしれません。僕は、ひとつではないと思っています。僕がリーディングを通して知ったのは、われわれの人生には多方面における多種多様な目的があるということです。人は多岐にわたる役割を担い、相手に応じて別人の役割を果たしています。人生の目的をたったひとつに限るべきではなく、それよりも、あらゆる瞬間に目的意識を持って生きるべきだと僕は強く思っています。感情豊かに、マインドフルに、そして勤勉に生きることができれば、人生はそれまで決してアクセスできなかった、並外れたレベルの意味を持つようになるでしょう。しかも目的意識が増すと、さらなる目的につながる行動を起こすよう促されるのです。鍵となるのは、エネルギー的な収縮を振りほどく方法を見つけて、自分自身で変化を起こすことです。それはあなたから始まるのです。いつも他人の目的に合わせてばかりいないで、自分自身の目的の延長線上に立ちましょう。

自分の状況にしか見つからないチャンスをつかむと、目的意識が注入されます。宇宙は特別な困難やチャンスを通して働きかけます。抵抗に反応するのではなく対応するための精神的手段を持つことはパワーになります。そして、この世界を自分に何かを教えてくれるための舞台だと思えれば、視点がより良い方向にシフトしていきます。

僕はゲイのミディアムなので、成長過程でどちらを受け入れることがより難しかったかとよく訊かれます。それに対する僕の答えはさまざまでした。なぜなら、答えというものは変わるからです。ゲイであることとミディアムであることは、それに折り合いをつけて自分にも他人にも嘘をつかないという点においては、徹底的に異なるものです。僕は小さな街で育ち、小さな学校に通っていましたが、子どもたちはゲイについては知っていました。当時カミングアウトしていたのは僕だけだったかもしれませんが、街の人たちは、ゲイが登場する『ふたりは友達？　ウィル＆グレイス』というドラマでホモセクシュアルを観たことがあったからです。

ミディアムであることをカミングアウトするのは、これとはまた別の話でした。街の人たちはミディアムに会ったことがなく、かろうじて知っていそうな関連映画は『シックス・センス』くらいだったでしょうか。ミディアムであることを隠すほうが、ゲイであることを隠すよりもいろいろな意味で簡単でした。僕は自分の歩む道を黙って進み、ホスピスの看護師になることもできたでしょう。

十代の頃の僕は、リーディングをすればするほど、直観を無視できなくなりました。直観で人にメッセージを伝えることができると、ただ単純に、正しいことをしているという感覚があるのがわかりました。リーディングをしている時は時間が飛ぶように過ぎ、意義深い人生を歩んでいました。あの世からのメッセージを伝達してくるのと同じ直観が、もっとも充実感を見つけられる道を示してくれたのです。直観に耳を傾け、無数のリスクを冒していくことでしか、僕は自分の目的に向かって進むことができませんでした。

自分の能力について初めて父に話した時はなかなか大変で、受け入れてもらうまでに時間がかかりました。息子がミディアムであることを知った父は、そのことを理解すると最終的には受け入れてくれましたが、当初は僕がリーディングをすることに反対でした。父は街で小さなビジネスを営んでいたため、僕のリーディングがそのビジネスに弊害をもたらすのではないかと、もっともな心配を抱いていたのです。

父の反対にあった僕は、タロットカードや買ったばかりのお香などを手当たり次第にクローゼットにしまいこみました。自分の使命はリーディングだと確信していたのに、周囲の環境がそれを実現させてくれなかったので、泣いて挫折感を味わっていたことを覚えています。当時の僕には信じる以外の選択肢がありませんでした。自分の真実を生きることを環境が邪魔していましたが、その真実を無視することができなかったのです。その当時でさえ、僕は反対にあいながらも、自分が使命に応え続けるだろうとわかっていました。

そして、実際にそうしました。時間はかかりましたが、数週間後に僕はタロットカードとお香をクローゼットから引っ張りだし、それを使ってひっそりと練習する時間を増やしました。学校や地域でも抵抗にあい、あらゆる方面から、もっと現実的な職業を見つけろ、職業選択の幅をせばめるなとプレッシャーをかけられました。学校のカウンセラーに呼びだされ、他の生徒が僕のことを「変人」と呼んでいたと告げられたこともあります。彼はこう続けました。「で、本当に君は変人なのかい?」

僕の高校時代の総括は、この心ない一言に尽きます。大人たちも生徒たちと同じくらい未熟だったのです。子どもの頃の僕はいつも大人に助言を求めていましたが、高校に入る頃になると、大人はもう助けを求めて駆けこむ安全な場所ではなくなっていました。いつも部外者のような気がし、決して理解してもらえないと感じていましたが、それは僕が背負うべき十字架のように思えました。大人や学生からのいじめを受けたことは結果として世間やマスコミにさらされる下準備となり、強い自尊心を持つことの必要性を示す、数ある実例のうちのひとつとなりました。

執拗ないじめの原因となった僕の能力こそ、もっとも人に記憶されているものでしょう。どれだけ反発を受けても、僕はそれがもっと大きな価値のある何かであることを訴えてくる呼びかけに耳を傾けました。当時の状況が植えつけた最悪な気分から逃れる道が見えなかった時でさえ、未来には明るい日が待っていることを僕は本能的に知っていました。

トンネルの向こうに光は見えませんでしたが、僕の直観はそこに光があることを伝えてきました。それに耳を傾け、それがもたらすリスクを進んで引き受けたからこそ、僕はこの上なく意義深い人生へと足を踏み入れることができました。僕はティーンエージャーの頃から、自分の目的は、悲嘆に暮れる人たちと彼らの愛する人たちを助けることだと知っていました。十六歳の時の僕は、この目的を果たすための一番実際的な手段はホスピスの看護師になることだと思っていました。将来のキャリアは見えていなかったものの、ずっと変わらないゴールがあることは理解していました。やがて僕の目的は実現し、他者からもそれが見える舞台を宇宙が整えてくれました。これは僕に限ったことではありません。真の自分が必要とする勇気を示すと、誰にでも一連の出来事が起こり始めます。勇気と強さを変わらず示し続けることができれば、それが足がかりとなって、意識的に成功への梯子を登っていけるのです。

僕は仕事を通じて死者たちと交信する中で、自分らしく生きることとの重要性を彼らが強調することに気づきました。死の瞬間にその人がどんな性格であったとしても、スピリットとして現れる時には、彼らは自分の本質に関してある程度の理解を深めています。生きている時は自分が見たくないものから目をそらすことができますが、この世を去ると、目をそらそうにも寄りかかる対象がありません。あの世では複数の視野を統一し、客観的に物事を見て、現実《リアリティ》をあるがままに捉えなければならないのです。

十七歳になってキャリアの選択に悩んでいた頃、あるリーディングを行いました。そのリーディングで受け取ったメッセージは、クライアントの女性だけでなく僕に向けられたものでもありました。クライアントはデボラという中年女性で、半年前に母親を一〇四歳で亡くしていました。最後の三十年は車椅子生活で、母親は長い間幸せではなかったそうです。デボラが言うには、彼女の幼少期も母親はずっとうつ状態だったとのことでした。

現れた母親からは、身体的な意味で充分に生きたことが伝わってきました。名前はマルシアで、インドア派だったことが窺え、長生きしたのにも頷けました。彼女のエネルギーは情報と記憶が満載の百科事典のように感じられました。一世紀以上生きた彼女の生命力には感心しましたが、僕には何かが欠けているように思えてなりませんでした。彼女の本質に触れれば触れるほど、居心地悪く感じます。彼女は若かった頃の、大切なチャンスを無視してしまった状況の数々を伝えてきました——それらのチャンスが二度と訪れなかったことを。

そのひとつとして、彼女のことを心から愛した青年との初恋の場面が視えました。二人は高校で出会い、一目惚れだったそうです。彼女は彼に首ったけでしたが、家族からの承認を気にするあまり、当時としては珍しいことではなかったものの、生涯のチャンスを逃してしまったのです。彼女は父親が彼のことを気に入らないだろうと勝手に推測し、両親に相談することすらせず彼を振ってしまいました。

二人の恋は叶う運命にありませんでした。彼は他の女性と出会い、恋に落ちて結婚し、その結婚生活は五十年以上続きました。彼女のほうはというと、彼の不在が開けた穴を埋めようとして生涯を過ごすことになりました。自分の決断を後悔し、二度と心から恋することもなく一生を過ごしたのです。彼を振ってから半年後に彼女の両親が他界したため、二人からの承諾があろうがなかろうが結局関係なかったとのことでした。

彼女の魂は、自分で自分を妨害する性質を認識するとともに、自分でもっともらしい理屈をつけて棒に振った他のチャンスの数々にも気がつきました。人生の振り返りプロセスで、彼女は三十代の頃のある瞬間に戻りました。彼女は交通量の多い道路を渡っている犬に気づきましたが、誰かが助けるだろうと考え、そのまま車を停めずに通り過ぎました。彼女はそれが目の前にめぐってきた善行のチャンスだったと認識し、そのチャンスを拒んでいたことを理解しました。

そうして彼女は、人生の振り返りプロセスを通じて自分が人生の大半を言い訳ばかりして過ごしたことに気がつきました。言い訳のほとんどは、理にかなったやり方をするにはそれが必要、という聞こえのいいものでした。初恋の相手を追わなかったのも、誰かを愛するには両親の承諾が必要だと決めてかかったという、一見すると実際的な理由からでした。犬を助けなかったことにも、交通量も多いし、誰かが保護してくれるはずだという論理的な言い訳がありました。

しかし、そういったことはどれも問題ではなかったのです。彼女は自分の欠点を欠点だとも思わずに、それらを正当化しながら生涯を過ごしました。自分の問題は世の中のせいだと考え、高齢になると、肉体とともに精神的にも病んでしまいました。あらゆる状況の核心を見落としただけでなく、運命のせいにして責任を放棄してしまったのです。

あの世でのマルシアは、自分のエゴが視野を曇らせていたことに充分に気がついたようでした。いかに自分で自分を邪魔していたか、自分自身の幸福を害していたかを理解したのです。リーディング時の彼女は生前の人生を受容しようとするプロセスにありましたが、それはまだ進行中でした。彼女は自分の生き方にまだ後悔があることを認めていました。この世で一〇四年の人生を与えられたけれども、もっと短い人生で自分よりも意義深い生き方をした人がたくさんいる、そう認識してもいました。彼女はその振返りプロセスで、人生において大切なのは長さではなく質だということを理解し、人生が豊かになるチャンスを無駄にしてきたと感じていました。最終的には自分の人生を特徴づけたすべての理由を理解したわけですが、彼女の最後の言葉に僕は心が重くなりました。

「人生の成り行きをどれだけ受け入れられたとしても、もっとうまくできたはずという思いは決して消えないわ」

僕は自分の助けが役立つ状況に出くわすと、彼女の言葉を思いだします。自分が誰かを助けることができた場面は、死ぬ時に必ず思いだされます。思いやりを差し伸べるチャンスが来たなら、それがどんなに些細な行いでも、決して無意味ではありません。人生はそれぞれの状況に応じた思いやりを示すチャンスを与えてくれるので、他者に手を差し伸べるチャンスがあれば、それをつかむべきです。人生の振り返りプロセスでは、気もそぞろに行った仕事や、注意散漫になっていた瞬間などが強調されるのではなく、もっと満たされたものになりえた瞬間を一番に振り返ります。やれば出来たのにやらなかったことも振り返りますが、自分の思いやり深い行為が実を結んだ瞬間も振り返ります。自分の親切な行い、特に無私の行動の一つひとつが集合体をいかに好転させたかを振り返ることにもなります。自分が全体の一部であること、あくまでもより大きな集合体の延長であることを理解するのです。あの世の魂は、自分の存在の本質、万人を結ぶ複雑に絡まりあった本質をゆくゆくは見ることになります。

目的のある生き方とは、子どものような情熱と好奇心を持って人生に取り組むことです。恐れずに問いかけ、答えを追い求めて初めて、この世で与えられた時間で自分が何を心から求めているかを知ることができます。他人からの期待は自分を枠にはめてしまいかねません。他者から課せられた制限から飛びだし、枠にとらわれない考え方を厭わないことが大切です。あなたが関心を抱くものは、あなたの使命を示唆しています。あなたがやりたいと惹かれることは、あなたがこの世でするべきことを指し示しているのです。その関心は奨励され、支持を得て初めて開花しますが、多くの場合、自分を引き上げてくれる保護者に頼らざるをえません。たとえ善意からだったとしても、親というのはうかつに子どもを傷つけてしまうものです。子どもは時に、自分が承認を求めた相手に理解されないと感じることがあり、それが心に傷を残す場合もあります。われわれは大きなことを成し遂げる使命にある人のやる気を削ぐのではなく、彼らの正当性を認めるべきです。もっと簡単な道があるかもしれないからといって、もっとも抵抗の少ない楽な道が幸福に繋がっているとは限りません。

僕が思うに、自分らしく生きられるかどうかはその大部分が、内的ヴィジョンとなすべき外的仕事のバランスを取れるかどうかにかかっています。人はしばしば、あるがままの現実ではなく、物事がどうあるべきかに気を取られすぎています。完璧主義者は、不都合が生じてくるとやり直しをしたがります。われわれは幸福というものに特定のイメージを抱き、そこに到達するために進むべき道を決めてかかっているのです。

けれども、宇宙は人間の期待通りには動きません。計画には邪魔が入るものですし、足をすくわれることもあります。自己発見の旅はスムーズなものではなく、逆に、スムーズだと意味がありません。教訓は障害を乗り越えた時に得られます。手に入れる価値があるものに到達するためには、コンフォートゾーンから抜けだすことが必要なのです。自分はすべてお見通しだなどと考えるよりも、流れ《フロー》に身をまかせ、適応力を用いるほうが遥かに高みに到達できます。物事をあるがままにさせておき、変えられることだけを変えていけば、エネルギーを蓄えられます。変えられないものを変えようとして自分にストレスをかけている時よりも、自分で変えられないものはそのままにして流れ《フロー》に従い、日々を着実に過ごしている時のほうが物事はスムーズに進むのです。

ここでまた「フロー」という言葉が出てきました。目的を見つけることの大部分は、フロー状態に入るきっかけを見つけられるかどうかにかかっています。自分がやるべきだと使命を感じるものは、スピリチュアルな質を帯びています。われわれは自らを経験している宇宙なのです。人はフロー状態に入れる活動をしていると、超越的になっていきます。自分の好きな活動にわれを忘れている時、その感覚が癒やしになることもあります。ダンサーは絶好調のパフォーマンスをしている時、時間の感覚を失うといいます。自分の作品に没頭している芸術家も然りです。誰でも、好きな曲を聴きながら夢想している時や、完全に今ここにいられると感じる活動をしている時などにフロー状態に入ります。そうして現実《リアリティ》の永遠なる本質を思いだし、真に存在しているのは今この瞬間だけなのだと気づかされます。あなたの流れを促す趣味や役割や行動は、あなたのウェルビーイングに必要不可欠なことなのです。

目的意識を持って生きるというのは、成功した人生を送るというのと同じような考え方です。両方とも、自分が置かれた場所で成長し、充足感を得ることを重要視します。僕の考える「成功」とは、自分の目的を認識し、それを実行に移すことです。それは物質的な豊かさや人からの承認を超えるもの――価値ある人生を生きたと自覚しながらこの世を去るということです。

ここで成功、目的、そして幸福の追求にまつわる極端なふたつの例を紹介します。ひとつ目は、僕がリーディングをしたなかでも指折りの裕福なクライアントに関する話で、ふたつ目は僕の地元の街に住むある家族の話です。

数年前、僕は初めてヨーロッパを訪れました。資産家の一員である謎めいたクライアントから僕のマネージャーに連絡があり、個人リーディングを依頼されたのです。僕は二時間のリーディングを頼まれ、まったく知らないその人に会うために、母と一緒にイギリスに飛びました。想像できると思いますが、それはとても現実離れした旅でした。僕たちはファーストクラスに乗せられ、空港に着くと送迎車が待っていました。初めから豪勢な旅で、その後に続く、ある種の虚しい物質主義を物語っていました。クライアントに会うまでの手順もなかなか大仰で、大邸宅の門を抜けるとマシンガンを持った男たちが建物から現れ、車の周りを歩きまわって車体の下を調べていました。あとで知ったのですが、爆弾や人間が隠れていないかを確認していたようです。

僕のクライアントは常に誘拐の危険にさらされていたのです。過去に家族が爆弾で狙われたこともあり、それは彼らにとって起こりうる脅威でした。僕たちはパスポートを回収確認され、二人とも記録用に写真を撮られました。彼らの名前を明かさない旨、守秘義務契約に署名もしました。

クライアントに会う前から、彼らが隔絶された世界で生きていることがわかりました。ほとんどの人が夢のようだと考える生活は、実のところ、ちょっとした悪夢だったのです。起きている間ずっと、身の安全と周りの人間のことを心配しなければならないのは大変な心労に違いありません。それは火を見るより明らかでした。僕は、そこにいる人たち全員の不幸な様子に衝撃を受けました。すべてがプレゼンのごとくお膳立てされていて、門を抜けてクライアントに会うまで、人間らしさを感じるものはひとつもなかったのです。

その印象はリーディングにも現れていました。リーディングについてお話しできることは限られていますが、多くの物を所有すると、たちまちその物に所有されるのだなと僕はすぐに気がつきました。お金や物が問題を生んでクライアントの行く先々についてまわっていたので、僕は、彼らがそれほどの富を得ていなければいいのにと非現実的な思いを抱いたほどです。彼らの富が気の毒でした。もっと普通の環境に生まれていれば、もっと幸福な人生になっていたのではないでしょうか。

大半の人の基準からすると、僕のクライアントは成功者でした。それでも僕は、金箔を貼った刑務所みたいだという思いでそこをあとにしました。お金のせいで怯えながら暮らすのは重荷になります。周囲にいる人たちの意図を心から信頼できなければ、不信や疑心暗鬼に苛まれるでしょう。あり余るお金が、普通の人なら抱えきれないであろう問題の数々を生んでいました。高みに登れば登るほど、落ちていく空間も広がるということです。世界の頂点に立つというのは、思うほどいいものではありません。

僕は新たに芽生えた人生への理解を胸に、アメリカに戻りました。自分が幸運であることはわかっていましたが、自分の成功から何を得たいのか、優先順位を確認するためのリーディング経験となったのです。お金が幸福度を決定するのではなく、お金は行動範囲を広げるため、もっと得るため、もっと増やすためのチャンスを与えてくれるだけです。そして「もっと」が必ずしも「よい」とは限りません。よく言われるように、少ないほうが豊かという場合もあるのです。人は物質的な成功を目指す一方で、精神的な充足感を無視してしまうことが多々ありますが、物質主義に根ざした人生は虚しさや目的意識の欠如を招きます。

あの世からのメッセージは、自分が生まれた環境において意義のある人生を送ることの重要性を強調します。育む価値があるものを知っていれば、人生をより意義深いものにできるでしょう。そうした側面にお金はかかりません。代わりに時間とエネルギーと集中力が必要になりますが、そこから得られる報酬は物質的な利益を超えています。あの世に持っていける物などありませんが、意識はずっと共にあります。この世にいる間にその意識をもって何をするか、大局的に見ればそれがすべてです。

そのヨーロッパでのリーディングより数年前、僕は地元のカリフォルニア州ハンフォードで移民の農業労働者一家のリーディングを行いました。彼らは十四人家族で、郊外の酪農場わきにある、寝室ふたつの家に住んでいました。

家に着くと、僕は彼らの温かいもてなしに恐縮しました。家族の誰も流暢には英語を話しませんでしたが、彼らの友人が通訳を引き受けてくれました。中央に聖母マリアの祭壇が置かれた居間で、僕たちは十四人の家族とひしめきあって座りました。互いへの愛情がその部屋に満ちているのがわかりました。その愛は言葉を超越していました。両親は僕の前であぐらをかいて座り、僕が繋がろうとしている故人への期待に胸を膨らませ、互いに手を握っていました。

子どもたちは神妙な面持ちで耳を傾け、年長の子たちが赤ん坊二人にミルクをあげたり、おむつを変えたりしていました。家族はすべてにおいて、ひとつの集団として互いの面倒を見ていました。誰かが困っていれば、全員が手を貸そうとしました。この無私の行動が、どれだけ彼らの仲が良く、自分のことよりも家族のことを優先しているかを明白に示していました。

リーディングでは、家族の一員だった若い青年が現れました。仕事中の事故で亡くなった彼は、自分の二十二年の人生が、大半の人の長い人生よりも意味のあるものだったと振り返っていました。愛する人たち、そして愛してくれる家族のいる人生。生前の彼は機会をとらえては自分の愛情を表現していたので、その人生は満ち足りたものでした。

彼が人生の振り返りプロセスでほとんど変容を遂げていなかったことに、僕は驚きました。生前から感謝に満ちていた彼は、死後もその感謝の念を抱き続けていたのです。死因こそ強烈でトラウマ的なものでしたが、彼は充実した人生を送ったと知りながら亡くなりました。彼の誠実さは明らかで、彼の優先事項はその短い人生にわたって、他者に思いやりを示すことでした。

彼は「知っていた」からこそ、容易に受容と平安に達することができました。彼には自分が決してつかむことのなかった複雑なチャンスの数々を、わざわざ振り返る必要がなかったのです。彼は、愛を示すチャンスすべてをつかみました。彼の家族は慎ましい生活をしていましたが、それが彼らの本当の幸せを妨げることはありませんでした。

僕にとって一家と過ごした時間は、何が真に重要であるかを教えてくれるリマインダーとなりました。彼らは多くの点で、物質的な豊かさよりも質的な豊かさを持っていました。われわれは生計を立てることの重要性と、お金で買える物は限られているという事実を踏まえたうえで、そのバランスの中に成功の定義を見いだささなければいけません。愛が、魂の通貨です。

人はこの世で過ごす時間の大半を、愛を与えたり受け取ったりするのを阻む障壁を壊すことに費やします。恐れや疑いや無関心は、人を行き詰まらせてしまいます。こうした障壁は、子どもも時代に意識に根づくものです。誰でもサポートや育んでくれる存在を必要としますが、皆が両親からそれを得られるわけではありません。僕は幸運にも、耳を傾けて学ぶことを厭わない両親に恵まれました。二人はどんな細かい決まりごとや障害を前にしても、僕への愛を優先してくれました。僕はありのままの自分でいるために、人生の導き手である二人から拒絶されるリスクを冒す必要がありましたが、ありがたいことに二人は僕が人生で成功するための土台となってくれたのです。二人の絶えざる励ましがなければ、僕はこの能力をギフトとして活かすことなどできなかったでしょう。

僕は人生におけるよき理解者である母に、子どもの人生の目的を育むにはどうすればいいと思うか訊いてみようと思いました。母のサポートは僕が受け取ったなかでも最大級の愛で、「子どものよき導き手になるにはどうすればいいか」と悩んでいる親御さんにとって、母の言葉が役立つかもしれません。以下に母の意見を引用します。

*

自分がミディアムの子どもを持つことになるなんて、誰が予測するでしょうか。タイラーを妊娠し、名前をつける時が来て、私はオフィスの扉のネームプレートにあると見栄えがする名前がいいなと思いました。「タイラー・ヘンリー弁護士」なんて素敵じゃないかしら。それとも、私の一人息子は野球選手、あるいは医者になるかもしれない。一家で初の職業だわ！　タイラーが人生で何を選ぶにしても、私にとって重要なのは息子が善良で優しい人に育つことでした。夫が与えるであろう愛情とサポートを受ければ、タイラーは自分が心を傾けたものならなんでも成し遂げられると私は知っていました。

ただ、タイラーの心がミディアムになることに向かうとは思ってもいませんでした！　それがはっきりしたのは、私の義理の母が亡くなることをその死の直前にタイラーから聞いた時です。それを機に、私は唖然とするようなことを長きにわたって経験することになりました。学校から帰ってきたタイラーにこんな話を聞かされたこともあります。学校の子たちのリーディングをして、その子たちの人生についてびっくりするような情報を当てたよ、と。先生の「リーディング」をしたという話を聞くこともありました。よくわからないけれど、とにかくリーディングをしているのね、と私は思っていました。

タイラーの言っていること、していることをどう判断していいのかわかりませんでした。タイラーが精神的な病を患っていないことはわかっていましたし、成績も優秀でした。自分が視ていることの作り話をしているわけでもありませんでした。というのも、その話が真実であると他の人たちが実証していたからです。それでも、息子の能力をすぐに受け入れるのにはためらいがありました。世間が冷たいこと、そして、母親として息子の安全を守るのが重要だということを知っていたからです。とはいえ、宗教やスピリチュアリティや超常現象に完全に心を奪われている息子を止めることはできませんでした。

十歳で初めて予知をした時よりも前から、タイラーは霊に関することなら何にでも興味津々でした。私は当初、息子の霊能力は未知に対する情熱から来るものだと思っていました。ところが、未知なるものへの息子の情熱は実際のところ、ミディアムとしての霊能力に突き動かされたものだったのです。

子どもの頃のタイラーは、自分がなぜこの世にいるかを知っているようでした。彼は自分の関心事に干渉されることをゆるさず、そのことで他の子たちにとやかく言われても気にしませんでした。学校に様子を見にいくと、タイラーが一人ぼっちで校庭にいるのを何度も見かけました。当時の私は、息子が明らかに学校になじんでいないのを見ると胸がつぶれる思いでした。タイラーには人生への心構えをしてほしいと思っていましたが、彼は堂々とわが道を歩んでいて、母親にできることはほとんどありませんでした。タイラーは一人っ子なので、他の子どもたちに対してよりも大人に対していつも関心を抱いていました。息子を尊重することはその事実を尊重することであり、もっと社交的になってほしいと思いつつも、私に彼を変えることはできませんでした。

ティーンエージャーになる頃には、タイラーの能力は増すばかりなのが明らかでした。私たち一家は密着型の地域社会に住んでいましたが、ちょっとした用事で外出すると、タイラーは道で会った近所の人をリーディングするのです。たとえば私の同級生で顔見知り程度の人を、タイラーは遠くから見かけてリーディングし、感じ取った情報を私に教えたりもしました。その情報はいつも、気味が悪いくらい正確でした。その人の身のまわりの亡くなった人のこと、その死の状況など、どんな情報であれタイラーは確信を持って伝えてきます。そんな能力が伸びる一方で、タイラーの社交性については少しばかり手助けが必要でした。息子にはよくこう言って聞かせました。友だちを作らないといけないわよ、そうでないと実社会でうまくやっていけないから、と。

子どもは内側の世界と外側の世界の健全なバランスを保つことが大切ですが、タイラーは同じ年頃の子どもたちと一緒にいても、決して心から楽しむことができませんでした。自分が人とは違うこと、そして異なる人生を歩む運命にあることを彼は知っていたのです。

父親には自分の能力のことを十六歳になるまで隠していましたが、私はもっと前からその秘密を知っていました。自分が口出しするようなことではないと感じていたので、私は夫にそのことを話したいとは思いませんでした。タイラーに心の準備ができたら自分で話すだろうし、私自身がその能力のことを聞かされたのも、彼に例の予兆があった時が初めてでした。夫の家族は保守的で、ミディアムが何であるかということにもなじみがなかったので、私は秘密を隠しきれなくなるまで黙っておくほうが無難だろうと考えました。

あとになって考えると、タイラーがどう人とは違うのか、率直に話し合えばよかったなと思います。父と息子が互いを本当に知ることができていれば、もっと充実したものになったはずの数年を無駄にしなくてすんだでしょう。タイラーは本当の自分を父親に隠さないといけないと感じていたため、結果として夫は成長、進化できたであろうチャンスを得られませんでした。

この経験から、私は「今、話し合うこと」が大切だと学びました。エゴを脇に置いて本当に必要な会話ができれば、人は歩み寄れます。他人に関してすべてを「理解する」ことはできませんが、重要なのはそこではありません。歩み寄ろうとする努力に愛が示されることが重要なのです。相手や自分自身を知ろうと努力すればばするほど、愛が目に見える機会も増えてきます。

私たち家族はその段階に達しました。人々がリーディング希望の手紙を家まで届けてくるようになったからです。彼らはうちの電話番号を調べ、四六時中、息子に会いたいと電話をしてくるようになりました。どうやら息子の能力が口コミで広がったらしく、私にはどうすることもできませんでした。

自分がコントロールできないものに対して、私はゆだねるしかありませんでした。ミディアムとして世間に出ると複雑な問題を引き起こす可能性があり、私にはその問題を切り抜けられるよう息子を導く能力がないとわかっていました。私自身はミディアムやサイキックに関する知識などあまりなかったのですが、自分たちが暮らす世間がどういうものかは知っていました。人は冷酷です。私は息子のことを案じながら、最終的には彼のことをサポートするしかありませんでした。さもなくば、彼の自分らしさという大切な一面から遮断されるリスクを冒すことになったからです。

タイラーのミディアムとしての能力や使命は、その目の色と同じくらい彼の一部でした。タイラーが何者であるか、何を運命だと感じているかを変えることなどできません。もっと簡単なルートがあったのは確かですが、彼はその道を選ぶのを拒みました。彼は私に対して、そして自分の能力を使って助けられる人たちに対して、本当の自分を正直に見せる勇気を示しました。やがて父親にもそれを見せる時が到来しましたが、その時は理解してもらうために多大な説明と実演を要しました。

理解が深まったのなら、親は向上する努力をするべきです。わが子を信じるということは、どんな物質的なものを与えるよりも大きなギフトになります。親のサポートはかけがえのないものです。子どもが親にサポートを求めてくる時は、その子が自分の目的を見つけようとしている一方で、親も自分の目的を実現しているのです。どんな親にでも、子どもにお手本を示すチャンス、自らの向上のために常に努力をするチャンスが与えられています。タイラーを育てることには忍耐と、違った視点で物事を見る姿勢が求められました。そうした忍耐と姿勢を見せることで、私は親としても人としても成長することができました。

すべてを知っている母親などいませんし、手引書にも書かれていません。その代わり、最終的にはわが子への少しの信頼が、レクチャーの十倍より遥かに多くのことを教えてくれます。人はそれぞれに違い、その違いがもたらす多様性こそがこの豊かな世界を成り立たせています。違いが育まれ、サポートされることがなければ、世界は退屈な場所になってしまうことでしょう。

結局のところ、タイラーのようにユニークな子を育てることで、時にはゆだねるということがいかに重要かを学べたわけです。息子が自分の使命を理解できるほどに自分自身を理解しているのだと信頼し、母としての保護本能をうまく操縦しながら、彼のありのままを尊重する必要が私にはありました。息子が母を必要とする時にサポートをし、それと同時に、彼が自分自身で学ぶ必要のある時は見守らなければならなかったのです。手を貸す時と見守る時のバランスを取るというのはどんな親にでも心当たりがあることで、迷いなく判断するのが難しいことでもあるでしょう。彼は自分の特質のせいでのけ者にされることを心配していましたが、私はまさにその特質が彼を強くしてくれるのだと気がつきました。その特質こそが彼を彼たらしめていたのです。それを否定することはすなわち、彼の人格を否定することでした。

私には親として、タイラーを傷つけるのではなく励ます責任がありました。私は息子のことを理解していませんでしたが、彼を理解することが私の仕事ではありません。私の仕事は、彼が強い自己イメージを築くための土台になることでした。私は彼が泣きたい時には胸を貸し、サポートを与え、不屈の擁護者になる必要がありました。子どもには支えてくれる人が必要です。わが子のありのままの姿を擁護することで、私自身もいっそうありのままの親になることができました。タイラーが自分らしくいていいのだと理解した時、親子関係もより有意義なものになりました。

人は自分らしくある時、他者にも自分らしくあるようインスピレーションを与えることができます。私から世の親御さんにお伝えできることがあるとすれば、子どものために、自分が子どもだった頃に必要としていた擁護者になってくださいということです。子どもの頃の自分が言ってほしかった言葉をかけ、求めていたハグを与えてください。親であるというのは単なる役割ではなく、私たち自身の目的の延長線上にあることなのです。それは、世界に波紋を広げる力を秘めています。

＊

幸運なことに僕の旅路には、あらゆる局面で母がついていてくれました。世界をめぐる時も行動を共にし、番組のリーディングに向かう時は何度も運転をしてくれました。母も時にはクライアントの有名人に会えることがあります。偉大な故ホイットニー・ヒューストンの元夫、ボビー・ブラウンをリーディングした時にも母はその場にいました。そのリーディングでは、思いがけない形で自分らしさという役割についての洞察を得ることができました。

ホイットニー・ヒューストンが現れ、僕は彼女の存在感がすごく普通だったことに、あとから振り返って感銘を受けました。彼女は自分の死因や、彼女とボビーしか知らない情報の数々を伝えてきました。彼女のエネルギーからは自分の私生活を守ろうとしていたことが伝わり、彼女はその私生活が家族にどんな影響を与えたかをはっきりと自覚していました。

彼女は世界でも有数の偉大なポップスターで、音楽業界に革命を起こし、ファンを楽しませてくれました。それなのに、残されたボビーの前に現れた彼女は、そうした生前の栄光を少しも重視していませんでした。リーディング中、自分の仕事や名声にはまったく触れなかったのです。あの世で彼女が大切にしていたのは、生前に深めた絆に関することだけでした。家族や他者と分かち合った愛、それが彼女のプライオリティでした。

彼女は世界の文化に何度もインパクトを与えたにもかかわらず、自身の記録的なセールスやパフォーマンスについては一度も触れませんでした。彼女の魂はどんな物質的な功績よりも、与えて受け取った愛の瞬間により深い意義を見いだしたようでした。

僕は、彼女のように成功した人が自分の功績を気にも留めていない様子に驚きました。それはまるで、彼女に称賛をもたらしたものが、もっと意義深いレッスンのためのお膳立てでしかなかったかのようでした。彼女は自分の役割を、母親、娘、妻として認識していました。そして、対人関係に目的を見いだし、その目的が愛する人々を通じて生き続けていることを知りました。彼女はステージ上での非日常よりも「普通のこと」、つまり感情が動く瞬間により大きな目的を見つけたと伝えてきました。ホイットニーの人生は公演につぐ公演でしたが、彼女のスピリットは何よりも平凡な瞬間を抱きしめているようでした。

何に目的を見いだすかは、その人が学ぶレッスンについて多くを語ります。世界中でセンセーションを起こすことに目的を見いだす人も多いかもしれませんが、真の承認というのは互いに結ばれた絆からしか生まれません。ホイットニーは自分が愛されていたことを知っていましたし、そのことを感謝していましたが、だからといってそれが彼女の乗り越えるべきハードルを変えたわけではありません。彼女が苦しみを乗り越えられた唯一の理由は、身近な人たちと築いた意義深い愛があったからです。

あの世での彼女は平安の中にいました。記録を破ったことの記憶と同じくらい、娘と手をつないで散歩したことを覚えていました。そうした人間らしいささやかな瞬間が、本当はささやかなものではなく、人間の在りようについての洞察を彼女に与えたのです。人生がどれだけ平凡な、あるいは稀有なものであっても、あの世に持っていけるのは愛だけだということです。

自分らしさは、あなたが目的を見いだすものと直結しています。自分の目的と一致していると感じられる活動こそが、あなたにとって真にやるべきことです。おわかりのように、この呼びかけに従うには勇気と不屈の精神を要します。誰であれ、どんな状況であれ、人は自分が置かれた環境で、目的に従うために努力しなければいけません。気をそらすものや抵抗に満ちたこの世界では、目的意識を持って生きることは後回しにされがちです。それでも、外部からのプレッシャーをモチベーションにして、自分らしさを育んでいくべきです。外側の状況に自分という人間を決めさせてしまうこともできますが、それにどう対応するかを決めることもできるのです。どちらにしてもストレスが消えるわけではないので、プレッシャーを糧にしてダイヤモンドを生みだす方法を学ばねばなりません。

自分らしい行動を起こす前に、自分がどういう人間かを充分に理解したうえで自分の願望や欲求を知る必要があります。自分の内側にあるやる気や不安のタネに気づけば気づくほど、エゴをほぐして自分の求めるものの核に近づけます。あなたは自分の求めるものを知っているかも知れませんが、それにたどり着く方法は知らないかもしれません。そんな時は直観が優れた判断の指標となって導き、自分自身に専心するのを助けてくれるでしょう。自分が何をするように求められているかがわかれば、自分がなるべき人物に向かって一歩進むことができます。

直観はしばしば、目的への道として予期せぬルートに導くことがあります。僕が知り合ったある男性は、長きにわたって学界に身を置いていました。彼は博士課程にいて、神経科学の研究に生涯を捧げていました。カリフォルニア州在住でしたが、少年の頃からずっとマサチューセッツ州に移住することを夢見ていたそうです。同州には家族もいなかったので、そんな夢を見るのがおかしいことは彼自身も認めていました。その場所に惹かれるもっともな理由などありませんでした。

知り合った時、彼は人生の岐路に立っていました。ちょうど博士課程を終える頃で、私生活では何年分にも相当する苦しみに苛まれていました。研究中心の人生を送っていた彼はそうすることで目的に近づけるとは思っていましたが、友人も少なく、恋愛もせず、泣きたいくらいに孤独を感じていたのです。彼は研究を続けながら、卒業証書には社会生活を犠牲にするだけの値打ちがあるのだろうかと思い始めていました。ずっと夢見ていた職に就くことができたところで、帰宅した彼を迎えてその夢を分かち合える人もいないのです。

僕はリーディングで、彼の将来が特に輝かしい軌道に乗るようには視えないと伝えました。彼は精神的にも感情的にも燃え尽きていて、誰もが羨むような学位を得ようとしているにもかかわらず、それが幸福に繋がってはいませんでした。彼がふたつの非常に異なるものに直観的に惹かれているらしい理由が、僕にはわかりませんでした。ひとつ目の直観的な考えは子どもの頃からつきまとっていたもので、もうひとつは研究に留まる意欲に繋がっています。どうすれば、このふたつの折り合いをつけられるのでしょう？

リーディングの数か月後、彼は医学会議に出席するために、初めてマサチューセッツ州を訪れました。滞在中、彼はふとマッチングサイトにアクセスし、最初に出てきた写真を見て釘付けになりました。ブロンドの髪をしたその女性は彼より一歳だけ年下で、ボストン在住のドッグトレーナーとのことでした。

かいつまんでお話しすると、彼は会議で街に滞在中、その女性とデートをしました。その出会いが彼の人生を一変させました。二人は恋に落ち、互いに夢中になりました。彼女を残してカリフォルニア州に帰るのはつらく、日が経つにつれ、彼は自分でも大胆だと認めざるをえない決断に傾いていきました。会ったばかりの女性のために、国を横断して移住することも厭わないと考えるようになったのです。その理由は彼にも説明できず、ただ、そうすることが正しいとわかっていただけでした。

そういうわけで、彼は行動に移しました。博士課程を終了せず、彼女と暮らして一緒に犬の訓練をすべくボストンに移住したのです。最近彼と話す機会があり、僕たちは最後に話してから九年も経っていたことに驚きました。彼は、もし博士課程に進んでいなければ、未来の妻と会う場所で会議に出席することもなかっただろうと理解していました。ある意味、研究に身を捧げたことは無駄ではなかったのです——そのおかげで、当初は想像もできなかった目的地にたどり着いたのですから。

そうするように求められていると感じる行動を起こした時に、すべてがうまくいきました。彼は、子どもの頃からボストンに惹かれていたことと大人になってからの学術的探究心をうまく補い合い、その両方を通じてより大きな幸福を見つけることができたのでした。彼のこの行動は誰もが努力できること、つまり、自分の中の異なる側面を尊重すること、自分が成し遂げたいと思う何かを軽んじず大事にすることを表しています。直観を信頼してそれを行動に移すと、自分自身のさまざまな側面が、より明るい未来を築くための後押しをしてくれます。鍵となるのは、第一にすべきだと求められていることを認識できるかどうかです。

自分自身の目的を探究するのは歯がゆい試みになることもあります。あまりに多くの人が、自分の目的を知りたがる一方で、自分の強みを理解して直観に従う努力を怠ります。目的のない人は生き方を他人に指示してもらおうとするものですが、目的はその人の行動すべてに息を吹きこみ、内面レベルで始動することすべてを確かなものにして現実化させます。人生では、自分のひたむきな努力の産物になることもできれば、他人の努力の産物になることもできるということです。

目的意識を見つけるというのは、ともすれば煩わしいタスクに感じられるかもしれません。それには耳を傾けてチャンスをものにする意欲に加え、自信と自己信頼の絶妙なバランスを保つことが必要です。大切なのは、目的を特定しようと躍起にならないことです。目的はありのままでいいのです。それはあなたの内に、すでに存在しているのですから。

よりマインドフルに――そして、その結果として直観的に――生きていると、自分の目的を覆っていたカーテンを翻すような予感に従うことができます。自分がなぜこの地上にいるのか、その理由を究明しようと空回りして疲弊しないようにしてください。それよりも、舞台に上がって新しいことに挑戦し、宇宙に自分を通じて動くチャンスを与えるべきです。自分がイニシアチブを取ると、物事があるべきようにうまく回り始めます。舞台に上がって目的を見つけようとする人は、舞台袖から目的を見つけようとする人よりも高みに到達できます。自分の目的を解明する必要などありません。その必要は誰にもないのです。あなたが意識すべきことは、あなたの偉大さを秘めた素質です。あなたは自分の可能性に本気で気づく必要があります。自分にはどうしようもない制限がある、と告げてくる条件付けを解除しなければいけません。創造性、忍耐、そして直観を充分に活用できれば、あらゆることが解決できます。

結論として、人の目的はひとつではありません。人は自分らしいことから目的を見いだします。目的を見つけるというのは、行為というより暮らしそのものです。直観、物事の意味、チャンスに意識を研ぎ澄ませていると、目的を見つけることがライフスタイルになるのです。自分らしく生きるのが得意な人もいればそうでない人もいますが、どんな人でも世界に利益をもたらすユニークな強みを持っています。あなたが自分のことを知らない限り、世界もあなたを知ることができません。この内省の旅はたやすいものではありませんが、マインドフルネスを活用すれば、その旅路もより悠然とした、意義深いものになるでしょう。自分らしく生きている時、人は自身に内在するスピリットに気づいています。自分らしい生き方はエゴに先立ち、本当の自分の核となる性質と、自分が何をする運命にあるのかを表現します。

条件付けは、最終的に人を目的の特定に近づける場合もあれば、遠ざける場合もあります。何ができるか、あるいは何ができないかを自分に言い聞かせていると、それはやがて現実になります。人は自分で自分の予言をしてそれを叶えているのであって、結局のところ、自分が可能だと信じていることしか出来ないのです。直観は、自分のものの見方を超えて、理屈を超えた可能性を検討してみなさいと告げてきます。それによって新しい考えや発想が浮かび、ポジティブな結果を招くことがあります。自分に目的を与えてくれるものをエゴは識別できますし、目的意識を持って生きたからといって、エゴを破滅させることにはなりません。自分に行動を起こさせるようなエゴの枠組みを作り、勇気や強さを示していくと、敵が友人になります。エゴは目的を阻む敵ではなく、それどころか、目的を活かすこともできるのです。

ただ自分らしくいるだけで、世界に大きな変化を起こすことができます。本章で挙げた、自分の直観に従って呼びかけに応じた偉人たちは皆、自分の人生を生きていただけです。ところが、彼らの人生は自分のためだけのものではありませんでした。マーティン・ルーサー・キング・ジュニアの人生は、後世の人々すべての人生を変えることになりました。アイザック・ニュートンの発見はその後何百年もの間、人類の発見の数々にインスピレーションを与えました。これだと思えるチャンスをつかめるレベルまで自分を充分に知ることができれば、山をも動かすことができます。

目的を持って生きると、他の人々にも目的意識が芽生えます。かつて大きな変化を起こしたアイコン的な人たちは皆、自分のすることに目的を見いだしました。たとえ初めは自分が何を成し遂げようとしているのかはっきりしていなくても、彼らはとにかく行動を起こしました。そうして呼びかけに応じて答えを得たのです。そうなるには、自分の恐怖心と向き合い、その深奥にある傷つきやすい部分を調べてみる必要があります。自分自身を知っていくと、自分が取り組んでいることがよりわかってきます。

職業的なことであれ個人的なことであれ、人は皆、何かしらの成功を目指します。あの世にいるスピリットは、自分が築いた愛という観点から成功を捉えることが重要だと伝えてきます。魂が価値を置くものはすべて、自分を向上させようと立ち上がった経験的な瞬間に存在します。置かれた環境が裕福なものであれ慎ましいものであれ、あなたの成功を決めるのはあなたが起こす行動なのです。

自分らしく生きていると、幸福感や健康が増進され、よりチャンスをつかめるようになります。それに、本当の自分と一致していると、未来の自分を向上させる選択ができるようになります。スピリットたちはこの学びを得るために生き、そしてこの世を去っていきました。この世に生きているわれわれは、彼らが得た洞察を人生に取り入れることができます。「もし人生をやり直すことができるとしたら、もっと思いきって自分らしく生きるだろう」と死者はよく伝えてきます。

結局のところ、本当に存在するのは真の自己だけです。人は自分の良心に恥じないように、また、自分の本質を受け入れることを厭わずに生きなければいけません。本当のあなたに誠実であれば、あなたなしには存在しえなかった明かりを世界に灯すことができます。自分が世界に何を提供すべきかをあなた自身が知らないかぎり、世界はそれを知ることができません。汝自身を知れ――真の自己への鍵はここにあります。

5 避けられない喪失に向き合う

人生の浮き沈み

「喪失の悲しみが恐れに似ているだなんて、誰も教えてくれなかった」

――C・S・ルイス

死は嫌だけれども避けられないものです。あの世について理解している僕でさえ、早くあの世に行きたいとは思いません。死がもたらす変化には誰もが心を揺さぶられ、それは決して心穏やかなものではないでしょう。

スピリチュアル界隈の一部には、常に満足して生きるべきだとするプレッシャーがあります。スピリチュアルに生きている人は当然、目の前に現れるどんな喪失にも対処するすべを持っているはず……そう思っていないでしょうか？

それは間違いです。喪失は不意に訪れます。強烈な感情を経験するその悲嘆の旅は、始まると終わりがないような旅です。人は生涯にわたり、ずっと喪失を胸に抱えこみます。われわれの喪失への対処のしかたはエゴが喪失をどう捉えるかに影響を与えますが、それと感情は別物です。予期せぬ事態をいかにおさめようとも、胸が痛むことに変わりはありません。自分に正直でいるためには、この胸の痛みを尊重することが大切です。喪失をいつ、どのような形で経験するか、それは個人の形成に大きな影響を与えます。必ず訪れる死というものに対する考え方や対処のしかたが、われわれの前進する力にかなり作用するのです。本章では、僕自身が経験した人生の浮き沈みと、この世の歩み方について死者が教えてくれることをお伝えしていきます。

僕はこれまで多くの喪失をこの目で見てきましたが、人間のスピリットが持つ回復力にはいつも驚かされます。悲嘆に直面した時、愛は強力なパワーとなります。その悲嘆にどう対処するかは、それを乗り越える力の証でもあります。

僕は、「人を苦しませる出来事すべてに対して、愛が万能薬になる」という間違った印象を与えたくはありません。愛が請求書の支払いをしてくれるわけではありませんし、故人を生き返らせることもできません。それでも僕に言えるのは、悲嘆に向き合う時には愛の位置に立脚することが役に立つということです。自分自身に愛と思いやりを示すと、癒やしが促進されます。また、あなたの人生に現れて死んでいった人たちを敬うことは、言葉にしなくても愛を示す行動になります。愛には、目的とより大きな意味を触発する働きがあるのです。

喪失とひとくちに言ってもその形は千差万別ですが、いずれの喪失に対してもよりマインドフルに向き合うことが、多少なりとも痛みを和らげる助けになるでしょう。悲嘆は愛する人が亡くなった時だけでなく、さまざまな形の喪失に対して感じるものです。仕事を失う、金銭を失うといったことは誰でも一度ならず経験するでしょう。親しかった友人関係が壊れる、裏切られたと感じる、といった場面でも心にぽっかり穴が空いたりします。物事はこうあるべきという期待でさえも、そのとおりにいかなければ悲嘆につながります。人生には、こうした小さな死があふれています。

人生に絶えず起こる喪失をどうくぐり抜けていくかが、その人の立ち直る力を決定します。コントロールできない物事を受け入れられる力が、内面世界で大きな役割を果たすのです。喪失について考えるのは誰にとっても嫌なもので、なかにはものすごく小さな失望にさえ大きく落ちこむ人もいます。期待は失望に繋がっています。人生で期待を抱くなというほうが無理なのですが、期待によって心が弾むか沈むか、自分自身に訊いてみてください。人は期待することによってより奮起し、望みを実現することもあれば、その期待に翻弄されることもあります。鍵となるのはバランスです。

人生はあなたに起こるものではなく、あなたを通じて展開するものです。変化が動揺を生じさせるのは、積もった塵を巻き上げ、新たな行動パターンを根づかせるためです。どんなにつらい経験をしたとしても、その経験への対応のすべてが痛みそれ自体よりも大きな遺産《レガシー》を残してくれます。痛みを押し殺してしまうと無意識に大きな混乱が生じ、たとえ自分ではそれを乗り越えたと思っていても、世代を超えたトラウマに繋がることがあります。自分で対処しきれない場合、やり残した地点から次世代の子どもが引き継ぐことになるのです。これが家族において繰り返されるサイクルの本質です。

これまで、悲嘆は乗り越えるものだとされてきました。悲嘆には段階がある、人はそれぞれの段階を踏んで受容にたどり着く、といった話を聞いたことがあるのではないでしょうか〔編注／精神科医キューブラー・ロスは、ベストセラーとなった一九六九年の著作『死ぬ瞬間』で、悲嘆のプロセスには「否認」「怒り」「取引」「抑鬱」「受容」の五段階があると唱えた〕。近年では、悲嘆には万人に共通する普遍的な段階があるという考えは誤りだと証明されています。この説の提唱者たちの意見が、悲嘆の段階は五段階なのか、十二段階なのか、といった点で割れているのです。意見の一致をみないということは、悲嘆はその人特有のものであるという、より深い真実を反映しています。

確かに、どんな喪失にでも「否認」という側面があります。それに、喪失のタイミングや対象に応じて「怒り」「取引」「抑鬱」「受容」なども起こります。けれども悲嘆を経験する旅は、各駅に順序よく停車する電車の旅ではありません。否認が必ずしも第一段階で起こり、受容が最後に起こるというわけではないのです。

気持ちの整理という点に関して、僕はリーディングが悲嘆を癒やすわけではないと必ず強調しています。リーディングは意識が肉体の死を超越していることの確証にはなりますが、それが自然に起こる悲嘆プロセスの万能薬になるわけではありません。気持ちの整理というと終了《ピリオド》をイメージさせますが、それは本当は休止《コンマ》なのです。悲嘆と折り合いをつけるプロセスで前進する瞬間があったとしても、その感情はなんらかの形でいつも残っています。リーディングは前進する助けになり、亡くなった人が肉体ではない形態で存続していることを教えてくれますが、たとえそのことを知っていても、肉体の死と、それがもたらす悲嘆を尊重しなければいけません。それを否定すれば、人間であることを否定することになります。

多くの人が、喪失は乗り越えるべきものだと思っています。でも僕は、喪失はその故人が関わったあらゆる人生を永遠に変えるものだと考えます。喪失を乗り越えて前に進まなければと自分に期待をかけるのは、メリットよりもデメリットのほうが大きいでしょう。悲嘆には段階がある――まず最初の段階があり、中間の段階を経て、最終段階に至る――といった説は、理論の上では納得できるものです。しかし、悲嘆の本質というのは生涯を通じて残ります。何年経ったとしても、再燃したり、苦しみとともに頭をもたげたりすることがありうるのです。悲嘆の感情は不可解でもどかしく、一貫性に欠ける場合もあります。二歩前進したかと思えば五歩後退する、ということもあるでしょう。それは明快な段階を踏んで卒業するようなものではありません。

僕がこれを強調するのは、現実的なゴールを定めることが重要だと思うからです。悲嘆をねじ伏せようとするのではなく、それを統合する努力をすべきです。悲嘆は取り除くべきものではない、と考えられるようになればゴールに近づけます。悲嘆を尊重してください。誰かがいなくなった深い悲しみを認めてください。そうすることで初めて、あなたはその悲嘆とともに変容を起こすことができるのです。


これまでに行ったもっとも深遠なリーディングのひとつでは、クライアント自身が差し迫る死に直面していました。僕はこのリーディングで悲嘆に対する見方が変わり、人は避けられない事態から美を生むことができるのだという考えを信用するようになりました。

クライアントはヘザーという女性でした。当時ヘザーは三十代半ばで、円満な結婚生活を送り、七歳の男の子を育てていました。彼女は僕の番組の初期のエピソードを観て、僕に連絡を取ろうと決めました。彼女はその時、人生を一変する診断を受けたばかりでした。ステージ４の末期がんだったのです。もう時間がありませんでした。

リーディングの日程が決まり、僕は厳粛な場面に向かうことになると想像していました。ところが、マネージャーが運転する車でＬＡ郊外に到着すると、笑顔の女性に熱烈なハグで迎えられました。僕は彼女のポジティブな態度、輝き、地に足のついた存在感に驚きました。家の正面に続くアーチ道を進むと、扉口に彼女と息子さんの写真が飾られていました。彼女とその家族がどれだけ愛にあふれているかが窺えました。

ヘザーの顔には疲れが浮かんでいましたが、リーディングを始めても彼女は笑顔を絶やしませんでした。僕のために強く振る舞い、どれだけ痛みに苦しんでいるかを見せまいとしているのがわかりました。彼女は息子や夫をはじめ、自分を愛する人たちのために強く振る舞うことに慣れてしまっていたのでしょう。

それは集中するのが難しい瞬間でした。この女性の死を食い止める力が自分にあればいいのにと、どんなに願ったことでしょう。僕が宇宙に対して心からのもどかしさを感じるのは珍しいことです。でも、これでは気の毒すぎると思いました。彼女を待ち受ける死に平安があるのはわかっていましたが、彼女の肉体がなくなった時に家族が感じるであろう避けがたい苦痛を考えずにいられなかったのです。

僕は、自分が感じていることを脇に置こうとベストを尽くしました。僕自身の感情は、それがどんなものでもリーディングの質を落とす障害になるからです。そうして集中すると、すぐにヘザーの親戚が現れました。彼らは名前や記念日、特別な思い出を伝えてきたので、ヘザーは満面の笑みを浮かべました。内輪のジョークや子どもの頃の出来事を聞いた彼女は、まだ病気ではなかった頃のことを思いだし、自分が旅立つ時にはあの世で愛する人たちが待っていてくれるのだと知って心を慰められました。

彼らは本質的にとても重要なメッセージをヘザーに伝えてきました。残された時間を最大限に有効活用し、肉体を失うという避けられない事態をしっかり前進しなさい、と。彼らは「親しい人たちに伝えられる限りのことを伝えて、残された時間を存分に活かしなさい」と彼女を励ましたのです。大切な人たちに何も言い残すことのないよう計らうことによって、少しでも平穏にあの世へ移行できるとヘザーはわかっていました。

彼女は死者たちの助言に従い、今この瞬間に言えることすべてを伝えることにしました——先延ばしにしたりせず。

ヘザーは自分が移行したあとに家族に見てもらおうと、リーディングを録画しました。そうすれば、このリーディングで彼女が受け取った確証と同じものを家族も受け取り、そこに慰めを見いだすことができます。彼女はタイムカプセルに手書きの手紙や小物を入れ、数十年後に開けてもらえるように用意しました。自分の葬儀で流してもらうビデオも撮影し、そこに来てくれるであろう参列者たち一人ひとりにお礼を言いました。もっとも感動的だったのは、七歳から四十歳になるまでの息子に宛てたバースデーカードを毎年分、準備したことです。

リーディングを終え、僕はヘザーに、診断後に一番大きく変わったことは何かと尋ねました。すると彼女は、診断を受けて以来、より深くその瞬間に生きるようになったと言っていました。さらに意義深いことに、息子と一緒にいる間は決して携帯電話を手に取らなくなったそうです。彼にとっても自分にとっても、一緒に過ごす時間がとても大切なことに気づいたからです。これは誰もが学びを得られる重要な教訓で、今どんなにつらい状況にあっても活かすことができます。自分自身、そして愛する人たちと、できる限り共に在るように努めるという教訓です。肉体が一緒にいるからといって、心もここに在るとは限りません。自分のエネルギーがどこに注がれているかに注意を払いましょう。それが、そのエネルギーを本当に大切な対象に捧げる助けになります。

ヘザーは、限りある時間を精いっぱい有効に使いました。恐怖で動けなくなっていてもおかしくない状況なのに、自分でコントロールできないものを受け入れたのです。彼女はまだ生きているうちに、自力で遺産《レガシー》を築きました。僕はささやかな瞬間を抱きしめる重要性を痛感しながら、ヘザーとの時間をあとにしました。ささやかなことこそが、結局は大きなことなのです。

僕はこの仕事を通じて、死への向き合い方が、その人が生きている間に何を重視しているかをしばしば浮き彫りにすることに気づきました。自分もいつかは死ぬと誰もがわかっていますが、その寿命が限られていることをいざ知らされると、視点が急に変わります。生活プランやそのプランを支える仕事はすべて急停止します。十年後の未来に備えた計画も、余命六か月となれば無用になります。こうしたことへの人々の対処のしかたがわれわれに、人生で本当に大切なのは何かを教えてくれることがあります。

ジョージという年配の男性の身に起こった、ひとつの例をご紹介しましょう。ジョージは末期症状の診断を受けたところでした。長年まったく医者にかかっていなかった彼は、一人暮らしの家で意識不明になって倒れているところを近所の人に発見され、緊急救命室に運ばれました。家族は誰も見舞いに来ませんでしたが、それには相応の理由がありました。自分でも認めていましたが、極めてひどいアルコール中毒者だった彼には、家族全員を虐待していた過去があったのです。

意識不明に陥ったのは神経系が衰退し始めている兆候だと医師から告げられた時、彼を慰めてくれる人は一人もいませんでした。この恐ろしい診断を聞いて、ジョージは突然、酔いから覚めたような気がしました。

彼は長い間、息子との関係修復を先延ばしにしていました。父親のゆるしがたい態度から立ち直れば、息子もいつかは連絡をくれるだろうと思っていたからです。ジョージは元妻に冷酷だったことも認めていましたが、彼女に謝ったことは一度もありませんでした。それが、医師から最悪の診断を受け、長年にわたって先延ばしにしていたことを突然実行する気になったのです。つまり、自分が与えてきた傷の責任を取るということです。一刻も無駄にできません。

彼は自分の行動が家族にどのような影響を与えていたか、ずっとわかっていました。精神状態が変性して家族に感情移入できなかった時でさえ、自分が引き起こした苦しみを知っていました。そしてその日、人生を左右する診断を受けて初めて、彼はついに愛する人たちの気持ちを認めようと意識的に努力したのです。

熟考を重ね、彼は元妻に何通も手紙を書き、結婚生活で自分が犯した過ちすべての説明責任を負いました。もっと別のやり方があったこと、彼女に与えた苦しみを理解していることを説明し、全部自分の責任だと謝罪しました。そして、疎遠になっていた息子との関係を修復しました。

余命わずかという知らせは、ジョージの人間関係を変えただけではありませんでした。彼は何十年もかけてこつこつと貯めこんだお金をおろし、休暇に出かけたのです——なんと二十年ぶりに！

それまでのジョージは決して気前のいい人間ではありませんでしたが、いまや事態が徹底的に変わりました。家でペットを飼うなんて絶対に反対だったのに、彼は体が衰えていくなか、ラブラドールの仔犬を引き取りました。彼らは切っても切り離せない仲間になりました。

僕が会った時、ようやく自分のために築くことのできた人生を生き続けたい、とジョージは言いました。この世で最期を迎えることになった今こそ、と。彼は人生のもっとも幸福な時間が、差し迫る死によって初めて輝いたという事実に葛藤をおぼえていました。愛する人々や自分自身に対して共感を示すことを早くに学んでいたら、人生が違う展開になっていたであろうと彼はわかっていました。そうして、過去何年かで過ごした日々よりも遥かに濃密な日々を最期に送りました。物ではなく経験こそが重要なのだと理解したのです。

僕がヘザーやジョージと過ごした時間は、誰もが直面する避けられない真実――いつの日か自分も死ぬということ――を照らしていました。その日までに残された時間で何をするかが、人生の質を決定します。ヘザーもジョージも、自分の死すべき運命に正面から向き合わざるをえませんでしたが、その最悪の状況をポジティブなものに変えました。末期疾患を抱えていると宣告されずとも、マインドフルに生き始めることはできます。われわれは、終末期を迎えている人たち、そして自分自身のために、与えられた時間を最大限に活用しなければいけません。

人間である以上、自分の死と他者の死を念頭に置く必要があります。どちらの死も、マインドフルに生き、意味のあることをする特別な機会を与えてくれます。エゴは変化を嫌がる傾向があり、死はこの世に存在するもっとも偉大な変革者です。手放すというのは簡単なことではありません。もし簡単なら、しがみついているものは無意味だということになります。

変えることができない苦難であれば、受け入れることが重要です。ああ言えばよかった、こうすればよかったと気に病んだり、望みどおりにならなかった過去を悔やんで自分を責めたりすることもできますが、物事を自分の望む形にではなくあるがままに見ることができると、癒やしの余地が増えます。「乗り越えなくては」というプレッシャーを感じることなく、自分に素直になりましょう。どれだけスピリチュアルな人でも、信仰心があっても、痛みがあれば苦しいものです。それを手早く治そうと期待しても失望に繋がるだけです。そうして人は、自分の置かれた場所で成長する努力をしなければいけません。

われわれに与えられた素晴らしいツールのひとつは、喪失から遺産《レガシー》を生みだす能力です。誰かが亡くなった事実を取り消すことはできません。けれども故人の人生を敬い、そこに空いた穴を埋める何かを生みだす行動を起こせる力が人にはあります。あなたが失った人のことを考えてみてください。将来できる友人や家族にその人を紹介することはできなくても、その人の思い出や、その人が大切にしたものを守ることはできます。僕はよく、亡くなった人を自分の行動を通じて世界に紹介することの重要性を強調します。その人の生涯や、その人が表現していたこと、大切にしていたことから得られるものを得ましょう。彼らの肉体がこの世にないからといって、彼らが残した特質まで消え、途絶えてしまうわけではありません。このように自分の悲嘆に向き合うと、やる気が湧いてきたり、あの世にいる彼らと繋がっている感覚が強まったりと、信じられないほどの効果があります。

この実例を、ライブでリーディングを行った時に見たことがあります。それはテキサス州ダラスで行ったリーディングで、観客は三千人を超えていました。僕はすぐに会場の奥、舞台の照明が届かない後方に引き寄せられるのを感じました。メッセージを伝えるべき相手が暗がりに座っていて、僕はその人の息子のスピリットが降りてきたのだとわかりました。

このスピリットとの繋がりがしっかり確立されてくると、僕は彼の元気いっぱいな様子に驚かされました。亡くなった時、彼は僕より数歳だけ年上だったようです。彼は母親と話したいという強い思いと興奮を伝えてきました。

彼の母親は、まさか自分のためのリーディングになるとは予想していませんでした。後方の座席はリーディング対象にならないと思っていたようですが、そんなことはありませんでした。彼女がマイクを受け取って立ち上がると、僕は息子さんの性格や亡くなり方を伝えました。そうして順調に交信していたところに、奇妙なメッセージが降りてきました。「僕が死んだから、他の人たちが生きている」

僕にはこのメッセージをどう伝えるべきかわかりませんでした。誤った解釈かもしれないので、伝えていいものか迷ったのです。それほど、理にかなわないメッセージに思えました。でも彼は興奮して、このメッセージを母親に伝えてほしいと主張しています。彼にとってそれは、自分の魂が達成したなかでも最高の功績のひとつだったのです――その功績を目撃できる物理的な肉体はもう存在していませんでしたが。

僕がそのメッセージを伝えると、母親は呆然としていました。彼はさらに、飲酒運転で事故死したことを伝えてきました。事故の知らせを聞いた時、母親は自分の人生がその瞬間に終わったように感じたそうです。しかし彼女は、どうにかして自分の苦しみを活かそうと社会活動に取り掛かりました。飲酒運転に対する意識を高めるための慈善活動を発足し、しらふで運転することの重要性を地元の高校や大学で説いて回ったのです。彼女は息子さんの死がインスピレーションとなったこの活動を通して、それがなければ飲酒運転の危険性を意識しなかったであろう人たちを啓蒙することができました。

息子さんは人生の振り返りプロセスで、自分の死によって救われた数々の命があることを理解しました。ただそれは母親の、喪失への対処法があってこそでした。彼は、自分の事故の話を聞いて飲酒運転の危険性を真剣に受けとめた学生が数多くいるのを目の当たりにしました。一部の人たちが危険な選択をするのを防ぐのに必要だったのは、啓蒙だけだったのです。これはその母親が息子さんを失っていなければ起こらなかったことでした。

彼の死を通じて、たくさんの若い命が同じ運命をたどらずにすみました。リーディング中、息子は母親が続けている活動に大喜びしていました。彼の死をきっかけに他の人たちの命が救われ、そのおかげで彼の人生に意味が増し、死が無駄にならなかったからです。これは、彼の母親が強さを示して初めて実現したことでした。息子のために遺産《レガシー》を生みだすことで、彼女は他の母親たちが自分と同じ苦しみを味わうのを防いだのです。このことが息子の魂にパワーを与え、それと同時に母親の魂に慰めを与えました。喪失よりも大きな何かを創造することによって、母親も息子もその道中でより深い平安を得られたのでした。

悲嘆は、それを尊重することで変容します。ただ、悲嘆に暮れる誰もが同じ行動に駆り立てられるわけではありませんし、その悲嘆をきっかけに生まれる機会も千差万別です。ダラスでリーディングした女性は息子の死の経緯について広く世間に知らしめたわけですが、大切な人の人生を内々に留めたいと感じる人も多いでしょう。それはそれで、信じられないくらいのパワーがもたらされる場合があります。

僕は人々が、無数のやり方で死と向き合うのを見てきました。これは最近リーディングをした、妊娠九か月の時に父親を亡くしたクライアントの話ですが、彼女は父親が気に入っていた格子縞のシャツでテディベアを作り、生まれたばかりの娘に与えました。このささやかな行為が彼女と娘のリマインダーとなり、父親の影響が生き続けることになりました。テディベアを見るたびに、彼女は父のことを想いました。それが家族の会話のきっかけにもなり、彼らは休暇で集まるとそのテディベアを飾りました。このささやかな回想は、父親のスピリットに大きな幸福感をもたらしました。自分もまだ家族の楽しみに参加することができたからです。

他にも、僕は人々の人生にインスピレーションを与える行為をいろいろ見てきました。あるクライアントの亡き母親は、パン作りが大好きでした。母親が亡くなると、そのクライアントは母親がいつも使っていたパン作り用の缶や泡立て器、食器類をすべて手元に残しました。すると、クライアント自身の娘が料理に夢中になりました。子どもの頃にそれらの器具が使われていたことが思いだされ、火がついたのです。母親が楽しんで使っていた器具を残し、家族とシェアすることで、そのクライアントは母親の影響力を思いもよらなかった形で存続させたのでした。

亡くなった人の生き方という遺産《レガシー》を大切にすることが、他者の人生を変えることもあります。一例をお話ししましょう。そのクライアントの女性は、まだ一歳の息子を抱えて夫に先立たれました。昆虫学者を目指していた夫は、遠い国から標本を持ち帰るなど研究に勤しんでいましたが、ブラジルでの現地調査中に強盗に遭って殺されてしまい、残された彼女は一人で息子を育てることになりました。

彼女は成長する息子に、亡くなった父について話すことがなかなかできませんでした。そして、夫と一緒に撮った写真や、見てつらくなるような遺品はすべて目につかない場所に片付けてしまいました。彼がガラスケースに入れた蝶の標本も、箱にしまって屋根裏に押しこみました。彼女の悲嘆が夫の存在を、ある意味、話題にのぼることのない幽霊にしてしまったのです。

しかし、それも息子が七歳になるまでのことでした。ある日息子が箱を開け、ガラスケースに入った蝶の標本を見つけたのです。標本が誰のものなのかを息子に訊かれ、彼女はそれが父親のものだと認めつつも、元に戻しておきなさいと言いました。でも、息子はそうはしませんでした。彼は箱から標本を取りだし、自分の部屋に飾ると言い張りました。これが彼の生涯にわたる、昆虫と標本作りへの情熱の始まりでした。最終的に彼は一流の昆虫学者になり、父が亡くなる時まで追求していたキャリアを叶えたのでした。

父親の情熱を重んじようとした息子の思いが、彼の人生を変えました。母親は自分の深い悲しみを思い起こさせる品々を取りだすことに抵抗がありましたが、息子はその機会を与えられた時に、母親とは異なるアプローチをとったのです。われわれには愛する故人が物理的に決して会うことのない人々に、自分の行動を通じて彼らのことを伝える義務があります。故人にとって一番大切だったものを遺し、それを世界と分かち合うということは、自分なりの方法で故人の人生を継続させることになるのです。

ミディアムである僕は、葬儀や追悼式は故人のために行うというよりも、残された人たちが死を悼むための機会として行うものだと学んできました。人は死ぬと、自分の肉体がどうなるのか、どこへ行くのかなどと気にしません。亡くなった人は、生きている人が自家用車を見るような目で自分の亡骸を見ており、彼らにとっては、死んだら単にそれが回収されるというだけです。しかも、その車に乗っていた本人は健やかに生き続けるばかりか、新たな移動手段を得ているのです。

葬儀は残された人たちが一堂に会して故人を偲び、それぞれが悲嘆を処理し始める機会となります。亡くなった人たちは、残されたわれわれが充分に悲しむことを推奨します。それが自然なことだからです。ただ、悲嘆プロセスの本質というのは実際は葬儀で別れを告げた数週間後、数か月後、あるいは数年後から始まります。これは、故人を敬う機会についても同じです。

僕は一冊目の本を書いたあと、大切な人を亡くしています。故人の思い出をどのように残したいか、選択に迫られた僕は、少しばかり変わった方法で故人を偲ぶことにしました。亡くなったのは僕のマネージャーのロン・スコットで、まだティーンエージャーだった僕を見つけてこのキャリアのきっかけを作ってくれた人です。彼はずっと僕を信じ、最後まで支えてくれました。七十代だったロンに肉親はなく、僕の祖父のような役割を担ってくれました。

一九八〇年代、ロンはハリウッドの超有名人を複数抱えるやり手の広報マンでした。

俳優のジョン・ステイモス、ドラマ『マクガイバー』の主演俳優リチャード・ディーン・アンダーソン、それに複数のヘヴィメタルバンドなどを手がけていました。僕が出会った頃のロンは仕事量を減らしていて、手がけるタレントのほとんどは新人のエンターテイナーでした。

彼のことを知れば愛さずにいられない、ロンはそんな人でした。ウエスト・ハリウッドにある彼の自宅には、僕がまだ「成功する」前から、額縁に入れた僕の写真が飾られていました。僕自身がまだ見てもいなかった未来が、彼には見えていたのです。ロンは型にはまらない人で、友人とランチに出かけるのが大好きで、けたたましい笑い声をよくあげていました。とても愉快で華やかな彼は、いつもウィットに富んだジョークを飛ばしていました。往年の映画スターのメイ・ウエストとも親交があり、彼女の立ち居振る舞いやユーモアのセンスをいろいろな意味で自分のものにしていました。

最後にロンに会った時、僕はそれが最後になるとわかっていました。僕はちょうどNBCユニバーサルでE!局との打ち合わせを終えたところで、ロンの新車のコンバーチブルが僕の前で停まりました。薄くなった白髪を風になびかせ、彼は満面の笑顔を浮かべて走り去りました。一九八〇年代におさめた数々の成功からすると、彼は晩年になってようやくそれにふさわしい評価を得ているところでした。

ロンの訃報を聞いた時、僕は頭が真っ白になりました。彼の体調が優れないことは知っていましたし、僕はロンが血圧の薬を服用していない時には必ずわかりました。そんな時は滑稽にも二人の立場が逆転し、僕が叱り、彼はあとで飲むから大丈夫と適当な返事をしました。でも彼は、心臓の問題よりも深刻な問題が起ころうとしているのを知っていました――胃がんを患っていたのです。彼は自分の病気のせいで雰囲気が壊れるのをよしとしませんでした。いつも愉快に過ごしたがっていましたし、他の人からの同情など不要だと思っていました。「それがショー・ビジネスだからね！」というのが、場が盛り上がった時に彼が必ず言う決まり文句でした。

ロンが他界してまもなく、追悼式の招待状が届きました。晩年に彼が担当していたのは僕だけだったので、彼の友人たちは、僕が式に参列してスピーチを行うものだと思っていました。式がコスプレパーティーなら話は別ですが、僕はロンが、自分の死を騒いでほしがらないであろうことを知っていました。たとえば筋骨たくましい男性がケーキの中から飛びだして参列者を楽しませるといった趣向でもなければ、ロンはきっと興味を持たないでしょう。

そういうわけで、僕は自分のマネージャーの追悼式に行きませんでした。なんだか違う、と思ったのです。彼は生涯にわたって愉快なことに目を向けようとしていたので、泣いている人たちと彼を見送るのはふさわしくない気がしました。

僕はその代わりに、二人で仕事の合間によく行っていた昔ながらのレストランに行きました。彼はいつもグリルチーズのサンドイッチを注文していたので、僕もそれを頼みました。ブースに一人で座っていると、寂しさを抑えられませんでした。こんな時に、彼がいつも言っていたジョークが聞けたらいいのに……。静けさが耳にこたえるほどでした。

ロンを失った悲しみは、波のように襲ってきました。何よりも、彼と一緒に過ごせた時間をその瞬間にもっと味わえばよかったと思いました。彼からもっと学んでおけばよかった、子ども時代の話やおもしろい経験談をもっと聞きたかったと、今になって思います。マリリン・モンローやエルヴィス・プレスリーにまつわる思い出話や、一九五〇年代にゲイとして生きるのがどういうことだったかを、聞いておけばよかったと悔やまれます。彼が亡くなった時、その肉体とともに消えたのはハリウッドの歴史の数々だけではありませんでした――彼は僕の歴史も網羅していたのですから。

ロンの死によって、僕は自分がリーディングをしてきた数知れぬ人たちと同じ立場になりました。僕もまた後悔し、どう悲しむべきか、何をすべきか、その「正しい」方法がわかりませんでした。彼がどこにいるのであれ、元気でいるのかを知りたくて、自分宛てのメッセージを受け取れればいいのにと思うばかりでした。僕は絶望感をおぼえました。やがて悲嘆は寄せては返すようになり、日によっては悲しみが深まることもありました。そして彼の死から数か月が経ってようやく、僕はまだ彼の魂が近くにいることを示すサインに気がつくようになりました。

それは彼の笑い声とともに始まりました。彼を知る人なら誰でも、一マイル離れていてもその笑い声を聞きわけることができるでしょう。日中いつものように過ごしていると、彼の笑顔のヴィジョンがふいに浮かぶことがありました。そのうちに、度々起こるそのヴィジョンに加え、あの懐かしいくすくす笑いも聞こえてくるようになりました。それは僕がストレスや動揺を感じている時など、とても絶妙なタイミングで起こりました。

こうしたことが、番組の収録中にも起こりました。僕はミス・ユニバースのアリシア・マチャドとファッションショーで共同司会をすることになっていました。ショーのテーマは古代エジプトで、LAのシティーホールの廊下を歩いていると、突然にぎやかにさまざまな色と音が襲ってきました。三メートル近くあるサルコファガス〔訳注／装飾が施された古代エジプトの棺〕に扮した数人の男性が華美な衣装を着て踊りまわり、モデルたちがランウェイを練り歩く練習をしていたのでした。

控えめに言っても刺激過多でした。さらに事態を緊迫させたのは、『ハリウッド・ミディアム』で流すために、ショーの裏側を追う一団のカメラマンを従えていたことです。なんとか司会の仕事を終えた僕は、これで今晩のストレスともおさらばだと思いました。しかし、それは始まりにすぎませんでした。

プロデューサーがやってきて、俳優のスティーヴ・カレルが建物のどこかにいる、と僕に言いました。そして、いい機会だからカメラを回して彼に話しかけてみてはどうかと勧めてきたのです。ただし彼の関係者の誰にも知らされているわけではないとのことで、僕は自分で彼を探して話しかけなければなりませんでした。自分一人で成し遂げるにはハードルが高いですが、幸いなことに僕の横にはミス・ユニバースがいます。アリシア・マチャドを邪険にする人間などいるでしょうか⁉

そんなわけで、突如としてスティーヴ・カレル探しが始まりました。アリシアが彼に話しかける役割を引き受けてくれ、僕たちはスティーヴが別の建物に向かうところを見つけました。彼のあとを追います。まるで映画のワンシーンのようでした。竹馬を装着した派手な衣装の出演者たちを縫うようにシティホールを駆けぬけ、審査員のアームチェアを飛びこえ、ショーの出番待ちのモデルたちの間をすり抜けます。

そこでようやく、僕たちは関係者より先にスティーヴをつかまえ、アリシアが話を切りだしてくれました。彼は気取りのない人で、僕たちは少しばかり話すことができましたが、彼の関係者がどこからともなく現れ、あっという間に彼を連れていってしまいました。超有名人と話をするのは、それだけ大変だということです。関係者がスティーヴを連れ去りながら、許可も取らずに撮影するなと僕たちを怒鳴りつけていた時、僕はあの笑い声を聞きました。ロンの笑い声です。まるであの世にいるロンがこの滑稽な状況を笑い、大事なことを思いださせてくれているようでした。「それがショー・ビジネスだからね！」

僕の人生に現れたロンは、謙虚さとユーモアの大切さを教えてくれました。彼はどんな状況にも明るい面を見いだしました。ばかばかしくも厄介な状況であればあるほど、彼はそれを楽しみました。僕はそうした状況に出くわすたびに、彼のスピリットがそばにいることを思いだしました。彼の笑い声という形でメッセージを受け取ることには、単に笑い声を聞くというよりずっと大きな意味がありました。それは、この旅路をそんなに深刻に歩まなくてもいいんだよ、と僕に伝える彼なりのやり方だったのです。

死んでもなおロンがこのメッセージを伝えられるということは、ロンの人生が彼自身の目に見える以上の目的を果たしたということです。僕は彼の死を悼みながら、ロンのように物事に対処できる瞬間を探すことにしました。彼の遺産《レガシー》は、その七十四年の人生を超越していたのです。それは日々のリマインダーとなって、より良く、より楽しく生き、流れに身をまかせることを思いださせてくれます。こうして僕は自分の悲嘆と向き合い、それをより余すところなく生きるための手段に変えることができました。僕がこれから知り合う人たちが物理的にロンと会うことは叶いませんが、彼の人柄が僕を変えたと伝えることによって、僕は彼らにロンのことを紹介できるのです。人は出会った人によって作られると言いますが、それはある意味、真実です。自分が愛し、失った人たちを世界に向けてどんなふうに紹介するか……そのやり方が、まさに愛そのものの証でもあります。

喪失は人生経験に欠かせない、普遍的な要素です。あの世の人たちと交信すると、彼らはわれわれ生きている者が経験するこの喪失を重々承知しているように思われます。彼らは離婚や失業といった喪失にも言及しますし、時には健康上の苦境を予告することもあります。スピリットはそうした経験すべてを重要なものと捉えています。そして、困難はそれにうまく対処して変容するためのチャンスを与えてくれるものと認識しています。

ある種の喪失が、視野を広げるための運命によるものだったと思えることもあります。僕の例でいえば、ひとつのテレビ局に断られたことが、別のテレビ局との仕事に繋がりました。当時は状況がはっきりとは見えていませんでしたが、人はそうした変容の最中にある時はそれが見えないものです。挫折が次のチャンスに繋がっていたとあとになって理解する、ということが時にはあるのです。

喪失に意味を見いだすのがより難しい状況もあるでしょう。状況が極めて困難だと、出口がなかなか見えないかもしれません。嫌な経験をしたからといって、人生そのものが嫌なものではないということを常に忘れないでください。挫折は人生につきものです。どんな状況であれ、そこから立ち直る強さを示せば最後には報われます。そうして聖なるタイミングを信頼していると、予期せぬ時に平安がもたらされるものです。

聖なるタイミングという考えは、リーディングで頻繁に言及されます。聖なるタイミングの本質的な意味は、特定のチャンスは起こるべき時にしか起こらないということです。「星のめぐりあわせ」といった表現や、シェイクスピアの「星回りの悪い恋人たち」といった言い回しが思い浮かびますが、どれだけ状況を変えよう、コントロールしよう、操ろうとしたところで、運命の輪によって自分の番が回ってくるまでは、物事は落ち着く場所におさまらないのです。

聖なるタイミングは、方向転換するために何かを失うことを求めてくる場合がよくあります。のちに埋められるべき余白を作ることで、まだ訪れていない何かを迎えるためのスペースができます。喪失が変化のきっかけになるということです。嫌なことを経験する時、人はそれを通じて成長します。水を入れた鍋をコンロの上に置いただけでは何も起こらず、火をつけて初めて変化が起こります。喪失が推進力となって物事を違った角度から見せ、内省を促し、新たな高みに到達させてくれるのです。

リーディングでは、こうした例をいつも目の当たりにします。大切な人と別れたばかりのクライアントに会うと、僕はたいてい、その別れにチャンスが潜んでいないか尋ねます。長い目で見た時にクライアントと一緒になる運命にある、という人について直観的に情報を得ることがよくあるのですが、その運命の人はクライアントが別れたばかりの人ではないことがしょっちゅうです。

コメディアンのロニー・ラブのリーディングをした時、僕は彼女の恋愛面に関する情報を直観で受け取りました。受け取ったメッセージは執拗に訴えてきたので、僕はそれがある質問への答えだとわかりました。僕には疑いなく、ロニーの運命の男性の名前が「ジェームズ」だとわかったのです。それまでに彼女が付き合ってきた人たち全員が、そのジェームズという男性に彼女を導いていました。ジェームズというのは元彼のことだとロニーは言っていましたが、過去の恋愛にどんな問題があったにしろ、そこにはより深遠な理由があったのだと僕にはわかりました。ジェームズとロニーは結ばれる運命にあり、過去にうまくいっていなかったとしても、それが運命を覆すことにはならないはずです。

思ったとおり、運命は決まっていました。この本を書いている今、ロニーはジェームズと幸せな関係を築いています。他の人々を失ったことで生まれた空白が、運命の人に繋がるチャンスをもたらしたのです。もし彼女が恋愛面でそうした苦労をしていなければ、ずっと探していた相手にたどり着くことはなかったでしょう。待った甲斐があったというわけです。

喪失による報いが目に見えるまでに長い時間がかかることもありますが、それは必ず、もっと素晴らしい何かを得るチャンスをもたらします。これまでにも数えきれないほどのリーディングで、失業によって本当に情熱を感じられるキャリアを追求する道に進めたというケースを見てきました。自分の心に呼びかけてくるものへの責任を果たすために、義務から解放されなければならない場合が時としてあります。人は一度にたくさんのことをこなすことはできないので、喪失が、より良い何かを招くためのスペースとエネルギーを解き放つことがあるのです。

喪失が健康問題に関するものである場合、他人のことを考える余裕がなくなるかもしれません。自分の健康に問題が生じると、他のすべてが棚上げされます。誰にとっても健康があっての人生ですから、それを失う、またはその可能性に直面すると人生がすっかり変わります。仕事やパートナーはまた新たに見つけることができますが、肉体はひとつしかありません。肉体に背かれると、その喪失は大きな衝撃になりえます。

僕は最近、肺虚脱と手術による合併症という健康上の問題に苦しみ、新たな現実に直面させられました。それは神経痛です。僕は十八歳の時に脳外科手術を受けたのですが、その時の痛みは肺の全虚脱による苦痛と比べたら物の数にも入りません。肺の手術では医師たちの予想以上に状態が悪いことが判明したため、手術時間も長引き、僕は何か所にもわたってメスを入れられました。

痛みは人を今この瞬間にいさせます。身体のどこかに痛みがある時は、他のことに意識を向けるのが信じられないくらい難しいものです。術後の僕は自分の痛みのことしか考えられませんでした。痛みがどん底まで落ちた時、僕は「皮肉なものだな」と思いました。最悪のものながら、痛みがマインドフルになれる手段だなんて！　未来のことを考えようにも、苦しい時にはそんなことに集中していられません。その痛みは、自分が肉体にいることに深く気づかせるという形で僕の意識を地に根づかせました。

神経痛は治療が困難です。この症状と共存することによってコントロールを手放すことを余儀なくされ、僕は降参しました。僕は、痛みによる感情的な層を意識的にくぐり抜け、最悪の気分の時に精神状態を大きく構築し直す必要がありました。健康状態を変えることは僕にはできず、できるのは、その状態でどう前進するかを選ぶことだけです。そもそも肉体は（願わくは）最低でも八十年は持ちこたえないといけませんし、与えられるのは各自ひとつだけなのですから、自分の器である肉体を敬い、丁寧に扱いたいものです。長生きをすれば、それだけ健康の悪化にも向き合うことになるでしょう。目的意識を持って痛みに取り組むことができれば、それはコントロールできないものを克服するためのレッスンになります。神学者ラインホルド・ニーバーの「平穏の祈り」がこのことを見事に表現しています。

神よ
変えられないことを心穏やかに受容する柔軟性を
変えるべきことを変える勇気を
このふたつを見分ける知恵を
どうかお与えください

人生に起こる喪失から逃れることはできませんが、われわれの、そこへの対応には暗黙のパワーが潜んでいます。自分にコントロールできること、できないことを見分けられると、より賢く生きることができます。変える努力をする価値があることとないことを知ることで、もっと効率的に生きられるようになるのです。喪失を、より良い変化を生むためのスペースを空ける出来事として捉えられれば、その喪失にまつわる物語もシフトします。痛みや喪失の悲しみは適切に扱われなければなりません。まず最初に、悲嘆に暮れる段階を経ることが重要です。打ちひしがれることに、罪悪感は無用です。それがスタート地点なのですから。

人は悲嘆を経て、やがては底力を発揮せざるをえない段階に達します。すぐにではないかもしれませんが、宇宙はその損失を埋めるチャンスをもたらしてくれます。信頼、直観、そして自己認識だけが、目の前に用意されるそのチャンスをつかむことを可能にします。

多くの人が直面する喪失のひとつに、ペットの死があります。このことを人間の死と分けて話すのは、人間とペットの関係にはニュアンスの異なる議論が必要だからです。確かに、ペットの死というのも遺産《レガシー》を尊重する機会をもたらすことがあるでしょう。ただそれより意味深いのは、ペットの死による悲嘆の感情が飼い主自身のことを教えてくれる場合があるという点です。

ペットは無償の愛を与えてくれますが、それだけでなく、われわれ人間が愛を受け取るチャンスも与えてくれます。人間よりも動物といるほうがほっとするという人は多いですが、その理由は、ひとつにはペットのほうが人間よりも信頼できるからです。動物は人間の個性をあれこれ評価したりしません。犬はどれだけ優しく扱われようと、あるいは冷酷な扱いを受けようと、それを問題とせず仲間であることを望みます。ペットは人間にはあまり見られない忠誠心を備えています。

忠実な仲間であるペットに別れを告げる場面に直面すると、胸が張り裂けそうになることでしょう。ペットは人間の生活の一部ですが、人間はそのペットにとっての全生涯です。僕はそのことを、ペットのスピリットが現れた数知れぬリーディングで痛感させられました。意識が物理的にどのような形態を備えていたかとは関係なく、感覚あるものはすべて存続します。絆が生まれたら、それは次に存在する次元にまで持ちこされます。犬をはじめとするペットすべてが実存的に目的を果たしていて、それは個々の霊的な旅に組みこまれていると僕は確信しています。

ミディアムという仕事のおかげで、僕は周囲の人々を異なるレンズで見るようになりました。たとえば、母親を亡くしたクライアントのリーディングをすると、自分の母親への感謝が増します。これはペットに対しても言えることです。二〇二〇年十月、僕はかわいがっていたマルプーのミンディを亡くし、予期せぬ喪失感を味わいました。リーディングでペットが現れることがよくあったので、僕は自分の人生でミンディが果たしてくれている役割への感謝を努めて忘れないようにしていました。それなのに、僕はあのような状況でミンディが死んでしまうとは考えていませんでした。あとになって思うことですが、常にそばにいる仲間だったミンディが具合を悪くしている時に、その健康問題を直観で受け取れなかったことが悔しくてなりません。

ミンディが死んでから、僕はその死の前の週に起こった不思議なシンクロニシティを思いださずにいられませんでした。僕はその前の週、何か月も触っていなかったタロットカードをふと手に取り、リーディングをしようと思い立ったのです。普段は本当に切迫した状況でしか使わないそのカードを取りだすほど、重要な何かを感じたからです。

カードは通常、ストレスを感じている時には普段以上の明晰さを与えてくれるのですが、その時の僕はいったい何をもっと理解する必要があるのかわかっていませんでした。カードを三枚引きましたが、それらが何を言わんとしているのかよくわからず、さらに二枚引きました。けれども、メッセージを受け取ろうとするその試みは無駄に終わりました。イライラした僕は軽食でも用意しようとキッチンに行き、タロットはまたあとで試してみることにしました。

部屋に戻ると、カードがばらばらに散らばっていました。目を離した隙にミンディがテーブルに飛び乗り、三枚のカードを噛みちぎっていました。僕はカードをボロボロにされて立腹しました。また新しく買い直さなければいけません。ミンディがくわえていたカードを回収すると、僕は大声で叱りました。「悪い子だな！」。僕はそこでふと、ミンディがボロボロにしたカード三枚を合わせて解釈すると、腑に落ちるメッセージになることに気がつきました。それは落ちこみと悲しみをともなうメッセージ、もしくは知らせを受け取る未来を漠然と示しているようでした。でも僕はその考えを一蹴し、犬が噛みちぎったカードに意味を見いだす自分にちょっと笑ってしまいました。

振り返ってみると、あれは実際、大いなる何かからのメッセージだったのだと思えます。ミンディはシンクロニシティを使って、大きな悲しみに繋がる知らせを予知するカードを三枚選んだのです。その時の僕はカードが伝えるメッセージに半信半疑でしたが、もっと勘を信じて動くべきでした。でもそれはあとの祭りで、僕は悲劇に直面し、「何事も当たり前に思ってはいけない」といっそう心に留めるようになりました。一緒に過ごした月日はたったの二年半でしたが、ミンディは僕が一番愛を必要としている時にそれを与えてくれました。これまで直面したなかでもっとも困難な時期を僕が乗り越える時にも、見守ってくれていました。そして、誰も彼もが僕から何かを得ようとしていた時、ミンディは僕の仲間でいるだけで満足してくれていたのです。

ペットの死は避けられません。でも、ペットは無償の愛について、そして自分が今持っているものを楽しむことについて貴重なレッスンを与えてくれます。人はよく、愛する人が亡くなる前にあれを言っておけばよかった、これをしてあげたかったと後悔し続けます。けれども、もしもペットが与えてくれるレッスンから学び、その教訓を活かす対象として人間を捉えることができれば、生きている時間がより有意義なものになります。他者に対して自分にどんなことができるかを知るためには、無条件に愛し、愛される経験が時として必要なのです。

あらゆる関係が、愛について何かしらを教えてくれます。愛を与えることの重要性を教えてくれる関係もあれば、愛を受け取る重要性を教えてくれる関係もあるでしょう。まずは自分を愛することが大切だと教えてくれる人もいます。人間から学ぶのであれ動物から学ぶのであれ、愛についてのそれぞれのレッスンが、あの世に携えていく愛の総量において価値を持っています。愛の魅力のひとつは、人によって意味が異なる概念でありながら、それがどんな感じのものなのかを誰もが知っているという点です。愛はそもそも言葉では表せないと言う人もいるでしょう。たとえそうだろうと、詩人も恋人たちもそれを言葉にしようと試みてやみません。僕がリーディングを通じて学んだのは、われわれのスピリチュアルな本質を思いださせてくれるものとして、愛がその役割を果たすということです。愛し愛されている時、人は超越しています。愛は、目的あってこの世にいるわれわれの一部に入りこみ、その目的を育んでくれるのです。

最近、名高い詩人のマヤ・アンジェロウのインタビューを観ました。彼女は愛と、喪失における愛の役割についての考えを述べていました。彼女はその中で、母親との関係が複雑だったこと、その関係によって本当の愛を知ったことを語っていました。マヤは十七歳で息子を産み、母親が所有する十四部屋もある家を出ることにしました。彼女は母が理解を示してくれたこと、いつでも帰っておいでと言ってくれたことに驚きました。そして、人生に打ちのめされるたびに、母が自分を家に迎えて温かい食事を用意してくれることに慰めを見いだしました。

ある日、母親はマヤのことを、エレノア・ルーズベルト〔訳注／ルーズベルト大統領の妻で、政治活動家〕と並びうる傑出した女性だと言いました。当時のマヤはまだ有名になっていませんでしたが、母親は娘の中に大きな目的と可能性を見たのです。母は自分のことを信じてくれている、自分のことを高く評価してくれている――そう知ったマヤは、母の言うことは本当だろうか、と思いました。もし自分が本当に並外れた存在だったとしたら?

無条件の愛と信頼から来る母親のこの行為が、マヤに確信を与えることになりました。それがマヤを、自分自身の内に可能性を見いだしてそれを追い求める道へと解放したのです。そして母の死の間際、マヤは母を解放するチャンスを見つけました。以下が彼女の言葉です。

自宅に帰り着き、何かがこう告げました。「戻りなさい」。私はもうパジャマに着替えていましたが、車に飛び乗って母のもとに向かいました。すると看護人が言いました。「ちょうど息を引き取られたところです」

……でも、おわかりですよね。愛は解放します。愛は束縛しません。愛は言います、「愛している」と。あなたが中国にいても愛している、街の外れにいても愛している、ハーレムにいても愛している、愛している。あなたのそばにいたい。あなたに抱きしめられたい。あなたの声を聴きたい。でもそれは叶わなくなった。

だから私はあなたを愛し、あなたを解放する。

愛とは他者を、そして自分自身を解放する行為です。結局のところ、それがすべてです。誰にでも、愛をもって他者を解放する力が備わっています。われわれは他者だけでなく、自分もまた解放される関係を築いていかなければなりません。友だちを選ぶことはできますが、家族を選ぶことはできません。こうした必然的な家族の関係には、しばしば魂のレッスンが含まれています。子どもは両親がやり残したレッスンを引き継ぎます。幸いにも両親に恵まれた人はその恵みに感謝し、「もっとうまくできたはずのこと」から学ぶべきでしょう。親子のダイナミクスは複雑な場合があり、成長とともに進展していくこともあります。そして最後には、自然の摂理として子が親を見送ることになります。およそ人が対処することになる出来事として、親の死は一番つらいものになりえます。親と仲が良ければ、その死は導きの光を失ったように感じられることもあるでしょう。もっと疎遠な関係で親の死に直面する人にとっては、解決を見ないままに、問題から突然遮断されたような感じかもしれません。どちらにせよ、親の死は感情面に大きな変化を引き起こしますが、人はそれに対処し、統合していく必要があります。

先述したように、「伝えておけばよかった」という心残りがないように生きなければいけません。それには自分の感情の本質を知り、その感情を尊重しつつ、愛する人の正当性を認めることです。では、何かを言われて、それが解決しないままに去られてしまった場合はどうなるでしょう?

言ってほしかった言葉を言われずに去られてしまった、という状況はつらいものですが、それが一番つらいこととは限りません。リーディングをしていると、生前に自分が発した言葉の真意を説明できなかったことを死者が後悔している、という状況が明らかになることがたまにあります。死は予期せず起こりうるので、生前に本当の気持ちをはっきりさせられないままこの世を去ることもあります。そうすると、残された者は大量の重荷を背負うことになります。まさしくこの状況が僕の家族にも起こり、僕があの世からのメッセージを受け取って実際にその解決に一役買った、ということがありました。

僕の父方の祖父ヘンリーは、三人の息子がいる家庭的な働き者でした。僕の父のデイヴは末息子で、「末っ子は強情だ」というステレオタイプを地で行く人です。一九六〇年代に育った父は、保守的で伝統的な子ども時代を送りました。祖父母はとても信心深い家系の出身で、ちゃんと教会に通っていました。父も保守的でしたが、若い頃は少しばかり反抗的なところもあり、ティーンエージャーの頃は、髪を黒く染めたかったけれども祖母から許可を得られなかったそうです。父と母は十三歳の時に出会い、結婚前に同棲しました。当時としては少し眉をひそめられる行為です。父がもう少し年を重ねた頃、祖父が肺がんだと診断されました。祖父は毎日タバコを一箱、時には二箱も吸うヘビースモーカーだったので、その診断に大きな驚きはありませんでした。がん専門医によると、祖父のがんは見たこともないくらいひどい状態だったそうです。祖父を見送ることは、父にとって深いトラウマになりました。

僕がミディアムであることを打ち明けてまもない頃、父は僕の能力をもっとよく理解したいと思うようになりました。そこで僕は父の卒業アルバムを見ながら、彼の昔のクラスメートたちに関する情報を直観で受け取って自分の能力を証明し、驚くような結果を出しました。父には僕がどうやってそんな情報を受け取ることができるのかわかりませんでしたが、ともかくそれができるということに疑いはありませんでした。そしてある日のこと、僕は奇妙な霊聴という形でひとつのメッセージを受け取りました。声がこう言うのが聞こえたのです。「教会のことを負担に思わないでいいよ、とデイヴに伝えてくれ」

父は僕の能力を理解していたので、僕はそのメッセージを伝えてみることにしました。そのメッセージを聞くと、父はその時まで僕が知らなかったことを打ち明けてくれました。祖父は死の床で意識朦朧となりながら、父にあることを頼んだのです。祖父の最後の望みは、息子が教会に通うのをやめないことでした。

祖父は、僕には理解できないメッセージを伝えてきたわけですが、それが父を大きな葛藤から解放することになりました。父は伝統を守って教会に通うタイプではまったくなく、両親を立てる思いから教会に通っていました。ところが、大人になり、父の兄である僕の伯父が教会から除名されるということが起こり、三人兄弟に後味の悪い印象を残しました。教会は歓迎してくれる場所のようには思えず、祖父からの無理な願いに対応するのがつらくなった伯父は、祖父をがっかりさせてしまったという気持ちに苛まれるリスクを負ったのでした。

祖父からのメッセージを父に伝えた時、僕は内容のおおらかさだけでなく、その大局的な意味合いに驚かされました。祖父のスピリットが今どこにいようとも、明らかに彼は教会の重要性についての考えを改めていました。祖父のスピリットもまた、多くの魂があの世で得るのと同じ気づき——神と繋がるのに必要なのは自分だけで、他には何も必要ない、という気づきを得たのです。神との繋がりがある限り、その場所はどこであろうと問題ではありません。

僕が名前を受け継いだ祖父のヘンリーは素晴らしい男性でしたが、僕はこの物質界で彼と直接会ったことはありません。祖父のメッセージは僕にとってある種の自己紹介であり、彼はそのメッセージを通じて、息子に向けた最期の言葉を取り消すことができました。そして父も僕も、どこか物事が一巡したような感覚を得ることができました。スピリチュアルな繋がりは祖父にとって、最期の瞬間に強調するほどに大切なものだったわけですが、こうして僕たち親子はスピリチュアルな能力という贈りものを活用し、絆を深めることができたのです。僕たちは祖父ヘンリーがずっと大切にしていたこと、すなわち、人間同士の繋がりを通じて高次のパワーを敬うということを成就させたのだと思います。

避けられない死に向き合うというのは、生涯にわたる課題です。喪失を経験すると、言えなかったことを思い悩んだり、言われた言葉に向き合ったりすることになるかもしれませんが、心残りがあったり、もっとできることがあったのにと後悔したりするのは普通のことです。人とのあらゆる関わり合いを、考えうる最高の状態だったと言うのはあまりにおめでたいことだと僕は思います。「もっとできたはず」という事実があるからこそ、今もっとできることをやろうと鼓舞されるのです。

人生でいつ喪失が起こるかは誰にもわかりませんが、それは必ず起こります。たとえ喪失に分け入る精神性があったとしても、その精神性が胸の痛みを完全に防いでくれるわけではありません。人は胸の痛みを尊重し、死を悼み、最終的にはそこに意味を見つけなければならないのです。愛する人の遺産《レガシー》を自らの行動を通じて敬うかどうかはその人次第ですが、先人の遺産《レガシー》を敬うことによって、自分自身の遺産《レガシー》を創造する機会を人生は与えてくれます。人は皆、時空を超えて繋がっていて、同じ源に属しています。この相互の繋がりを知ったからといって、物理的な喪失が乗り越えやすくなるわけではありませんが、それによって最愛の人の永遠なるスピリットを敬うチャンスを得られます。

「人は二度死ぬと言われている。一度目は息を引き取る時。二度目は自分の名前が最後に誰かの口にのぼる時」という言葉が思いだされます。魂は生き続けますが肉体には期限があり、与えられたその時間をどう使うかによって、他者の記憶にどう残るか、個人としての役割が集合体にどんな変化をもたらすかが決まります。新しい思い出を作りながら亡き人の思い出を引き継いでいくと、彼らもさらに満たされていきます。人は誰でも、大なり小なり自分の周囲の世界に影響を与え、変化を起こす力を持っています。この事実は、人生の振り返りプロセスに反映されています。僕自身もそれを知って、自分の行動と、それが他者にどういった影響を与えるかを強く意識するようになりました。どんなに小さな思いやりであっても最後まで気づかれずに終わることはなく、愛する故人を想いながら行うことはすべて、彼らが生きた人生をさらに昇華させます。

悲嘆は、無力感や絶望感のようなものを感じさせることもあります。そこで重要なのは、その悲嘆を認めて、死を悼むプロセスを進んでいくことです。悲嘆に向き合う方法はひとつではありません。失うことは得ることと同じくらい、それぞれにユニークなものなのです。死によって起こる最初の変化が処理されたあとに、その痛みから生まれる何かを育てるための豊かな土壌が得られます。あの世にいる死者たちは、残された人たちが彼らの思い出を胸に留め、行うことすべてに彼らへの敬意をこめることの重要性を強調します。それを自分のために、そして彼らのために行ってください。すると、世界はもっと素晴らしい場所になるでしょう。

僕の好きなゴスペルソングに「主よ、導き給え」というものがあります。この曲はいつ聴いても心に響き、僕自身に起こった悲嘆プロセスを乗り越える力にもなってくれました。一八九九年生まれのトーマス・A・ドーシー〔訳注／ゴスペル音楽の父、という愛称を持つアメリカの音楽家〕という男性が作った曲です。僕が最近見つけたそのオリジナル曲には、胸の痛みを昇華させるパワーがありました。トーマスはインタビューで次のように語っています。

妻のネティが僕たちの第一子を出産するところでした。僕はセントルイスで行われる伝道集会で歌ってほしいと招かれたのですが、妻の容態のことを考え、行くべきかどうか迷いました。しかし妻に行きなさいと説得され、僕は愛車のフォード・モデルAを走らせてセントルイスに向かいました。

集会初日の夜、まだ演壇にいる僕に電報が届きました。最悪の知らせでした。妻が息子の出産時に死亡したとの知らせだったのです。

僕は参加者たちがまだ合唱を続ける中、電話まで駆けつけ、その電報が事実であることを知りました。ガス・エヴァンス氏がその夜、シカゴまで車で送ってくれました。

到着すると、かわいらしい赤ん坊は順調そうに見えましたが、その夜に亡くなってしまいました。僕は妻と小さな息子を同じ棺に入れました。

僕は意気消沈し、悲嘆に暮れました。そして数日後、友人のフライ教授を訪ねました。僕たちはアニー・マローン・ポロ・カレッジのキャンパスをしばし散策したのち、音楽室に行きました。

僕はピアノの前に座り、即興で曲を奏で始めました。そしてふいに、これまで弾いたことのないメロディを演奏している自分に気がつきました（それは賛美歌

「主にのみ十字架を」で使われている、ジョージ・N・アレンのメロディを編曲したものでした）。僕は演奏しながら、口ずさみました。「聖なる主よ、聖なる主よ、聖なる主よ」。すると、フライ教授が近づいてきて言いました。「親愛なる主よ、にしてはどうかな？」。そこで僕はこう歌い始めました。「親愛なる主よ、わが手を取りたまえ、われを導き、立ち上がらせたまえ」

曲が出来上がると、僕たちはその曲を演奏するようになりました。それは今でも引き継がれ、世界中の人たちから手紙が届きます。あれは悲劇的な出来事でしたが、僕たちは世界に届けるメッセージを受け取ったのでした。

トーマスの悲劇的な喪失は、数十年後に、何百万もの人々の支えとなる曲になりました。オプラ・ウィンフリーは母親の今際の時に聴かせたそうですが、この曲は、他の曲では湧き起こらない感情を呼び起こします。人は胸の痛みによって、信じられないような贈りものを世界にもたらすことができるのです。しかし、その痛みとともに何かを成すには、まず自分自身がその痛みを感じきらなくてはなりません。自分のために悲しむ必要があるのです。誰もが死によって感情を突き動かされることになりますが、自分もやがては死ぬ運命です。違いを生むのは、生きている間に起こす行動です。われわれは皆で、人間の経験を共有しています――上昇する時も下降する時も、平穏な時も。

誰もがそれぞれのやり方で似たような経験をするという考えは、何も僕が言いだした目新しいものではありません。人類は皆、生と死と、それに目的を見いだそうとする思いで繋がっています。最後に、一八八九年に出版されたC・W・リードビーター著『見えざる助力者』（竜王文庫）より引用します。

人格の最後の一片が消え、それゆえに苦しみすべてがなくなる時、熟達者《アデプト》の内に揺るぎない平安と永遠なる喜びが起こる。彼は万人が向かう終着点を見て、この世の哀しみは人類の進化における一通過点でしかないことを知り、喜び祝う。自分には荷が重すぎると絶望するなかれ。誰かにできたことは、自分にもできる。われわれが手を貸しうる人に手を差し伸べるのと同じように、すでに到達した人たちもまた、われわれを助けてくれるだろう。一段目から最上段に向かってこの道を歩むわれわれは、相互奉仕の長い鎖で結ばれている。疎外された、孤独だなどと感じる必要はない。大階段の下方は時に霧に包まれているかもしれないが、その一段一段が幸福の場所、澄みわたる空気に繋がっていることを、われわれは知っているのだから。そこではいつも光が輝いている。

6 サインを認識する

「あらゆる瞬間、宇宙はあなたにささやきかけている。あなたの周りにはいつもサインや偶然の一致、シンクロニシティがあり、それらすべてが運命の方向にあなたを進ませている」

――デニス・リン

人類はずっと、あの世からの導きのサインを探し求めてきました。そしてまた、ある特定の出来事をスピリチュアルなもの、あるいは天与のものとして解釈するよう求められていると感じてきました。サインは注意を向けなさいという呼びかけであり、それらは重要な何か、意味のある何かに気づくよう促しています。僕はこのミディアムという仕事を通じて、サインには少なくともふたつの意味合いがあることを学びました。ひとつはサインに込められたメッセージ、もうひとつはサインが降りてくるタイミングです。それが夢であれ、シンクロニシティであれ、ヴィジョンであれ、体験した内容とタイミングは同じくらい重要です。時には、タイミング自体がメッセージである場合もあります。

歴史を見ると、人類がサインの源と見なしたのはひとつだけではありません。聖書に出てくる預言者たちは、サインを神からのメッセージだと見なしました。スピリチュアリストはしばしば、サインをスピリットやスピリットガイドからの導きと捉えます。ただ僕としては、サインの送り主が誰なのか、何なのかは重要ではないと思っています。僕にとってサインはどれも、高次のパワーの延長線上にあるものです。ガイド、神や女神、過去にこの世を生きたスピリットたちのいずれもがひとつの神聖なコミュニケーション手段を活用している、とも考えられます。僕は、故人からのメッセージを神からの授かりものと考えています。あなたがサインの送り主についてどう考えていたとしても、その謎に惑わされて、メッセージを見落としてしまわないように気をつけてください。

僕はこれまでに行ってきたすべてのリーディングにおいて、死者のスピリットたちにメッセージを伝達する能力があることを確信しました。加えて、スピリットガイドには特定のサインにわれわれの注意を向けさせる能力があることを知りました。ただ、人によっては、こうしたスピリチュアルなガイダンスは天使や実体のない存在からのものだと考えているかもしれません。

有名な超常現象研究家で、『モスマンの黙示』（国書刊行会）を著したジョン・キールは、サインの送り主を含む現象の領域《スペクトル》について多くのことを語っています。超常体験を何十年と研究した彼は、スーパースペクトルという概念を生みだしました。スーパースペクトルとは通常の現象から超常現象に至るすべてを生じさせている、宇宙の根幹となる仕組みに言及する包括的な用語です。われわれが超自然現象《スーパーナチュラル》と定義するものは全部、このスペクトル内に存在します。また、すべてのスペクトルがそうであるように、このスペクトルにも分類もしくはレベルがあります。霊的な次元は多層になっているという考えが宗教やスピリチュアリティには浸透していますが、スーパースペクトルもこの信念の拡大版といえます。ケールはスーパースペクトルについて次のように述べています。

神、あるいは神のようなフォースがスーパースペクトルの最高位にあるでしょう。それは計測不能な周波数で振動し、ネガティブな情報とポジティブな情報のすべてを記憶し、言語を絶するレベルで森羅万象を包含する精緻な知性によって働くエネルギーです。それはコンピューター同様、慈悲も感情も持たず、宇宙におけるすべての物質的要素――微生物やアリから銀河全体に至るまで――を巧みに操っています。自由自在に周波数を変え、スペクトルを下降してエネルギーの塊をより低次の電磁スペクトルに落とすこともできれば、エネルギーから物質を創造し、生命を生みだすことさえ可能です。

……忌まわしきものも、輝かしい天使もすべてその仕業であり、われわれと交信する手段なのです。それらは時空を超えて現れ、あの謎めいた声明を永遠に繰り返します。「われわれは皆ひとつである」

キールにとってスーパースペクトルは、歴史が始まって以来ずっと人類を悩ませてきた、いまだに解明されていない多様な現象を説明するものでした。彼は、それが神話や宗教にインスピレーションを与えてきた可能性を信じていました。確かに、人智を超える体験の数々があらゆる信念体系を生みだしてきました。宗教は、決して説明のつかないものを説明しようと試みる人類の歩みです。ウィリアム・ジェームズが言及した「神秘的な状態の四つの特徴」にもあるように、われわれはそもそも神秘体験は言葉で表せないものだと理解しています。宗教というのは超常現象の源を説明しようという試みですが、その説明は不充分です。筆舌に尽くしがたい、言語を絶する、というのがあらゆる神秘体験に当てはまる特徴であることから考えるに、人間はそのすべてを理解するようには意図されていないのだと僕は思います。理解するのではなく、それに耳を傾けるように意図されているのでしょう。

ジョン・キールのスーパースペクトルという考えもまた、説明できないものを説明しようとする別の試みにすぎないのかもしれませんが、その主旨は心に響くものです。われわれが多次元宇宙に存在していて、それがスピリットとのコミュニケーションに関係している、という考えは理にかなっています。超常的と見なされる体験の大半は、起源とされるものがそれぞれ大幅に異なるにもかかわらず、同じ特徴を有しています。次元間理論の提唱者は、意識がわれわれの単一の次元を超越でき、一部の意識はそれを自在に行き来できると論じています。超常現象に関する報告の多くが、その性質は瞬間的かつ圧倒的で実体感があるとしていますが、それもこの次元間理論によって説明がつくでしょう。その現象はこの次元に現れたのち、どこかに消えていくのです。僕としては、より大きな次元的側面が働いていること、そしてそれは重力や電磁気力のように宇宙の仕組みの一部にすぎないのだということが、やがては明らかになると信じています。

死者の意識は生前の経験を自覚していて、たいていは残された人たちの所在もわかっているようなのですが、もし次元間の要素が働いているのならそれにも頷けます。われわれはこの世の視点に制限されていますが、あの世の人たちはそうではありません。サインの送り主は、その視点の高さゆえにこちらの世界に関する洞察を得ることができ、時にそれをこちら側に伝えてくるのです。

サインはさまざまな形で現れますが、一番よくあるのは偶然の一致とシンクロニシティです（カール・ユングはシンクロニシティを「偶然に起こる確率以外の何かが関与している、ふたつ以上の出来事の意味ある一致」と定義しています）。

亡くなった人からのサインをうまく察するためには、あの世の人たちが一番得意とするコミュニケーション方法を理解することが大切です。リーディングでは、故人はシンボルを使ってメッセージを伝えてきます。シンボルは、単純なイメージを用いて複雑な考えを伝達するのに役立つのです。リーディング以外の場面でもそれは同じです。これをより理解するために、僕は以下のふたつのポイントを心に留めておくようにしています。

一点目は、あの世の人たちはわれわれが（ひとつにエゴの存在ゆえ）この次元では感じられないやり方で、万物の相互の繋がりを高度に理解しているということです。シンボルは普遍的なものが多く、メッセージ内容そのままのイメージであることもあれば、大局的な考えをより簡単に伝えるためのものである場合もあります。多くの人が蝶や鳩や羽根に繋がりを感じる理由も、ここにあると僕は思っています。これら三つのシンボルは、同じこと――超越、飛翔、無限の自由――を象徴的に表現しています。もしこれらのシンボルを見てあなたの愛する故人が浮かんできたなら、そのサインの奥には彼らがあなたに知ってほしいメッセージ、つまり「われわれは大丈夫だ、すべてを超越している」というメッセージがそこに潜んでいるはずです。その背後にメッセージがなければ、故人はサインなど送りません。また、残された者がメッセージを求めるあまり、目の前のサインを見逃してしまうということもあります。亡くなった人たちは、たとえ受け取ったサインを完全に理解できなくても、残されたわれわれの人生に彼らがずっと存在し続けているのを感じることが大切だと伝えてきます。

コインを見つけたり、何度も同じ数字に気づいたりすると、多くの人はそれを「まだあなたのそばにいるよ」という故人からのリマインダーだと思うでしょう。僕はあの世の人たちがコインを詰めたバッグを片手にわれわれの周りをうろつきながら、こちらの注意を引こうと巧妙にコインをばらまいている……とは思いませんが、確かにあの世の人たちは、われわれがどんな出来事から彼らのことを連想し、慰めを見いだすかを把握しています。もしコインを見るとあなたが故人の存在を連想すると彼らが知っているなら、あなたが特定の場所、特定のタイミングでコインに気づくよう、彼らが糸を引いている可能性もあります――もちろん、物理的にコインをそこに置いてまわっているわけではありませんが。あの世の人たちはこの理解を利用し、われわれが彼らを連想するであろうサインに気づかせることによって、自らの存在を証明するのです。

二点目は、サインは複数の源から受け取ることができ、内側から届くこともあれば外側から届くこともあるということです。予知という形で愛する誰かの死を知らされる人たちは、外側からの要因なしに、心の中でサインを受け取ります。また、僕がリーディングをしたあるクライアントのケースでは、母親が息を引き取った瞬間に家中の水栓が開くという出来事がありました。これは外側からのサインの一例で、このように複数の人が実際に目撃するという場合もあります。サインは自然を通して働き、自然界と、われわれの自然な状態の双方を活用してコミュニケーションを図ってきます。こうした体験は、自分一人しか見ていない状況で起こると悔しいほど孤独に感じられるかもしれません。逆に、サインを自分だけでなく多数の人が目撃している場合には、特に確証が得られやすいでしょう。

　多数の目撃者がいるケースとして、リーディングをまったくしていない日に起こった信じられないような出来事をご紹介しましょう。それはラトーヤ・ジャクソン〔訳注／マイケル・ジャクソンの姉。歌手〕の数度におよぶインタビューをしていた時のことで、僕たちは、前に行ったリーディングの話をしていました。マイケル・ジャクソンと繋がるというのは一生に一度あるかないかの体験で、ラトーヤは僕たちが共有した時間を世界に伝えるのを楽しみにしていました。僕たちは彼女の家での最初のリーディングで意気投合して以来の再会で、僕もラトーヤとまた会えたことを嬉しく思っていました。僕はその最初のセッションの時、マイケルが電灯を点滅させて交信するということに言及したのですが、再会時にそれをラトーヤに言われて思いだしました。

ラトーヤは、弟であるマイケルの早すぎる死以来、彼が近くにいるように感じる奇妙なタイミングで、電灯が決まった点滅のしかたをすることに気づいていたそうです。彼女は僕たちと同席していたジャーナリストからも、この件について質問されていました。

十回におよぶインタビューを終え、撮影場所をあとにする時間がきました。その日はリーディングをしませんでしたが、インタビューで何時間もラトーヤと過ごしたこともあって、僕はまだマイケルがそこにいるような気がしていました。そして彼らと別れを告げ、「これだけマイケルのことを語ったあとで、彼がなんらかの形でラトーヤに交信してきたら不思議だろうな」と思いました。

すると案の定、帰路につく僕の携帯電話が鳴り、先ほど別れを告げたばかりのラトーヤとスタッフ数人からメッセージが届きました。撮影用セットを片付けていたら、建物中の電灯が強烈な勢いで点滅し始めたというのです！　後日、その時その場にいた人たちに話を聞くと、まったく不可解なことに、頭上の数々の電灯が明るさを増し始めたかと思うと波打つように点滅し、それが数回続いたとのことでした。僕もラトーヤも、マイケルが自分もインタビューに参加していたことを皆に知らせていたのだと感じ、慰められました。

その場にいて、点滅する電灯をこの目で見なくとも、僕は送られてきたサインに大きく心を動かされました。偶然にしては出来すぎだったからです。この件に限らず、自分がいない場で自分以外の人たちに届いたサインであっても、人はそこに慰めを見いだすべきだと思います。家族のメンバーのうち故人の夢を見るのは一部の人だけで、他の人たちはそんな夢を見ないということもあるでしょう。家族のなかでサインに気づくのは一人だけ、という場合もあります。その理由としては、メッセージを受け取る側の集中力と感受性、スピリットのコミュニケーション能力などの複合的な要素が考えられます。大切な人を失ったばかりでまだ悲嘆に暮れている人、精神的な苦痛を感じている人と交信するのは、スピリットにとって難しい場合があるようです。反対に、死を悼むプロセスに深く陥って初めてサインに気づく場合もあります。直観と同じく、人は意味深い瞬間をあまりにも軽くあしらいがちですが、それは、そういった瞬間が理解しがたいものだからです。自分の思考パラダイムに適合しない何かが起こると、人はそれを見過ごして先に進んでしまう傾向があります。これがサインが見過ごされてしまう理由、サインにまったく気づかない人たちがいる理由です。

僕を含め多くの人は、何かがおかしいと気づきながらも、それについて深く考えることなく流してしまっています。実際のところ、脳は自分が見たいものを中心に気づくようにできているのです。人は完全に今に在る時にのみ、自分の目の前にあるものの全容を直観で受け取ることができます。われわれの大半は今に在り続けることなどできないので、自分の周囲で起こっていることの全容を見逃してしまうわけです。

ミディアムという仕事は、誰もが偉大なガイダンスにアクセスできることを僕に教えてくれました。サインに気づくことができないからといって、サインが存在しないわけではありません。天からのメッセージの本質をより深く理解できると、人はさらに敏感にそれに気づけるようになります。直観は貴重なシンクロニシティ発見器のようなもので、通常なら気がつかないような対象にも気づけるよう手助けをしてくれます。こう自問してみてください。決まった時間になぜか時計を見てしまったり、他のことは気にならないのにあるひとつのことがやけに気にかかる時、「何が自分にそうさせているのだろう?」。特定の見解に導かれる時、「何が裏で糸を引いているのだろう?」。その答えが、直観です。

時には、サインを理解するのに直観などまったく必要ない場合もあります。サインであることは明確で疑う余地がないのに、まったく不可解な場合もあるでしょう。そのようにゾクッとする出来事が起こった時、その出来事を頭の片隅にしまい、二度と考えないようにする人も多いかもしれません。ともあれ、僕はこの仕事を通じて、サインや聖なる介入にまつわる不可解な体験をしたという人を何千人と見てきました。

サインといってもその範囲は幅広いですが、ゾクゾクすると同時に間違えようのないサインを僕は何度か受け取ったことがあります。ひとつは、家族での休暇中に起こりました。二〇〇六年に祖母が他界してまもない頃、僕たち家族は一息つく必要がありました。そこでしばらくぶりに休暇をとり、僕のお気に入りの場所であるタホ湖に行くことになりました。皆、ハイキングやカヌーなどを楽しみにしていて、山地の手つかずの自然美を味わおうと心待ちにしていました。

ホテルのフロントに向かう途中にアクティビティ案内所があり、僕たちは、筏下りやマウンテンバイキングも楽しそうだねと話しながら通り過ぎました。両親がチェックインしている時、僕はふと、祖母が亡くなってから何かを心から楽しむのは初めてだなと気がつきました。

その夜は翌日に備えて早くにベッドに入り、両親もあとに続きました。ところが、部屋の暗闇に突然鳴り響いた電話の音に起こされました。母が、朦朧としながら室内に備えられた電話に向かいます。

「もしもし？」母が小声で応じました。

「バーバラが一緒に行きたいそうです」電話の向こうで声が聞こえました。

「ここにはバーバラはいませんけど」母が返します。

「彼女が一緒に行きたがっています」声が繰り返しました。

ガチャン。

相手が電話を切りました。母は混乱し、ショックを受けました。バーバラは、祖母の名前だったのです。

僕たちは、フロントデスクの担当者が部屋を間違えてメッセージを伝えたのだろうと推測しましたが、考えてみればみるほど妙な気がします。それはスピリチュアルな目覚ましコール《ウェイクアップ》ではありましたが、文字どおりの意味での目覚ましコールとは違いました。かかってきたのは早朝で、客室に電話をするには宿泊客を起こしてしまいかねない、早すぎる時間帯だったからです。電話の相手は挨拶の言葉も言わず、自信満々にメッセージだけを伝えてきました。メッセージの意味を説明しようともせずに、伝えるだけ伝えて切ってしまったのです。

仮に相手が実際にフロントデスクの担当者であったなら、そのメッセージの重要性についてはさっぱりわかっていなかったことでしょう。単にかける部屋の間違いだったとすれば、人を巻きこんでサインが送られてきた可能性があるということです。どう考えるにしろ、僕はその出来事に驚く一方で深く慰められました。天から電話がかかってきたと感じるようなことなんて、そう頻繁にあるでしょうか？　生前の祖母は三十年間、電話の交換手として通話を繋いでいました。僕は、祖母のスピリットがどこかで最期の電話をかけてきて、一緒に遊びに行きたいと伝えてきたのだろうと思うことにしました。

人はメッセージを受け取る側になることもあれば、自分自身がメッセージを伝える側になることもあります。無意識のうちに自分の行動が何か大いなる目的を伝えていたようだ、と気づかされることもあります。そういった出来事が、とても深い悲嘆プロセスにあった僕にも起こりました。当時、僕は親友の死の悲しみのさなかにあり、二人の子ども時代の思い出の場所に行きたくなりました。それはカリフォルニア州セントラルコーストの、閑散とした浜辺の町にあるカユコス桟橋です。親友と僕はやんちゃなティーンエージャーだった頃、その桟橋を駆けまわったり、トラブルに巻きこまれたりして幾度もの夏を過ごしました。親友ががんで亡くなった時には、彼の名前を入れた記念のプレートが桟橋に飾られました。

桟橋に着くと、僕はそれが唯一の追悼記念ではないことを知って驚きました。見たところ約二百ものプレートが、海に向かって長く伸びた木の桟橋に、数インチおきにずらりと並んでいます。僕はボーイフレンドのクリントと、桟橋のふもとに立ちつくしました。プレートの数のあまりの多さに気をくじかれた僕は、親友のものを見つけるには丸一日かかりそうだな、とクリントに言いました。するとクリントが何も言わずに僕の手をつかみ、桟橋を進み始めました。お互いに口をきかず、あまりに速く歩いていたので、一つひとつのプレートに目をやることさえできませんでした。クリントは任務を負ったかのように見えたので、僕は黙ってついていきました。そうして桟橋をかなり進んだところで、クリントが急に立ち止まりました。彼はプレートに背を向けていましたが、ほとんど本能的に、ちょうどその場所で止まったのです。

確かにそれは本能でした。彼の後ろのプレートをよく見ると、僕は亡き親友のものから わずか数インチしか離れていない場所に立っていることに気づいて驚愕しました。そのプレートには親友の名前とともに、次のような言葉が記されていました。「彼の思い出は、毎日を精いっぱい生きること、毎日夕日を楽しむことを思いださせてくれる」

それは僕にとって、個人的な確証が与えられた瞬間でした。故人からのメッセージをクライアントに届けることを仕事にしている僕が、ボーイフレンドにまさにその場所に導かれたのです——二人とも何もわかっていない状態で。その瞬間、おもしろいことに自分の役割が反転し、僕はリーディングを受ける人たちがどんな気持ちになるのかを垣間見たような気がしました。

自分がサインを受け取る側であるにしろ伝える側であるにしろ、謎は謎のまま続きます。メッセージが文字どおり多次元的な意味を持つ場合もあり、そのメッセージには複数のレイヤーが存在しています。リーディングをしていると、特定の事象に着目するよう促されることがあるのですが、いざ伝えてみると、その事象がクライアントにとって大きな情緒的価値を持つものだったと判明したりします。こういう時は、僕のメッセージそれ自体がサインの役割を果たします。

このひとつの実例が、デイヴとオデット・アナブル夫妻〔訳注／ともに役者〕のリーディングをした時に起こりました。場所は彼らの自宅で、何人もの故人と繋がることのできた、素敵な午後になりました。なかでもデイヴの祖母は、粘り強く、細かな情報を長々と伝えてきたのですが、彼女はリーディングを終える頃、自分が夫妻の赤ん坊を見守っていることをさらに知らせてきました。生前に会うことの叶わなかった赤ん坊のことです。この事実をもっと証明するために、彼女は「赤ん坊の見守りモニターをチェックしてみて！」とデイヴに伝えるよう僕に叫びました。

あの世から叫ばれるのは珍しいことですが、彼女の主張は僕にしっかりと伝わりました。そこで自信満々に彼女のメッセージを伝えると、デイヴもオデットも当惑しました。そのメッセージの意味が、二人にははっきりわかっていたのです。その言葉に従ってデイヴは携帯を取りだすと、赤ん坊の見守りモニターのアプリを表示しました。
彼は一連の保存された記録を調べ、リーディングを始める少し前の場面を僕に見せてくれました。それは夜間の映像で、赤ん坊はベビーベッドですやすやと眠っていました。すると、画面の端に光が現れました。その光がどんどん大きくなります。それは目に見えてはっきりと赤ん坊の頭上に浮かび、肩のあたりで浮遊しているように見えました。そこでなんと、全員が驚いたことに、モニターを通して声が聞こえたのです。「ほら、おばあちゃんよ」

ゾクゾクするような映像でした。リーディングでこのメッセージがしきりに繰り返されたという事実、それ自体がサインでした。アナブル夫妻は、デイヴの祖母が赤ん坊を見守ってくれていることを知っていましたが、彼女はそのことをさらに強調するために、僕にメッセージを伝えさせたのでした。彼女のスピリットは、自分が録画されていたことを知っていたのでしょうか？　それとも、いつものように赤ん坊のベッドを訪れただけなのでしょうか？　いずれにせよ、僕自身がサインの伝達者であることをいつもよりも強く実感した一件でした。

特定のタイミング、特定の場所でサインに気がつく人はたくさんいます。夜ベッドに入る前や、通常よりリラックスした状態の時になんらかの現象に気づく、という人も多いのではないでしょうか。たいていの場合、自宅といったなじみ深い場所でそうした現象に気がつくものです。慣れ親しんだ環境のほうが、異質な現象に気づきやすいのです。いまや奇妙な現象についての報告が数えきれないほどある一方で、それを体験した人たちは、からかわれたり、冷ややかな目で見られたりするのを恐れてその話を胸にしまいます。ただ、人はそうした体験をミディアムの僕にならば話しやすいと感じるようで、僕は本当にたくさんの話を聞きます！　電気系統に異常作動が起きた、あったはずの物がなくなった、ということは驚くほど頻繁にあります。ベッド脇に故人が現れた、ベッドに入っている時に奇妙な体験をした、などといった報告もよく聞きます。他には、特にストレスを感じている時期にサインや現象が増えた、という報告も多いです。

そうしたたくさんのストーリーを聞いて僕が至った最大の結論は、サインや現象が起こるタイミングが重要だということです。多くの場合、それが起こったタイミングを関連づけて考えると、その体験の中により大きな意味が見えてきます。サインというのは、その人がガイダンスを必要としている時、あるいは注意を払うべき何かに注意を払っていない時に不思議なほど気づかれることが多いのです。サインはたいてい、あなたが一人ではないということを裏付けるため、あるいは何かを異なるやり方でしてみなさいと促すために送られてきます。サインが慰めやインスピレーションを与えたり、その人の内面および外界に変化を起こす手助けをしたりすることもあるでしょう。ガイダンスが与えられる瞬間はかけがえのないものですが、時間的には、通常はあっという間です。

スピリットの知恵を収集できるようになることは、スピリチュアルな成長において非常に重要です。それによって自分は一人で人生を歩んでいるわけではないことがわかり、変容が起こるのです。その事実を心から信じ、サインを通じてその確証を得ると、揺るがない信念の土台ができます。僕が人から聞いた体験や、僕自身が直接体験したことはすべて、われわれは相互に作用する世界の一部である、という事実を繰り返し伝えてきます。場合によっては、死者たちがわれわれに介入して手助けすることもあります。その能力の有無は、個々のスピリットの旅路と進歩レベルによって異なるのかもしれませんが、そうした介入が起こることは確かです。

先述したように、時には生きている人間が、気づかぬうちにあの世からのサインの送り主になっている場合もあります。あの世の人たちはわれわれの相互作用をより高度に理解しているため、われわれがくだす特定の決断に対して情報を与えてくることがあるかもしれません。こちらに特定のメッセージを伝えたい時に、他の人の直観を利用して注意喚起してくれることもあります。

僕がリーディングしたある女性の、ちょっと不気味な例をお話ししましょう。彼女は兄弟を亡くして悲嘆に暮れていたところで、とても奇妙な出来事を体験しました。彼女の兄弟はピッツバーグ・スティーラーズの熱狂的なファンで、どこへ行くにもチームの帽子をかぶっていました。家族は彼の生前、南カリフォルニアで育ったのにペンシルベニア州に本拠地を置くチームを必死で応援する彼をよくからかっていました。彼は純粋にそのチームが好きで、その思いは突出していました。ですから、彼を埋葬する時には、いつもかぶっていた帽子も一緒に埋めようということになりました。

葬儀を終え、家に帰った僕のクライアントは、故人と親しかった人たちからのお悔やみに対応して一日を過ごしました。深い悲しみに暮れていたものの、多少なりとも平常心をもってその日を過ごしたかった彼女は、ほんの数時間前に着用した喪服のまま、食料品店に買いものに行きました。カートを手に店の正面から入ると、なるべく目立たないように努めました。一日中、お悔やみの電話や訪問者の対応をしていたので、ただ一人になる時間が欲しかったのでした。

店内の通路を進んでいくと、一人の客とすれ違いました。その男性は、彼女の兄弟と一緒に埋葬したスティーラーズの帽子と同じものをかぶっていました。兄弟を思わせるその見た目に驚いた彼女は、一瞬その男性客を見つめました。すると彼女に気づいた男性が、思いもよらぬ行動をとりました。彼女と視線を合わせ、自分の耳を二度引っ張ったのです。その男性は気づいていませんでしたが、その仕草は、彼女と兄弟が交わす内輪のジェスチャーでした。彼らは子どもの頃から、耳たぶを二度引っ張ることで「大好きだよ」というメッセージを伝え合っていたのです。男性客はおそらく、自分を見つめるその女性がその仕草にどれだけ衝撃をおぼえたか、見当もついていなかったでしょう。兄弟が彼女の後ろでそのお決まりの仕草を見ていたような気がし、彼女はゾクゾクしながら店をあとにしました。

これと似たような出来事がつい最近、僕と母にも起こりました。この種のサインを身近に体験したのはほぼ初めてでした。

二〇二〇年初めに肺の虚脱を経験してまもない頃、入退院を繰り返していた僕は、本調子ではありませんでした。毎日のようにリーディングをしていた生活がすべて、数週間におよぶ入院によって急停止しました。強い鎮痛剤を服用していたため、リーディングはおろか集中力を保つのも困難で、その数週間は自分がミディアムではない気がしていました。体も心も回復モードだったので、僕の全焦点は自分を癒やすことに向けられていたのです。

ですから、夢に僕自身の愛する故人が現れた時の、僕の驚きようといったらありませんでした。現れたのは、母の姪カレンでした。僕の従姉妹にあたるカレンは生涯にわたる健康問題を抱え、若くして亡くなりました。僕の子ども時代、カレンとはつかず離れずの関係でした。カレンは僕の遊び相手としては年上すぎ、母がまだ保護者的な役割を担うほどには若い、そんな年頃だったのです。母はある意味、僕たち二人をわが子のように扱っていました。

カレンが免疫不全と腎不全を発症した時、母と僕は彼女の透析療法に付き添い、最期の日々を共に過ごしました。僕はいつも、彼女のユニークな外見に目を引かれました。黄褐色の肌、独特な輝きを放つ瞳は、ハスキーな声と男性的な雰囲気によくマッチしていました。彼女の人生は過酷《タフ》なものでしたが、それゆえ彼女は人よりタフに生きていました。彼女には子どものようなエネルギーがあり、僕の母を自分の母親のように慕っていました。

入院中に見た夢にカレンが現れた時、僕は衝撃を受けました。僕たちはどちらかといえば親しい間柄でしたが、彼女の死後にそのスピリットが現れることはなかったので、僕は彼女が訪ねてくることは今後もないだろうと思っていたのです。夢の中の彼女はただ微笑み、目に見えて健康そうでした。

そこで僕は目を覚ましました。僕は病院のベッドに横たわり、母は少し離れたところで、看護師が持ってきてくれたリクライニングチェアで眠っていました。僕たち二人はドアがノックされてハッとし、誰が来たのだろうと思いました。

「こんにちは、カレンです。ゴミを回収に来ました」と声が聞こえました。

その女性はゴミ箱用の新しい袋をガサガサいわせながら、背中をこちらに向けて部屋に入ってきました。そして彼女が振り向き、僕はあっと息をのみました。

外見が、従姉妹のカレンに異様なくらい似ていたのです。肌の色、顔立ち、目の色までそっくりでした。それより何より、声がカレンに似ています。その声は歌うような優しい声でしたが、少しばかりハスキーでした。その瞬間まで、そしてそれ以後も、あんなにカレンに似た声を僕は聞いたことがありません。

一番びっくりしたのは、女性が挨拶をすませて顔をあげた時です。彼女は動きを止めました。おそらく各自が違う理由で驚いていたと思うのですが、その状況の不可思議さをどれだけ強調してもしきれません。彼女は手を止め、文字どおり口をあんぐり開けて僕の母を見つめました。

「私の母にそっくりだわ」とカレンが言いました。

仕事をしながら、その女性は目に涙を浮かべていました。彼女の母親が他界したことは明らかで、彼女は僕の母の存在に感情を揺さぶられていました。この予期せぬ非現実的な瞬間、僕たち三人は互いを抱きしめたいという思いをぐっと抑えていました。二人は一瞬見つめ合い、誰も口を開きませんでした。母は二人のカレンの不思議な類似性と、その状況全体のシンクロニシティに気がついていました。僕の病室を掃除する担当になったその女性は、その日その部屋に来る運命にあったのです。

この体験は従姉妹のカレンが、自分がそこにいることをさらに証明しようと起こしたものだと僕は確信していますが、おそらくその女性の亡くなった家族も、彼女を僕の母に会わせるために手を貸したのでしょう。僕が深刻な健康問題を抱えている時に、従姉妹のカレンは僕たちが理解できる形でその懐かしい顔を見せてくれました。彼女の最期の日々に僕がそばにいたように、彼女も自分にそっくりな人を僕のところに遣わしてくれたのだと思います。このように、この世に生きている人があの世の延長になり、自分の仕事をしながら、自らシンクロニシティの一部となるのです。僕はこの出来事によって、シンクロニシティの性質に関する深遠な洞察を得るとともに、シンクロニシティは死者だけでなく生きている人を巻きこむこともできるのだと学びました。

「シンクロニシティ」と「偶然の一致」はしばしば混同されますが、同じように扱うべきではありません。シンクロニシティは意味のある偶然の一致、つまり、重要な情報を伝えるものです。一方、単なる偶然の一致はよく起こることで、それがよく起こるという事実は万物が相互に繋がる宇宙の反映だと僕は信じています。われわれは統計的な世界に生きており、時として、出来事が極限値に収束することがあります。そうした偶然の一致すべてに神秘的な要素があるかどうかには議論の余地があり、「事前に定められている」と信じるならば、すべての偶然の一致は神が起こしたことになるでしょう。ともかく、シンクロニシティが神秘的であることは否定できません。シンクロニシティは人の内側に深い感情を呼び起こし、宇宙が直接われわれに交信してくる瞬間についての洞察を与えてくれます。シンクロニシティは認識されることも軽くあしらわれることもありますが、共通意識から無視されることはありません。人に気づかれようが気づかれまいが、シンクロニシティは起こり続けるのです。

シンクロニシティはサインであり、認識されると、次なるサインへと導くことがあります。シンクロニシティとは宇宙の言語、つまり、宇宙がわれわれと交信する際の手段なのかもしれません。偶然の出来事、運命、偶然の一致は、ひとつの意味深い瞬間から次の意味深い瞬間へと、順を追って人類を導きます。前著『ふたつの世界の間で』でも述べましたが、僕は子どもの頃、自分の将来に関係する予知夢を何度も見ました。それらの夢はガイダンスの強力な目印として働き、自分が正しい道を歩んでいるかどうかを知るために何に注意を払うべきか、ヒントをくれました。

特に印象的だったのは、毎夜のように繰り返し見るある夢でした。その夢の中で、僕は人が歩きまわれるサイズのチェスボードの上に立っていて、そこにはふたつの巨大なピラミッドが並んでいました。夢の中の僕は、そのピラミッドの頂上に登ってみたくてたまりません。そのピラミッドはまるで、僕が何がなんでも達成したいことを象徴しているかのようでした。

それから何年も経ち、僕はリーディングの依頼を受けてＬＡにある有名な建物の屋上を訪れ、衝撃を受けました。なんと、子ども時代に見たあの夢と同じ場面に足を踏み入れていたのです。僕は驚きを隠しきれず、それに気づいたクライアントは、僕がその場所に異常に心を揺さぶられていることを不思議がっていました。その場所を見た瞬間、僕は人生における重要な何かがその日に起こるのを察知しました。結果、その日は僕の人生でも有数の転換点になりました。そのリーディングのあと、僕はあるプロデューサーの自宅を初めて訪問する予定になっていました。

そのプロデューサーはのちに僕の冠番組『ハリウッド・ミディアム』のエグゼクティブ・プロデューサーとなり、長年にわたる僕のマネージャーになりました。彼は、僕の人生を一変させました。過去に見たあの夢が、それが導いていた未来へと僕を運んでくれたわけですが、それを見た時、僕は自分が意図した道を歩んでいることを知ったのです。

夢はメッセージや洞察を受け取るうえでの貴重な資源ですが、それと同じくらい重要なのが、眠りに落ちる前の意識状態です。この過渡的な意識状態は、夢に入る前の心的印象を呼び起こします。それを、あとから思いだすことも可能です。なぜこのようなことが起こるのでしょうか？　それは、眠りに移行する前のこの状態が、無意識のマインドを垣間見せてくれるからです。通常は自分自身にさえ隠されている自分の一部が、リラックスした状態の時に表出するということです。人は活動していない時のほうが、より気づきやすいのです。これによって、日中よりも夜のほうが超常現象に気がつきやすい理由も説明がつくのではないでしょうか。携帯電話の着信音といった、日常にあふれるノイズの刺激が少ないリラックスした状態のほうが感受性は高まります。ですから、夜が更けると日中には気づかなかった微細なものを感知しやすくなるのです。眠りに入る前の意識状態もまた、内的世界を探るための資源となります。

これは毎夜誰もが経験していることで、覚醒状態と睡眠状態の間のその状態は「ヒプナゴジア（入眠時における半覚醒状態）」と呼ばれています。この状態はアリストテレスやエドガー・アラン・ポーなどにもインスピレーションを与え、彼らはそこから直観を得てそれぞれの偉業を成し遂げました。

人は通常、この半覚醒状態で体験する脈絡のない音やイメージを覚えていないものですが、そうした印象は無意識からの貴重な洞察なのです。充分に注意を払えば、この半覚醒状態が創造的で直観的な啓示にあふれていることに気がつくでしょう。

『フランケンシュタイン』の著者メアリー・シェリーは、早朝にこう書き記しています。「私は目を閉じたまま、頭の中で強烈なヴィジョンを視た」

ベートーヴェンやトーマス・エジソンは、うとうとしている時に浮かんだアイデアに意味を見いだしました。アインシュタインが、「アハ体験」を促すために二十分間の昼寝を習慣にしていたことは有名です。ミディアムの僕が一番はっきり故人を視たり、聞いたりするのは眠りに落ちかけている時です。そうした瞬間はまるで何かの浄化が起こっているかのように、意識のより深い層が現れやすくなります。

ケンブリッジ大学の研究者、ヴァルダス・ノレカはこう言っています。「眠りに入る時、脳はわれわれが世界を解釈するために用いている規範やコンセプトを絶え間なく解体し、通常の知的フィルターによって拘束されない体験の瞬間に導いていく」。この状態、つまり顕在意識や意見によって曇っていない状態が、霊的洞察を受け取るのにどれだけ役立つかは想像にかたくないでしょう。リーディングでは分析しすぎないことが極めて重要なのですが、この状態ではそもそも分析する余地はありません。分析はあとからするしかないのです。

サインの難点のひとつは、受け取った瞬間にその意味を特定することです。結果を見てから解釈するのは簡単ですが、何かが起こっている瞬間にそのメッセージを理解するのは時として難しいものです。相手が自分にとって害があるとあとになって判明した時、人はよく、最初からそう告げていた勘に従わなかった自分を責めます。裏付けとなる情報を受け取って初めて過去を振り返り、自分が心のどこかで真実を知っていたと気づくことも珍しくありません。直観が役に立つというのは、こういうことがあるからです。直観は、どの偶然の一致がシンクロニシティで、何に注意を払うべきかを教えてくれます。

偶然の一致は実際のところ多岐にわたります。それとわれわれとの関わりも然りです。偶然の一致および、その意味を認識できる人たちにとってのシンクロニシティは、あらゆる形で人類を方向づけてきました。人生はわれわれが起こす方向転換によって導かれるものですが、そうした変化の波及効果はひとつの瞬間から放射状に広がり、より大きな集合体を変えていきます。この実例を、第一次世界大戦が文字どおり間違った方向転換によって勃発したという事実に見ることができます。

一九一四年、ヨーロッパ情勢は崩壊し始めていました。歴史の授業をしっかり聞いていた人なら、フランツ・フェルディナンド大公とその妻がボスニア系セルビア人の民族主義者によって暗殺されたことがきっかけで、第一次世界大戦が勃発したことはご存知でしょう。この出来事が、一七〇〇万もの兵士や市民の死を招いたのです。

フランツは複数の脅迫を受けていたので、暗殺される可能性があることを知っていました。彼は身の安全が危ぶまれることを充分に理解しながら、ボスニアへ視察に向かうことを決意します。そして危険を承知のうえで、オープンカーで移動しました。しかも、その順路は事前に公表されていました。

一九一四年六月二十八日の朝、暗殺を企てていた七人が武器を携えて順路で待ち構えていました。彼らは爆薬を体に巻きつけ、捕まった時のためにピストルと青酸カリの錠剤を準備していました。

サラエボで一番にぎやかな通りにフェルディナンド夫妻を乗せた車が入ってくると、爆音が響きました。ネデリュコ・チャブリノヴィッチというボスニア系セルビア人が、車に手榴弾を投げつけたのです。運転手が急ハンドルを切り、手榴弾は後続する車を損傷させました。危機一髪とはまさにこのことです！　その時点で、たいていの分別ある人間なら爆死寸前だったことに慌てふためくものですが、フランツ・フェルディナンドはそんなタイプではありませんでした。

街で政務をこなしたのち、フランツは負傷した軍当局者を見舞うために、最後に病院に寄ってくれと頼みました。運転手はまだ安全なほうだと思われる特定のルートを指示されましたが、その指示がうまく伝わりませんでした。指示はドイツ語でされたのですが、運転手はチェコ語話者だったのです。このたったひとつの不手際が世界を変えることになりました。

車はフランツ・ヨーゼフ通りに入ると、ガヴリロ・プリンツィプがいるまさにその場所に向けてスピードをあげました。ガヴリロは暗殺を企てていた一人で、車が道を誤ったために通りかかることになったカフェの店先にたまたま居合わせたのです。まさしく歴史の流れを変える、過ちの方向転換でした。

ルートを間違えた運転手を乗員が叱りつけていると、銃声が響きました。フェルディナンド夫妻は、一連の不運な出来事によって至近距離で撃たれました。二度の銃撃が歴史の進路を変え、フランツ・フェルディナンド死去のわずか一か月後に、オーストリア＝ハンガリーはセルビアに宣戦布告しました。こうして世界を変貌させる混沌の四年間が始まったのでした。

この話でわかるように、些細な事柄が大事に繋がります。小さな火の粉が、深刻な変化に火をつけることがあるのです。われわれの行動は、結果に直結しています。それと同時に、リアルタイムではわからない形で変化を起こします。シンクロニシティを想起させるものに直面しても、人はその情報をどうすればいいか、必ずしもわかるわけではありません。認識されればいいほうで、最悪の場合は一蹴されるだけです。僕は人生を通して共時的な体験を数えきれないほどしてきましたし、クライアントの人生における、サインやタイミングのパワーを何度も見てきました。

僕が初めて自分の家を購入した時にも、そういう出来事が起こりました。鍵を受け取った日、僕は敷地周辺を歩きまわり、自分の家を手に入れたという嘘みたいな事実を味わっていました。敷地には建物がふたつあり、ひとつがメインハウスで、もうひとつが新しく建てたサイドハウスでした。サイドハウスに入り、その胸躍る状況にしみじみ浸っていると、僕はすべてがなじみ深く感じられることに驚きました。まるで家の構造が細胞に記憶されているかのようで、僕は一瞬その感覚に浸りきりました。

深い感謝をおぼえた僕は、目を開けて階段の下を見ました。目を細めると、壁の片側に何かが書いてあります。近づくと、木目の壁に家の建造日が刻印されていました。その日付は、一月十三日。僕の誕生日だったのです！　その瞬間、背筋に寒気が走り、僕は偶然の一致に胸がはずみました。この家は僕のために建てられた、というサインに違いないでしょう！

おもしろいことに、誕生日や記念日にまつわるシンクロニシティはよくあるようです。つまり、そうした日付は単なる日付以上のものを示しているということです。それらは人生を通して繰り返し起こるテーマを象徴し、受け取った本人はそこに感傷的な価値を見いだします。これに該当する出来事が、自分の誕生日に家の掃除をしていたあるクライアントの女性にも起こりました。

彼女の祖母はその数年前に他界していました。彼女は家を掃除しながら、いつも自分の誕生日になると祖母が店に連れていき、好きなものを買いなさいと言ってくれたことを思いだしました。思わず笑みがこぼれましたが、大切な思い出だというだけで、それ以上のことは何も考えませんでした。

ふいに、彼女は自分の名前が書かれた封筒を見つけました。古新聞や古本をかきまわし、もう何年も見ていなかった聖書を開いた時のことです。それを大きく広げると、封筒が床に落ちました。書かれた文字をよく見ると、自分の書いたものではなく――祖母の筆跡だったのです。開封しなかった手紙かもしれない、と感情を動かされた彼女は封を開けました。中には、昔の誕生日カードが入っていました。「誕生日おめでとう！　愛しているわ！　おばあちゃんより」。カードにはそう書かれていました。

彼女は呆然としました。祖母が何年も前に送ってくれたカードが、気づかれずに残っていたのです。それは数年を経て開封されたちょうどその瞬間まで、聖書にはさまっていたのでした。祖母はたとえ何年も経っていようと、大切なメッセージを孫に伝えることができました。この事実はさらに、メッセージが届くタイミング自体が時にメッセージであるということを証明しています。

ここまで見てきたように、シンクロニシティやサインは自然の一部です。こういったものはよく超自然的なものと見なされますが、サインは自然界のさまざまな場所から届きます。人によっては、動物や自然現象からメッセージを受け取ることもあるでしょう。

俳優ジム・パーソンズはリーディングの日、自宅にハチドリが大挙してやってきたと言っていました。ネイティブ・アメリカンの信仰によく見られるように、動物がスピリット界からのメッセンジャーであるという考えは目新しいものではありません。僕が数年前に調査を頼まれた「幽霊の出る」場所でも、次のようなことがありました。そこはとりわけ悪いエネルギーで満ちていて、原因を特定することこそできなかったのですが、建物に入ると興奮した蜂の大群に迎えられ、僕は震えあがりました。大群はどこからともなく現れ、「出ていけ」と明確なメッセージを伝えるべく唸り声をあげているようでした。

こうした考えは、いわゆる「超自然世界」における自然の役割に詳しくない人にとっては「怪しい」ものかもしれませんが、歴史を見ても、動物のメッセンジャーは普遍的なコミュニケーションの一端を担っており、精察すべきものです。

二〇一二年、「エレファント・ウィスパラー（象にささやく男）」と呼ばれたローレンス・アンソニーが六十一歳でこの世を去りました。自然保護活動に生涯を捧げたローレンスは、数えきれないほどの象を保護し、自然に還していました。ローレンスが亡くなる一年半前から象との交流は途絶えていましたが、世話をされた象たちは、彼が他界したことを本能的に知ったようです。象たちはふたつの群れになり、まるで葬儀の列に並んでいるかのように、十二時間はかかる長距離を厳かに移動しました。そしてローレンスの家に着くと、周囲で二日間過ごし、来た道を解散していきました。

この象の群れが、かつて世話をしてくれた人の鼓動が止まったことを、何マイルも離れた場所で察知した理由を科学では説明できません。この出来事は、いかにわれわれが相互に繋がっているか、そしていかに愛が種を超えて通じ合う力を持っているかを示す深遠な実例です。

シンクロニシティという言葉を提唱したカール・ユングは、自然を巻きこんだ不思議な証拠を目の当たりにしたことがあります。*“Connecting with Coincidence”*の著者バーナード・ベイトマン医学博士は、ユングのゾクッとするような偶然の一致体験を以下のように述べています。

深刻な面持ちをした高学歴の若い女性がユングの診療室に入ってきた。ユングは彼女の合理主義的な殻を「なんらかの、より人間的な理解」で和らげることができなければ、その心理的変化を求めても無理であると気づいていた。偶然の一致という魔法が必要だった。ユングは彼女を注意深く観察しながら、予測のつかない不合理な何かが起こるのを待った。彼女が前夜の夢でコガネムシ——コガネムシを模した高価な宝石——を受け取ったという話をしていると、ユングは窓をコツコツと叩く音を聞いた。窓を開けると、シンクロニシティがあった。彼はそこにいたコガネムシ科の甲虫を捕まえた。コガネムシに酷似するその甲虫こそ、ユングが、そして彼女が必要としていたものだった。「ほら、あなたのコガネムシですよ」。ユングはそう言って、彼女の夢と外界との繋がりを示すそれを手渡した。

このように、シンクロニシティは意図に呼応するようです。シンクロニシティとは何なのかを意識し、それによる導きに心を開けば、世界観が変わります。どんなに頭の固い懐疑主義者でも、自分の知らない世界にかかる幕を翻すことができるという自分の可能性に驚くかもしれません。さらに言うと、人類誕生以来、こうしたサインがわれわれの文化を方向づけ、聖なる介入の瞬間を見せてきたのです。

僕みたいなタイプの人なら、シンクロニシティという現象の裏ではどういったメカニズムが働いているのだろうと疑問に思うかもしれません。死者の意識が一部のシンクロニシティに影響を与えることは確かですが、僕はすべてのシンクロニシティが死者によるものだとは思っていません。われわれがシンクロニシティと呼ぶものは、実際はふたつ以上の現象である可能性もあります。偶然の一致は、われわれ以外の存在とコミュニケーションをとるための、より高度な手段なのかもしれません。スピリット界に移行すると世界に対する見方が変わり、すべてが相互に繋がっていることを理解するようですが、この理解が、シンボリズムやタイミングを用いたスピリットたちのコミュニケーション方法について知るヒントになりそうです。

ジョン・キールはその著書 *“The Eighth Tower”* にて、他の意識がいかにわれわれとは異なるものの見方をし、われわれよりも高い能力を発揮しているかについて、洞察に富む見解を述べています。

未来を見通す能力。この能力を持つ人たちは、ただ単に他者のマインドにチューニングしているのではない。彼らの脳は、なんらかの形でスーパースペクトルそのものに同調し、そこに保存された情報を引きだしている。未来はすでに、スーパースペクトルに存在しているのだ。

この現象について簡単なたとえ話で説明すると、スーパースペクトルは顕微鏡を覗く少年になぞらえることができます。この少年がスライドにのせた水滴を覗く時、彼はある意味、彼自身の現実とはまったく別の世界を見ています。彼は顕微鏡を覗いている三十秒間で、微生物の一生、つまりその発生から細胞分裂、死滅に至るまでを観察できます。微生物に時間の概念があると仮定した場合、その極小さを考えると、少年にとっての三十秒間は微生物にとっての三十年間かもしれません。アインシュタインが述べたように、時間は実際に計測できるものではなく、相対的なものなのです。水滴の中でうごめく微生物はその周囲の環境の外にある宇宙について何も知らず、少年は自分とはまったく別の次元に存在しています。

サインはどの程度、現在を変えたり未来に影響を与えたりするのだろう、と不思議に思わないでしょうか。直線時間がそっくりそのままスーパースペクトル的な次元に存在しているとすれば、すべてが同時に起こっている可能性があります。この考えは、あなたを結論の出ない複雑な思考の迷宮に陥らせるかもしれません。シンクロニシティの根拠をどれだけ理解しようとしても、それは理解の範疇を超えています。誰が、あるいは何がそれを起こしうるのかを僕は理解していますが、現象それ自体は時空を超えているように感じられます。僕は仕事柄、未来が過去になんらかの影響を与えるという可能性を熟考してきました。物理学ではこの概念は「逆因果律」と呼ばれており、それはなぜ予兆やサインがわれわれの時間に対する理解を超越しているかを説明しうる、数ある学説のひとつです。

未来の出来事を直観で知った人たちの有名な実例をお話ししましょう。バディ・ホリー夫妻のケースでは、未来が彼らの現在に大きなインパクトを与えました。一九五九年一月のある夜のこと、有名歌手のバディとその妻は、それぞれ別の悪夢を見て飛び起きました。妻のほうは、夢の中で火の塊が地面に向かって飛んでくるのを見ました。それは轟音を立てて彼女の横を通り過ぎ、焼け焦げた地面にクレーターを残しました。バディは、妻の悪夢を聞いて驚きました。なぜなら彼もまた悪夢を見たからで、彼の夢は飛行機に関連するものでした。夢の中で夫妻は小型機に乗っていましたが、妻のほうだけ降りるように指示がありました。夢の中の二人は自分たちが離ればなれになるべきだと理解していて、バディは妻にこう告げたそうです。「心配するな、あとから迎えにいくから！」

その不気味な偶然の一致から一か月もせず、バディは悲惨な飛行機事故に遭って死亡しました。なんらかのフォースが働いて、未来に起こる出来事を夫妻に伝えたことは明らかでした。夫妻は悪夢にあまりに驚き、その内容を互いに話したほどだったのです。この事例では未来と過去が衝突し、避けられない出来事に関する短い洞察を与えたのでした。

この話を聞くと、こんな疑問が浮かぶかもしれません。夫妻が夢をもっと深刻に受けとめ、飛行機に乗らないようにしていたら、バディの命は助かっていたのだろうか？

僕はそうは思いません。人がいつ生まれ、いつ死んでいくか、その背後にはある種の計画がある――そう思わせる兆候をあまりにもたくさん見てきたからです。生きている間はその時間の中に意識が置かれる必要があり、与えられた時間における役割が終われば、人は死んでいきます。

この考えは、臨死体験者からの無数の報告にも反映されています。彼らはほぼ例外なく、「まだ逝くタイミングではない」というメッセージを受け入れたと言っています。臨死体験者がこのメッセージをスピリット、あるいは神のような存在から伝えられたのであれ、テレパシー的な理解を得ただけであれ、この現象は驚くほど共通して報告されています。

僕はこれを知り、われわれがこのタイミングでこの地にいる理由の裏には目的があるということを、この現象が知らせようとしているのだと思うようになりました。そうでなければ、「まだ逝くタイミングではない」とわざわざ伝える必要などあるでしょうか？とにかくもこのようなメッセージが伝えられた、という事実はあの世に逝くタイミングには意味があることを示唆しています。

それが夢であれシンクロニシティであれ、サインが届く時、それはわれわれの意識的、無意識的経験に作用します。たいていの場合サインは象徴的で、シンプルでありながら衝撃的なセレンディピティを通じ、高次の考えや複雑なアイデアを伝えてきます。サインは、人間よりも偉大な何かと人間との関わりの証です。サインが現れる時、それは万物が相互に繋がっているという神秘性を証明しています。多くの人はそうした体験を軽視したがりますが、これは人間体験に組み込まれているものであり、われわれの一部なのです。一定数の人たちが、その助けによって大きな恩恵を受けていることでしょう。仮に歴史がそれを語ることができるなら、天からインスピレーションを受けた体験は、時の試練に耐えて語り継がれるはずです。このような体験が人々の信念や動機を形成し、意味ある目的の道へと人類をそれとなく導いてきたのです。

サインは夢の中で、もしくは起きている時に、シンクロニシティやシンボリズムを通じて現れます。偶然の一致に意味が込められている時、それは自覚する以上にあなたの行動を変容させるかもしれません。サインを受け取ると素敵な気分になりますが、そればかりでなく、宇宙には目に見える以上の何かがあるという実存的な気づきが喚起されます。この考えを異様に怖がって完全に心を閉じてしまう人もいる一方で、僕のようなタイプの人は、自分は決して孤独ではないと思いださせてくれるこうした導きの洞察に慰めを見いだします。

サインの源について、ひとつの見解だけを受け入れ、他の見解を無視するのはたやすいことです。しかし僕は、複雑な現象をより明確に理解するためには、歴史を通じて宇宙が人間とコミュニケーションをとろうとしてきた方法すべてに目を向けるべきだと思っています。偶然の一致にスピリットが関与しているケースがあることは知られていますが、高次のパワーによるものもあるかもしれません。われわれのガイドたち――それが何者であるかはともかくとして――もまた、われわれが気づくべきサインになんらかの影響を及ぼしている可能性があります。あらゆるサインの送り主の源をつかもうとしても無駄に終わります。僕が思うに、それは理解するには複雑すぎ、あまりに多種多様です。これを理解しようともがく試みは、僕のお気に入りの寓話「群盲象を評す」に出てくる、目の不自由な人たちの苦労にたとえられるでしょう。

この寓話に登場するのは目の不自由な男性六人で、彼らはある時、象に遭遇します。彼らは象が見えないため、それぞれが象の異なる部位に触り、自分の得た感触が象のすべてを物語っていることに疑いを持っていません。一人は象の牙を触り、象は槍みたいだと断言します。別の一人は尻尾を触り、象は縄のようだと主張します。しかし、象の一部を触っただけでは、象の本当の姿を理解しきれません。全員が異なる見解、言い換えると「物語」を抱いたのです。われわれ人間というのは世界に対する意見の数と同じだけの物語を持っていて、たいていの場合、その物語は完全ではありません……象を触った男たちが語ったことのように。

われわれが真理について本当に理解できるのは、自分の解釈だけです。それぞれが大いなる真理の異なる側面を把握しているのは事実かもしれませんが、それらの解釈のどれひとつとして全体像を描いてはいません。サインはもっぱらスピリットから届くものと信じている人もいれば、天使、あるいは神から届くものだと信じている人もいるでしょう。いずれにせよ、サインにはすべて価値があります。送ってくる対象を必ずしも理解していなくても、それがリアルで、深遠なものであることに変わりはありません。

僕は自分の考えを疑わざるをえない経験、新しい可能性を考えさせてくれる経験を何度もしてきました。僕にとって、メッセージを受け取る手段としては夢がとりわけ有意義な手段なのですが、不条理という点でひとつ深く印象に残っている夢があります。それについては、寝る前に食べ過ぎたせいでそんな夢を見たんだ、などと一蹴することはできませんでした。なぜなら、その夢を繰り返し見たからです。

夢の中の僕は、ハンフォードのダウンタウンにいました。ティーンエージャーの頃に、よくリーディングの仕事をしていたエリアです。何台もの車が通りを走り過ぎ、僕は裁判所近くの公園の、道路を隔てた向かいに立っていました。横断歩道で待っていると、奇妙な光景が目に入りました。大きなコヨーテか、狼のような動物が柱の影から現れ、僕のほうに歩いてきたのです。それが道路を渡り、僕はまるでスローモーションのようなその歩みに驚きました。この夢を初めて見た時はそれが夢だとわかっていましたが、目を覚ますことはできませんでした。『でっかくなっちゃった赤い子犬　僕はクリフォード』の奇妙な場面に迷いこんだような夢の中で、僕は横断歩道を渡り、その動物に続いて公園に向かいました。

その動物は、警察署付近の公園のとある場所に僕を連れていきました。僕たちは黙って歩き、僕は新しくできたこの毛深い友だちとコミュニケーションをとることはしませんでした。その動物が急に立ち止まり、目の前の地面をまっすぐ見つめました。近づいてよく見ると、大きな赤い字で「X」と書かれていて、金貨があふれる巨大な宝箱があります。そんな馬鹿な。まるでレプラコーンと『パイレーツ・オブ・カリビアン』が合体したような夢だと思いました。欠けているのは虹のふもとだけです！〔訳注／アイルランド民話では、レプラコーンが虹のふもとに金貨の入った壺を隠している〕

僕はそこで目を覚ましました。この夢は幾夜か続き、僕はついに好奇心に負けました。ハンフォードのダウンタウンに行って、この子どもじみた奇妙な夢が何を意味するのか突き止めてやろうと思ったのです。僕は毎夜そうしていたように、横断歩道で待ちました。違いは、目が覚めているという点だけです。遠くから公園を眺め、夢で見た方向に何か目立つものはないかと探してみました。横断歩道を渡っている途中ですでに、あの「X」

の場所には特に何もないことがわかりました。公園には南北戦争の古い大砲を囲む芝生があり、過去に何度もそこを通ったことがあります。辺りは無人で、地面にうちやられたチラチラ光る物だけが見えました。近づいてよく見ると、思わず笑いそうになりました。僕の目の前の地面に転がっていたのは、「(笑)」と書かれた、しぼんだ風船だったのです。どういうこと!? 僕はかつがれたような気分で、ゾクッとしながらそこに立ちつくしました。……金貨の壺が欲しかったのに！

冗談はさておき、その状況のばかばかしさは僕にも理解できました。そして僕はそれ以来、コヨーテのアーキタイプ（元型）がさまざまな文化に見られることに注目するようになりました。ネイティブ・アメリカンの神学では「トリックスター」として知られるコヨーテは、多くの人々の前に現れたことがあると言われています。それは確かな情報に基づく伝承であり、メディアでも広く取り上げられています（ワイリー・コヨーテ〔訳注／アニメのキャラクター〕が耳をそばだてているかもしれませんね）。カール・ユングによると、トリックスターは人間の無意識における完全なアーキタイプであり、人類はそれにまつわる多様な神話を紡いできました。僕の夢が、いたずら好きなスピリットが見せたものなのか、それとも僕自身の無意識が見せたものなのかは今後も決してわからないでしょう。あの夢は特に意味深長なものではありませんでしたが、ひょっとすると

「何に意味を見いだすべきか、よく判断しなさい」という意味だったのかもしれません。

このエピソードは実際、僕にとって、サインの意味を深読みしすぎないことが大切だという教訓になっています。その意味を深読みしようとすると、目に見える意味を見落としかねません。そこにあるものを、それ以上でもそれ以下でもなく、あるがままに受けとめることが重要なのです。もし僕が穴を掘る気満々でスコップを持って公園に行っていたら、さぞかし失望していたことでしょう。メッセージが最愛の人からのものだった場合、たいていの人はその意味を知りたい、少なくともそのメッセージに気づきたいと思うものです。そのメッセージを瞬時に理解はできないかもしれませんが、あなたが受け取るよう意図されたメッセージであれば、あなたはそれを受け取ることになります。どんな小さなものにでも意味を見いだそうとしていると、空回りしてしまう危険があります。現実《リアリティ》は時にわれわれが完全には理解できない形でコミュニケーションを図ってくると承知しつつ、現実《リアリティ》をしっかり見据えていることが大切です。スピリチュアリティにアプローチする時、すべてを理解しようとするのが人の常ですが、それは完全な理解などさせてくれません。それこそが現実《リアリティ》の本質であり、それは謎を残すよう意図されているのです。

僕が理想とするのは、源と同調した生き方です。最も有意義な生き方とは、より大きな目的のための器となることです。どんな時に流れにまかせ、どんな時に意図を定めるかがわかると、人生は変容します。押したり引いたりと、人生のバランスを取るのは気弱な人だと難しいかもしれませんが、直観がそのダメージを和らげてくれます。満足感を得るために努力するほうが、永遠の幸せを目指すよりも前進に繋がるかもしれません。満足感は特に、困難な状況で直観を活用すると得られます。障害に潜む教訓を直観できれば、その障害を乗り越えて、新たな高みに到達できるでしょう。

多くの人は自分のスピリチュアルな側面から切り離されていると感じ、巷で耳にするようなガイダンスを自分も受け取りたいと望んでいます。けれども、霊性に続く扉は自分自身をより深く知って初めて開きます。だからこそ、自己認識が大切なのです。その鍵となるのは、何に気づくべきで、どういう時に深読みすべきではないかを知ることです。直観的かつ論理的に人生に取り組むことで、もっとも効率的にこの実践が図れます。導かれている方向に進み、サインを受け入れていくと、自力ですべてを解決しようとする時間を削減できます。こういう貴重な体験は誰もが身をもって体験できるものであり、サインを受け入れようと意図を定めることが最初の大きな一歩になります。自分がコミュニケーションをとってもらえる対象となる可能性に本気で心を開けば、その姿勢がコミュニケーションを促進するでしょう。

結論として、現実《リアリティ》のスピリチュアルな側面に気がつくと、多数の可能性が見えてきます。その現実《リアリティ》における自分の立ち位置を完全に知ることはできないかもしれませんが、利用可能な援助を活用することはできます。意図こそが祈りやあらゆる儀式の背後にある基本原理であり、意図は自分の周囲の世界に大きな影響を及ぼします。行動が起こる前には意図があります。僕はリーディングを始める前には必ず、交信ができるように祈りの言葉を唱えています。

大半のことについて言えることですが、他者よりも成功しやすい人というのが存在します。反対に、結果を出すのに他の人の倍の努力をしなければならない人もいるかもしれません。それは決して悪いことではありません。スピリチュアリティの追求に欠かせないのは、熱意だからです。人は皆、強みや改善の余地がある分野が異なります。自分が気づいたことを活かし、目の前に現れたものの呼びかけに応えましょう。現実《リアリティ》の偶然性はわれわれに貴重な洞察をもたらし、それに気づくよう助けてくれます。直観のスピリチュアルな性質に気づいてさえいないのに、スピリチュアルなサインに従って大きな収穫を得る人も確かにいます。ウォール街のトレーダーもチベット僧も、直観のパワーを同様に認めています。それは万人に内在するものであり、自分の向上のために磨かれて発展するのを待っています。われわれの意図次第で、サインが自分の運命づけられた方向に導いてくれるのです。

人生にはたくさんの扉があります。ひとつ扉が開けば、別の扉が閉まります。現状に留まるべき時と、待ち受ける次の扉を通り抜けるべき時を知ること、そこに恩寵が見つかります。人生で約束されているのは変化だけであり、われわれはそれとうまく付き合っていけるようサポートされています。直観やシンクロニシティ、そして現実《リアリティ》のスピリチュアルな本質は、扉を抜けるたびに、自分が孤独ではないことを思いださせてくれます。困難な時、予測不可能な時にも、自分の味方でいてくれるフォースがどこかに存在しています。個人的に悪戦苦闘し、苦しんでいる時も、その何かが見守っています。あなたはその苦しみに一人で耐えているわけではありません。

マタイによる福音書第七章七節にはこうあります。「求めなさい、そうすれば与えられる。探しなさい、そうすれば見つかる。扉を叩きなさい、そうすれば開かれる」

この言葉は、書かれた時代に限らず、現代においてもなお真実です。静寂のあらゆる瞬間に、求められるのを待っているガイダンスがふんだんに存在しています。充分に心が静まって宇宙のささやきが聞こえてくると、誰もが同じ目的地に向かっていることがわかります。人類がこの地上で分かち合い、生みだしている愛から切り離されることは決してありません。われわれの最高の可能性と繋がる機会は、われわれを助けるために存在しています。自分や他者を本当に愛するにはどうすればいいかを学びながら人生を歩んでいれば、サインが現れて、次に向かうべき方向を示す地図の役割を果たしてくれます。

スピリチュアルに生きるには、信仰と同じくらい信頼が大切です。自分が真には理解しえないものを信仰し、自分よりも大きな要素を信頼するのです。僕の願いは、皆で家《ホーム》に向かう旅路を歩みながら、それぞれがガイダンスを受け取り続けることです。皆さんが自分のパワーの中に答えを見つけられますように。そして、未来に現れる扉一つひとつを抜けていくための、内なる鍵を見つけられますように。

7 クレアボヤントの質疑応答

本章では、前著『ふたつの世界の間で』の出版後に僕が理解に至ったことの最新版をお届けします。前著でもよく訊かれる質問の数々にお答えしましたが、その後の数年でたくさんの新しい経験をしてさらなる洞察を得てきたので、本章の質疑応答では前著の情報をアップデートしたいと思います。僕は、リーディングをするたびに新しい学びがあると常に力説してきましたが、ここでも僕がこれまでに学び得たことをできる限りシェアします。一度理解した事柄が新しい情報によって更新された場合、僕は自分の見解がどう変わったかを必ずお伝えすることにしています。今回は前回の質問に対して改めて詳しく回答するとともに、新しい質問にもお答えしていきます。

僕の目的は、自分のスピリチュアルな仕事を通じて推察してきたことについて、自分なりの見解や意見をお伝えすることです。自分がすべての答えを知っているなどと主張するつもりはありませんし、実際のところ、学べば学ぶほど信念の限界というものに気づくばかりです。自分の見解が常に進化、発展していくことを念頭に置きつつ、実体験から推察することしか僕にはできません。僕の信念の土台は確かなものですが、それぞれの信念は複雑に入り組んでいて、そこにはかなり微妙なニュアンスが含まれます。読者の皆さんにとって本章の質疑応答が、さまざまなトピックを探究し、何が自分の心に響くかを見定めるのに役立つことを願っています。

＊

——神に関するあなたの信念は、リーディングをする中で得られたものですか？　もしそうであれば、それはどのような信念ですか？

先述したとおり、僕は宗教的な環境で育ちました。それが年齢を重ね、リーディングを通じて直観を頼らざるをえなくなると、僕のスピリチュアリティは信仰に基づくものから信頼に基づくものへと進化しました。子どもの頃の僕は、教会の信徒席に何時間も座り、見えざるものに対して信仰を持ちなさいと言われました。信仰が、神を信じていることの証だったのです。ところが、自分のスピリチュアリティを活用し始めて、信仰だけが神を認める方法ではないことに僕は気がつきました。信仰するより、信頼するほうが充足感があったからです。僕は自分の能力を信頼できましたし、その能力が自分より大きな何かから与えられていることを知っていました。この信頼が僕と高次のパワーとの関係を変え、そこに信仰だけでは得られなかったレベルの現実味を感じられるようになりました。

僕は神を万物の源と考えています。宗教は、たとえるなら聖なる存在と交信する際に用いる言語のようなもので、それはその人が住む文化によって異なります。インドに生まれた人はヒンドゥー教徒、あるいはイスラム教徒として育てられるかもしれませんし、米国南部の保守的な地域に育った人なら、保守的なキリスト教徒になるかもしれません。生まれる場所、時代、その地に見られる宗教的信念が、それぞれの信仰に対する考え方を形成するのです。僕は「この信仰だけが正しくて、あの信仰は間違っている」などとは考えません。どんな信仰も、慈悲が優先事項である限りは同じ目的地に向かう異なる道です。宗教は、時代の特定のポイントにおける、原理原則のスナップショット的な役割を担っています。宗教は解釈的なものですが、本書で見てきたように、神秘体験の本質は言葉を超越しています。われわれはただ、説明のつかないものを説明しよう、完全には理解できないものに意味を与えようと試みるしかなく、それをやっているのが宗教なのです。

僕にとっての神は、外側にも内側にも存在します。誰もが持っている生命の輝きはどこからかやってきます。意識はそれ自体がわれわれの源の反映なのかもしれません。僕に明かされたのは、集合意識というもの――万人がその一部である、森羅万象を包含する単一のユニット――が存在するということです。一なるものに由来するわれわれの意識は、その延長にあります。この一なる源がおそらく宇宙を創造した知性、あるいは少なくとも、あらゆる意識的体験に浸透している知性なのでしょう。宗教として神を礼拝する時、人はその信念体系にのっとり、自分より偉大な何かに自分を明け渡します。でも僕は、われわれが神の延長であることを軽視しないことが大切だと思っています。この源が建設的な力と破壊的な力の両方を持っているのと同じく、人間もその両方を持っているのですから。

――スピリットは、人生でどのような質を体現するのが重要だと考えていますか？

抵抗しても無駄な時は流れに身をゆだねることが大切だと、これまで数知れぬスピリットたちから伝えられました。人生は、押すべき時と引くべき時を知って、バランスをとるものです。人は何を優先すべきか、ひいては何に注意が必要で何に必要でないか、常に決定を迫られています。

人生は、人生についてどう捉えているか、その信念によって大きく左右されます。わわれわれが直面する困難の多くは思考によって複雑化し、本当なら対処できる問題を、エゴが完全な混沌レベルまで拡大してしまう場合もあります。全体的な自己認識の欠如が人類を、結果を考えない、数多くの愚かな行為に導いてきました。しかも、そのことに死ぬまで気がつかないのです。あの世の死者たちは、結果を考えることの重要性、思考と行動が及ぼす力に気をつけることの重要性を伝えてきます。うっかり言葉を発したり、本当の意図とはそぐわない行動をとったりしがちなのが人間です。

己を知ってください。自分の持つ意図と、それを持つ理由を知ってください。なぜ自分が特定の思考や状況にこだわるのか、常に自問するようにしましょう。自分の条件付けがいかに自らの動機に影響を与えてきたか、突き止めてください。あなたはどんなことに生きている実感をおぼえますか？　その理由は？　その実感をもっと味わうことを、何が邪魔しているでしょうか？

あの世の次元における意識は、自己発見の大切さを理解しています。自己発見は、重要かつ時に難しい質問を通してのみ、実現します。己を知ろうと努力していると世界への理解が深まり、結果として人生が豊かになります。内観して、自分が提供できるもののすべてが見えると、個々の可能性を最大限に発揮することができます。誰もが自分自身に内在する世界を探究する努力をすべきなのです。

――直観が磨かれているか、どうすればわかりますか？

直観とは、自分の思考や感情、叡智に気づくことで得られる内なる洞察です。夢や嫌な波動、自然発生的な決断、ニアミスなどは、人に本来備わっている知恵が教えてくれているのだとわかると、直観を理解できるでしょう。直観は赤信号、危険信号を示してくれるだけでなく、新しいアイデアや画期的な洞察、革命的な考え方をインスピレーションで与えてくれます。

人は皆、内なるレッスンを学びながら、人生の浮き沈みを経験します。内なる世界と同調できる時もあれば、外界が優位に立つ時もあるでしょう。直観が意図（意志）とともに意識的に流れる時、人はあらゆる直観の源、つまり集合意識と霊的に共鳴していきます。他のどんなスキル、能力、感覚もそうですが、直観は実践されてこそ磨かれます。

あらゆる発明、作曲、画期的なアイデアなどは、どこからかやってきます。その「どこか」が集合意識なのです。自分に浸透しているこの普遍の神性がわれわれの起源であり、やがてはそこへ還っていきます。「あの世」はわれわれが最終的に到達する状態を表していて、その状態に到達すると、ひとつである状態が人類の最大の目的であるとわかります。われわれが解読できる印象やヒントは、その直観があらゆる論理的思考よりも高次の論拠であることを示しています。直観的に垣間見たものはすべて、それが個人的なものであれ広範なものであれ、人類を段階的に理解へと導いています。

直観の三位一体

素晴らしいひらめきは、個人的なものも広範なものもすべて、第一段階「最初の起点となる見通し」から始まります。次に第二段階「突然のひらめき」に進み、最後の第三段階「得た気づきが真理であるという確信」に至ります。これが直観の三位一体です。

直観が働くのは珍しいことではなく、実際、それはいつも起こっています。問題にぶつかるとすれば第三段階で、それは、理にかなわない勘は無視するよう条件付けされていることが多いからです。第一段階から第三段階を通じて直観を理解し、自分の枠組みから抜けだすことができれば前に進めるでしょう。

大半の人は直観を垣間見る体験をしたことがあるはずです。直観は無意識に由来し、われわれの顕在意識に浮上して機能します。一部の人たちは超意識というものを信じており、その超意識はあらゆる情報の源とダイレクトに繋がっています。この概念からすると、直観はあらゆる意識を統合する、この神なる源の情報から引きだされているのかもしれないということです。そう考えると、なぜ他人についての直観的洞察が得られる場合があるのか、なぜ多くの超自然的な体験があたかも直観能力者自身の体験であるような感覚をともなうのか、その理由の説明がつくかもしれません。

子どものように、内なる叡智と強く繋がっている人たちは、直観がよりはっきりと感じられます。大人は自己不信やエゴや確証バイアスのせいで、内なる世界と共鳴するのに苦労することも多いでしょう。言語と同じく、直観したことをもっともたやすく記憶にとどめておけるのは子どもたちですが、彼らも年齢を重ねるにつれ、それを保持するのが難しくなります。ひとたび自分のやり方が出来上がってくると、エゴ以外の視点で見るのが困難になってしまうのです。

学校で先生に質問された時のことを思いだしてください。一番に当ててもらおうと自信満々に手を上げた子が、大声で間違った答えを言うことがあったでしょう。得てして一番確信のある人が、直観したことを伝え間違えてしまうものなのです。直観を使いこなすには、自分がより深いレベルで知っていることを認識し、それを表に出す自信が必要です。その一方で、正しい判断力と見通す力を欠いた過剰な自信は、せっかくの直観を台無しにしてしまいます。紙一重ですが、このバランスは重要です。

自信だけに頼っていると文脈を見落とし、自信過剰になったり、有害なほどの失望感を抱いたりすることがあります。自分の信念にあまりに固執すると、直観を完全に遮断してしまうリスクを負うことになります。内なる叡智を使いこなせると自負する人たちは、自分自身に関する信念の犠牲になってしまうでしょう。オープンマインドであり続けながら、謙虚でいることが大切です。皮肉なことに、直観を見極めて役立てるには勇気が必要である一方で、勇気がうぬぼれになると、エゴが直観を破壊してしまうのです。

——引き寄せの法則について、どう考えていますか？

『ザ・シークレット』（角川書店）が出版されて以来、引き寄せの法則はニューエイジ界隈の大きな一角を担っています。オプラ・ウィンフリーに推薦された同書は、歴史上の偉人たちが活用した具現化プロセスについての洞察を与えると謳いました。それはニューソート運動や、意図のみで物質界に変化を起こすことが可能であるという考えを想起させます。確かに、意図にパワーがあるという考えには妥当性があります。意図は行為に先立つものであり、その行為に息を吹きこみます。祈りや儀式もあくまで行為であり、意図を拡大することを期待してなされるものです。

高次のフォースと交信する意図を放つことは理にかなっていて、場合によっては祈りがパワーを持つことを僕は否定するつもりはありません。それでもやはり、引き寄せの法則は、効力の薄いスピリチュアリティのような気がしてしまいます。集中するだけで欲しいものが手に入るというのは、甘い考えのように思えるのです。ヴィジョンボードや目標設定が、自分を正しい方向に進ませ、自分の望みを常に思いだせるようにするための素晴らしい方法であることに異論はありません。ただ、意図だけがわれわれを、人生における現在の立ち位置に導いてきたとは考えにくいものがあります。

引き寄せの法則は、被害者にその責任を負わせているようにも思えます。この法則が主張するところによると、経済的な問題、人間関係の問題、健康問題などはすべて、充分に意図すれば変えられるそうです。意図を定めても環境が変わらなければ、自分に集中力が足りなかったからだと思うしかありません。反対に、意図を定めて環境が変われば、それは具現化を意図したおかげだとなります。でも、恵まれない環境にいる人たちが、「そんな環境にいるのは自分のせいだ」と責められるとしたらそれはおかしいでしょう。仮に、集中して意図するだけで欲しいものすべてが得られるなら、アフリカの子どももたちはきれいな水が飲めているはずですし、戦場で死ぬ兵士もいないはずです。この数十年の引き寄せの法則の流行には波がありますが、僕の願いはこの法則が、非現実的な約束をすることなく実用的に活用されることです。視覚化はパワフルです。意図を定めると、現実世界に波紋のように広がります。それは、ただ目を閉じて幸せな空想をするだけのこととは違います。近年におけるこうした概念のニューエイジ化が、この法則の真の効用を損なってしまうかもしれないと僕は懸念しています。

――どうしたらもっと簡単に他者をゆるせるか、スピリットから何かアドバイスはありますか？

これまでにも述べてきましたが、ゆるすことは、他者を家賃無料で頭の中に住まわせないための強力な手段です。ゆるすことができれば、その相手とあなたを不要にも結びつけているコードを断ち切ることができます。スピリットは、ゆるすことイコール忘れることではないと強調します。忘れるどころか人生の振り返りプロセスによって、本当の自分とその行動のすべての側面に向き合うことになるのですから……。ゆるしというのは、再び相手の犠牲になることから自分自身を解放する手段です。

そう理解してはいるものの、僕自身、まだ自分の恨みがましい性質に取り組んでいるところです。結局、やぎ座だから仕方ないのかもしれません！　実際に「ゆるさない」ということではなく、僕は、健全な境界線を築いてそれを守るべきだと信じているだけです。人は誰でも、他者の人生における自分の時間と存在を大切にすべきです。あなたが与えるものを、誰もが受け取るに値するわけではありません。

僕は子どもの頃、悪名高き一人っ子を地で行くタイプで、いつでも社交上手にみんなと遊べるというわけではありませんでした。僕には手放すことの大切さを学ぶ必要がありましたが、その学びは大人になってから役立っています。ゆるしは必要不可欠なもので、ゆるす気持ちがなければ、誰よりも自分を傷つけることになってしまいます。ゆるすことは忘れることだという考えを改めましょう。忘れるどころか、魂が永遠に続いていくのと同様に、説明責任が残ることをスピリチュアリティは証明しています。

僕はクライアントのリーディングを通じて、手紙を書くことがゆるしの良いきっかけになることを知りました。紙に言葉を連ね、あとで見直したり、理解を深めたりできるようにまとめていく作業には、パワフルな何かがあります。書くことがそこにパワーを吹きこむのです。それを口で発すると、さらにパワフルです。ゆるしがたい相手と和解する必要はなく、無理にそうするのはむしろ不健全な場合もあります。相手と口をきかないことが不可欠なこともあるでしょう。そういう場合は、ひとまず手紙を書いてみましょう。それを相手に送らなくても問題ありません。手紙を書く目的は、自分がどう感じているかを表現し、それを紙の上で認め、願わくは自分の感情を処理することなのですから。書くことによって、相手に知られたくない場合は知られることなく、言いたいことを表現できます。

僕は和解を申し出ることに強く賛同します。恨み続けるには人生は短すぎます。ただし、恨みを手放すのは言うほど簡単ではありません。争いを解決する最善の方法は、直接話し合うことだと僕は思います。思いを口にしてみましょう。もし激しい言い争いになるようであれば、客観的な第三者を呼んで会話の進行を助けてもらってください。自分を傷つけた相手と話すのは不快かもしれませんが、その不快感を通り抜ければ、有用な情報を得られるかもしれません。相手の視点に立つことで何かがはっきりするかもしれませんし、少なくとも自分の意見をはっきりさせることができます。どちらにせよ、コミュニケーションが鍵となります。自分を傷つけた相手と話し合うことができないのであれば、手紙を書いたり、日記に書いたりするのが手始めによいでしょう。暗い場所で育つのはマッシュルームだけです。自分に痛みを与えているものを明るみに出すと、自分の中から恨みを追放し、ゆるしへの道に足を踏み入れることができます。

――あの世から学んだことによって、一夫一婦制に関する考えは変わりましたか？

僕がリーディングで交信したスピリットたちは皆、死後に、生前に愛した人たちと再会すると言います。そこには生前の配偶者との再会も含まれるわけですが、なかにはその生涯において複数回の結婚相手がいる場合もあります。そこで、興味深い疑問が浮かんできます。死者は、生前の配偶者全員と再会するのだろうか、それともそのうちの誰か――たとえば最初の一人だけと再会するのだろうか？

僕はよくこの質問をされますし、スピリットもこの発想を愉快に思うようです。グループリーディングをしていると、誰かの祖母が現れて、自分が他界する前にこの世を去った夫全員と再会したと伝えてくることも珍しくありません。僕はティーンエージャーの頃、ザ・ザ・ガボール〔訳注／女優。自伝で「やっぱり私は結婚しているのが好き」という言葉を遺している〕の家でよく過ごしていたのですが、彼女にいたっては九人の夫がいたそうです！　彼女が他界した時、僕はずらりと並んで彼女を待つ夫たちのことを想像して面白がっていました。

簡単に言うと、他界した意識は結婚について、この世にいるわれわれと同じようには捉えていません。「死が二人を分かつまで」と言われるのには理由があって、結婚は、この世でわれわれが考えているような形であの世でも継続されるわけではないようなのです。あの世ではエゴが大幅に処理されるため、ある意味、結婚の必要性も消えてしまいます。それより何より、結婚は法的な契約ですから、死後にその必要はもはやありません。

一番重要なのは、愛が続いていくということです。それがプラトニックな愛であれ、ロマンチックな恋愛であれ、無私の愛情のやりとりや表現には価値があり、自分が愛し愛された人たちと再会する中でその価値も永遠に続いていくのです。相手との関係の言葉上の定義は、間違いなくこの世だけのものです。それは自分たちの関係の条件をより理解するため、そして世間に自分たちのことを示すためのものです。スピリットにとってはもはやこの重要性はないかもしれませんが、だからといってこの世でも結婚をやめるべきだ、独り者でいるべきだというわけではありませんし、その関係が健全で、他者に害を及ぼすものでない限り、自分にとってうまく機能する方法をとるべきです。

――自分を愛することについて、スピリットは何を教えてくれますか?

死のプロセスは、多くのことの本質を明らかにしてくれます。このプロセスは他者の視点や精神状態、その行動の理由についての洞察を与えてくれますが、こうした理解を得ることによって、手放すのが遥かに楽になります。他者がなぜその行動をとったのかがわかると、恨みも誤解も苛立ちもすべて処理されます。それによって正義が果たされるわけではないかもしれませんが、自分のエゴのせいで見えにくくなっていた状況の実際が見えてくるのです。

自分自身についても同じで、この理解が得られると劇的な変化が起こります。人生の振り返りプロセスは、他者が物事にどう対処したかだけでなく、自分が物事にどう対処したかについても洞察をもたらします。われわれは他者やその行動を受け入れなければなりませんが、同様に、自分自身とその行動も受け入れる必要があります。多くのスピリットが認めるところによると、恥や罪悪感、頭の中の批判的なおしゃべりは人生を蝕みます。自分について作り上げる物語が、トラウマや痛みの回避によって大きく歪められてしまうこともあります。人生の振り返りプロセスは、自分に対して自分でついている嘘の積み重ねや、この上なくくだらない理由で忌み嫌っているような物事を露見させますが、われわれはこの死者の人生の振り返りプロセスからヒントを得て、生きている間にそのヒントを人生に活かすことができます。

自分自身に関する信念がエゴの構造を形成していることに気づけると、そこに良い変化をもたらすことができます。自分に反応を起こさせる領域に気づき、その問題の根本原因を見つけようと努力することを人類の共通目的にするべきでしょう。自己認識が、内なる世界と、自分の偉大さを発揮する土台を築くことに繋がります。

自分を愛することが世の中を渡るには不可欠で、大切なのは、自分に喜びをもたらすものを育むことです。そうすることで、自分が成し遂げたことに対して大きな評価を見いだすことができるでしょう。その達成には大きいも小さいもありません。向上する力、いつも思いやり深く対応しようとできる力を誇りに思ってください。どんな人にも足りない部分があるものですが、友人に対するように、自分にも親切な気持ちを向けることです。頭の中のおしゃべりはあなたに向上心を与えてくれるものであるべきで、頭の中に閉じこめる感覚にさせるものであってはいけません。

――誕生する順番によって直観力に違いが生じると思いますか？

僕は仕事上、直観力に優れた人に会う機会も多く、彼らの私生活を深堀りし、その生育環境について聞く機会もたくさんあります。彼らの話を聞いていると、それらがすべて似通っていることに感銘を受けます。直観的な人たちはたいてい、死や病気といった、人生を一変させる出来事を経験したあとに直観力を開花させています。また、彼らの多くは子ども時代に病気をしていたり、大人になって慢性病を患ったりしています。直観的な傾向を持つか持たないかが、誕生した順番によって左右されるケースも見てきました。

一人っ子の僕は一人で過ごす時間が多かったため、よく内面世界に入り、その内省的な面を伸ばすことができました。興味深いことに直観的な人たちは、一人っ子でなければ、長男長女であることが多いようです。直観力の度合いは生まれついた性質と生育環境の両方から影響を受けるらしい、とは前著で述べましたが、僕は今回のこのパターンについても興味深く思います。幼少期に一人きりで内的経験をすることには人を直観的にさせる何かがあるのかもしれませんし、子ども時代の環境の影響で、直観力を他者より器用に習得する人たちもいるかもしれません。その要因がなんであれ、このテーマにはまだ調査の余地がたくさんあります。調査が進めば、直観的な人々に共通する興味深いパターンや特徴が見つかるのではないかと僕は思っています。

――ナルシストはスピリチュアル面において特別な苦労がありますか？

「生前の自分はナルシストだった」と伝えてくるスピリットはよくいます。かなり自己陶酔傾向が強かったスピリットもいれば、自己愛性パーソナリティ障害（ＮＰＤ）と診断されたであろうスピリットもいます。この障害を抱えていた魂は、自分のパーソナリティ、つまりエゴが人生を台無しにしていたと気がつくことが多いようです。他者との関係性における、彼らの自分にまつわる信念は大きく歪んでいました。彼らはよく、自分は責任を引き受けることができなかった、いつも問題を他人のせいにしていた、と生前の人生を振り返ります。ナルシストのエゴの構造は反響室のようなものを創りだし、そこでは自分の視点で見ているものにしか真に価値を見いだせなくなります。そうした自己中心的な人たちは深い孤独感を抱え、自分の外側の世界と本物の繋がりを確立することができません。

伝説にもあるように、ナルシストはカリスマ性があり、自己陶酔しがちです。ナルシストの語源となったナルキッソスは自分のことを愛するがあまり、水面に映る自分の姿に溺れてしまったという神話がありますが、彼のようなナルシストたちには単なる自惚れ以上のものがあります。彼らは完全に自分に没入しているのです。そうすると、他者の中に自分を認識し、自分の中に他者を見るという力に限界が生じます。この狭い視野は学びのレッスンを妨げてしまうのですが、ナルシストは往々にしてそうした学びの主旨を理解していません。彼らの時間は自分を満たすことや出世しようとすることに費やされるため、木を見て森を見ずになってしまいます。

誰でも一度や二度は、ナルシストに出会ったことがあるでしょう。ナルシストはしばしば、人生で出会う共感力の強い人たちを手ひどく扱ったり、疲れさせたりします。歴史的に見てＮＰＤは治療が難しく、このことは、われわれが生みだし活用するエゴの構造について多くのことを物語っているように思います。人生に抱えるトラウマは自分を邪魔することもあれば前に進ませることもあり、それはその人が持っている、トラウマに対処するための構造によります。自己陶酔は危険な性質で、人を自信過剰にし、他者を顧みなくさせます。スピリチュアルな成長においてはそうした性質を最小限まで減らせるように努めるべきで、他者の中にそうした性質があればそれに気づかないといけません。

直観的であるためには確かに自信が必要ですが、ナルシスト的な直観能力者は自らの剣に倒れる運命にあります。他者が見せてくるものの中に自分との関連性を見いだせなければ、優れた判断をすることは不可能です。自己中心性を維持するエゴの構造はこの世的なものであり、集合意識への気づきに抗います。自分の視野でしか見ることができず、自分のことしか大切にできなければ、他の人たちが見えなくなってしまいます。これは健康面でもスピリチュアル面でも危険です。ですから、人は何が自分以外を見えなくさせているのか、その原因に目を向けて、慈悲の心でそれに対峙する必要があります。

――人類の目的について、リーディングでヒントが得られることはありますか？

スピリットが現れて、全人類の目的に対する答えをくれる日を依然として心待ちにしてはいますが、期待はしていません。それより僕はむしろ、人類の目的というテーマは多面的で複雑だと気がつくようになりました。自分が人生に目的を与えたぶんだけ人生の目的を手に入れる、といえる部分もある程度はあるでしょう。人類に共通する普遍的な目的のひとつは、向上することです。意識はその無限という性質により、永遠に成長し、変化を続けています。誰しも昨日よりも今日のほうが多くを知っているものです。目的は、学びの恩恵を享受する中に見いだすことができるでしょう。

自分のことを愛情深いと思っている人もいるかもしれませんが、どんな人にでも悩みや、エゴと結びついた不健全な癖があるものです。思考癖であれ物理的な習慣であれ、そうしたパターンは誰しも改善できます。人間がすることの多くは習慣的なもので、新しい問題が生じても、人はたいてい過去と似たようなやり方でそれに対処します。現在と未来に対処するのに、過去を参照して指針にするのです。障害が生じるたびに、そこに目的を見つけることにフォーカスできれば、「被害者的な視点で語っていた物語」が「自分にパワーを与える物語」に変わります。

人間は、社会的な生きものです。これは偶然ではないと僕は思っています。われわれの意識は絆を結ばずにいられず、自己の存在意義を感じるために、本能的に他者に目を向けようとします。思いやり深い行動は他者を助けるのと同じくらい、自己実現の助けになります。自分が集合体の一部であると感じられるような行動をとると、孤立感や、人生に目的を見いだせない感覚が薄まるのです。僕が思うに、人類の相互の繋がりを真に理解することをあらゆる魂が目指すべきです。自分が世間を渡るために使っている防御的なメカニズムを分析することによって、生きている間に意識的な進歩を遂げ、そのメカニズムを改善することができます。他者との関わりの中で内なる平安を得られる活動を見つけられれば、それは目的意識を持って生きる道を正しく歩んでいるということです。

目的のある生き方はマインドフルネスとも直結しています。最後に携帯電話を見ずに朝食をとったのはいつですか？　愛する人に、大切に思っていることを最後に伝えたのはいつですか？　そういった行為は、大きなものであれ些細なものであれ、目的意識を感じさせてくれます。内と外の両方にもっと意識を向けられるようになると、取り組めることも増えてきます。目的は個人的なものであり、集合的なものでもあります。人は皆、愛を妨げるブロックを解除するためにこの地にいます。でももっとユニークなのは、われわれは皆、個々の苦しみを乗り越え、特定の状況を切り抜けるためにここにいるということです。そこから得られるものはすべて学びに繫がり、そうした意義ある学びはあの世にも持ち越されます。

――内向的な人のほうが直観的な傾向がありますか？

自分にも僕のような能力があると言う人に、交流会でどれほど会ったか知れません。彼らのように直観力を自覚している人たちは通常、内気な人か思慮深い人です。彼らはたいてい、社会的な孤立感や疎外感を自分に感じさせてしまうような、特定の性質を持っています。直観的な人たちは多くの場合、自分自身や他者の感情にとても敏感です。極度に直観的な人にとっては、この世界はとりわけ冷酷な場所に思えるでしょう。直観的でない人は他者の気持ちを無自覚に踏みにじることがありますが、その一方で、直観的な人は自分の言動を気にしすぎます。

そういうわけで、一般的に直観的な人たちは言葉少なです。自分の言葉や行動の影響力を理解しているからです。真に直観的な人たちは自身の深奥部と繋がっているため、内向的であることが常です。だからといって、僕は外交的な人たちに反感を持っているわけではありませんし、外交的なミディアムも実際たくさんいます。外向性に問題があるとすれば、パフォーマンスアートのように見えてしまう点でしょう。いつも注目されていたいという人は、個人よりも集団を優先するという発想を必ずしも持っていません。

歴史的に見て、ストイックさは一般的により目覚めた人たちの価値観とされています。自分の内面に意識的になると、エゴの構造をあまり他者に投影しなくなります。外交的な人はその部屋の中で一番声の大きい人であるかもしれませんが、内向的な人は観察して耳を澄ます壁の花です。ここで鍵となるのは、耳を澄ますことのできる資質です。自分自身の声、自分の直観、周囲の世界に耳を澄ますには、静寂が必要です。内を向くことに価値を見いだすことができれば、よりマインドフルになれるでしょう。内向的な資質と外交的な資質は環境に左右されるのが普通ですが、直観を磨きたいのなら、外に向けて表現するよりも先に内面を探究するべきだと僕は思います。
内を向くことは自己発見に繋がります。内向的な人はしばしば、外交的な人が気づかないことに気づくものです。自分の言葉が持つパワーを理解したうえで言葉を発する能力は直観的なもので、自分の言葉に無頓着な人は直観的に生きているとはいえません。社交的なのは悪いことではないですし、リーディングを行う自信を持つうえでも、ある意味では社交性が欠かせません。大切なのはバランスです。真の判断力とは話すべき時を知ることであり、それ以上に、聴くべき時を知ることなのです。

――いつもスピリットの存在に悩まされているのですか？

ミディアムに関する大きな誤解のひとつは、僕たちが常にスピリットの襲撃を受けているというものです。たとえば映画『ゴースト』のオダ・メイ・ブラウンのように、ミディアムは絶えず異世界からの訪問者たちを追い払わなければならないと人々は思っています。ありがたいことに、僕はそういった状況に陥ったことはありません――意図せずしてスピリットと繋がったり、予期せぬ時にリーディングが始まったりすることはありますが。

とはいえ、境界線というのは確かにミディアムであることの非常に重要な要素です。境界線のない人は、すべてを受け入れてしまうとどれだけ疲れるか、自ら証明することになるでしょう。僕は仕事柄、生きている人に対しても死者に対しても健全な境界線を築いてきました。それによって、必要な時にスイッチをオンにして働いたり、必要ない時にスイッチをオフにしたりできるのです。以前、僕はミディアムの能力をボリューム調節ダイヤルのたとえを用いて説明したことがあります。背景には常にある程度の直観的ノイズがあるのですが、リーディングを行う時にそのダイヤルを回してボリュームを意識的に上げることで、知るべき内容をより明瞭に聞くことができます。

仕事をしていない時でも、僕はあらゆる環境から残存印象を受け取り、あらゆる交流から何かを感じます。ですから、そうしたことに人生を支配されないように気をつけています。信頼できる腕利きのミディアムであるためには、チューニングのスイッチを切り替えるための方法を何かしら持つことが欠かせないと思います。僕はその能力を祈りや瞑想などを含む特定の儀式を通して磨いてきましたが、境界線のコントロールのしかたは皆それぞれでしょう。家でボーイフレンドや家族とくつろいでいる時に、そのうちの誰かに向けられたメッセージが降りてくることもあります。そういう場合には、それをその場で伝えるべきかどうか僕が決めることになりますが、たいていの場合、そうすることになります。

子どもの頃の僕は、降りてくるものを今より全然コントロールできていませんでした。朝、目を覚ますと部屋に誰かのスピリットがいることもよくありましたし、学校では、生徒や先生たちから霊的印象を受け取って圧倒させられることもありました。自分の能力を認識できていなかったため、私生活でその能力が好き勝手に発揮されていたのです。この能力を本当に認識する前の僕は不安に押しつぶされ、いつも体調不良でした。

リーディングの時間と場所を決めるようになると、生活が好転しました。指定した時間にリーディングを行うことで溜まったエネルギーを発散できるようになり、仕事をしていない時にはチューニングしないですむようにもなりました。それでも、リーディングをしない日が二週間を超えると調子が悪くなります。ある意味、リーディングは僕にとっての生存手段なのです。食べたり飲んだりするのと同様に、僕は魂の目的を優先させなければならず、さもなくば、自分自身を放棄してしまうリスクがあるということです。どか食いや一気飲みが体に悪いのと同じく、直観を一気に使いすぎるのも健康に良くありません。多くの人、特にスピリチュアルな目覚めの初期段階の人たちは、自分が見たり感じたりすることをほとんどコントロールできないように感じるものです。厳密に言うと、僕自身も自分が受け取るものに対して主導権を握っているわけではないのですが、受け取る際の受信力に対しては自分の役割を担っています。決まった練習や儀式を行うことで、直観的なメッセージを受け取る時にもっとコントロールできるようになります。これが健康、ウェルビーイング、そして日常生活を守るためには不可欠です。

――歴史のある場所を訪れると、そこでかつて生きた人たちすべてを感じるのですか？

ミディアムであることの魅力のひとつは、その場所の過去についての情報を直観で受け取ることができる点です。サイコメトリー、つまり物質から直観的に印象を読み取ることは僕の仕事の大きな割合を占めていて、この能力が、自分が感じられる次元を新たに広げてくれます。

長い歴史を持つ物質に触れると、昔の出来事に関する新たな洞察を得られます。初めてロンドンを訪れた時、僕はホテルを出るとほぼ毎回、恐ろしい感情に圧倒されずにいられませんでした。古い建物のドアノブを触ったり、石畳の通りを歩いたりしていると、自分の肉体にいる感覚を保つのが困難でした。まるでそこで起こったすべての出来事が、周囲の環境に染みついているようだったのです。そこで生き、死んでいった人たちの数世紀にわたる人生が僕の周りの空間を侵食していました。それは息が詰まるような感覚でした。

ロンドンでは、直観を受け取るダイヤルを最小まで下げるべく多大な労力を要しました。ニューヨークシティやロサンゼルスの繁華街などでも同じ苦労があります。僕は田舎で育ち、現在は人口のとても少ない地域に住んでいます。これは僕の健康にとってすこぶる有益で、自分の環境を可能な限り平穏に保ちたい僕は、そのためにできることならなんでもしようと思っています。

近年、僕はいわゆる心霊スポットの数々を探険する機会を得ました。それらの多くは歴史のある場所で、そこで亡くなった人たちの残存エネルギーがふんだんに感じられました。そういう場所を訪れる時、僕は異世界の活動がさぞかし盛んなのだろうと期待して行くわけですが、たいていは期待はずれに終わります。超常的な場所で超常体験をしたことが一度もないわけではありませんが、噂に聞く現象をいったい誰が、あるいは何が起こしたのか、わからずじまいでその場を去ることがほとんどなのです。

以前、アメリカでもっとも幽霊が出る場所のひとつとされる〈ケルズ・イン・ザ・パイク・プレイス・マーケット〉というシアトルのパブを調べる機会がありました。そのパブには、数種の霊が出るという興味深い歴史がありました。パブのある建物はバターワース・ビルディングと呼ばれ、一九〇三年に開所した、シアトル史における最初の遺体安置所のあった場所として知られています。スペイン風邪や結核、ジフテリアなどが街を襲い、名もなき遺体が路上に放置される中に、当時のその建物は立っていました。そこに制度上の問題が生じたのは、街が清掃活動の一環として各遺体ごとに五十ドルの支払いを始めた時のことでした。遺体が安置所に運ばれると葬儀屋には二十五ドルが支払われ、これが金儲けのチャンスとなり、忌まわしい方法で不正利用されるようになったのです。リンダ・ハザード医師（一八六七〜一九三八年）は「ファスティング（断食）専門家」としてワシントン州の認可を受け、医療資格もないのに医師を自称していました。彼女は飢えがあらゆる病気を治すと信じていて、その後進的な治療で心得顔で人々を殺していたのです。路上に放置された遺体に料金が支払われるようになった時、ハザード医師はどこで遺体を見つけられるかを知っていたわけです。彼女は結局、自分を飢えさせたことが一因となって七十歳で他界します。

　バターワース・ビルディングに運ばれた人々の全員が、息絶えていたわけではないかもしれません。この建物には幽霊がうようよいると人は考えるかもしれませんが、僕と友人のチャーリーが初めてそこを訪ねた時は二人とも、霊的な活動が多く見られるとは予想していませんでした。僕たちはちょうどその前日、街の地下にある無数のトンネル網〈シアトル・アンダーグラウンド〉を訪れたところでした。十九世紀半ば頃、その通路は地表レベルにあったのですが、一八八九年に起こったシアトルの大火によって街が再建されることになり、街全体が地表より高い位置に再構築されました。これによりかつての街の通路は地下に残されたまま使えなくなり、闇の中に封鎖されることになったのです。

それはシュールな光景でしたが、特に幽霊が棲みついているわけではありませんでした。僕たちは何マイルも続くような、土砂だけを背にした窓や店先が並ぶ通路を歩きました。最小限の明かりしかなく、その地下の迷路を懐中電灯ひとつを頼りに進んでいきます。ツアー中、唯一騒動が起こったのは僕が冗談のつもりで飛びあがって叫んだ瞬間で、チャーリーは涙を浮かべんばかりに怯えていました。彼女はいまだにそのことをゆるしてくれていません。ともかく、シアトルの地下通路は幽霊に関しては期待はずれでした。

そういうわけで、〈ケルズ〉に向かった時も、僕たちはあまり期待していませんでした。ところが一歩足を踏み入れた瞬間、僕は肩にどしんと物理的な重みを感じて驚きました。建物内の空気が見えない霧で埋め尽くされているかのように濃い、そんな密度があったのです。僕たちは二人とも気味の悪い感覚に気づき、店先を抜けて階段に向かいました。階段に近づくと、視界の端にさっと影が動くのがわかりました。影はテーブルのほうに向かい、僕はカメラマンの一人だろうと思いました。しかしそうではないことがわかり、僕は少しばかり動揺しながら階段を上がろうとしました。

階段を上がっていると、立ち止まらずにいられませんでした。子どもたちが階段をところせましと駆けまわる強烈なイメージが浮かんだのです。子どもの肘が僕のふくらはぎに当たりそうで、僕は反射的にそれを避けようと膝を動かしました。でも、そこには誰もいませんでした。

階段を上がり続けると、音楽が聞こえてきました。現場は撮影のために音をいっさい出さないように指示されていたため、僕はその聞こえてきた音楽を少し忌々しく思いました。ところが、そのすぐあとに僕が音楽のことを話題にすると、音楽など流れていなかったことが判明しました。それは僕の頭の中で聞こえていたのです。階段をのぼり終えて、僕は音楽の出どころとおぼしき部屋に入りました。のちに聞いたところによれば、その部屋にはかつて巨大なオルガンが設置され、葬儀を待つ会葬者たちのために演奏されていたとのことでした。

その時点で僕はもう、早く建物を出たい一心でした。浮かんできた奇妙なイメージや音よりも、その重たい感覚にやられます。物理的に不快でした。まるで過去と現在がぶつかる場所にいるような感覚で、僕にはそれが受け入れられませんでした。撮影終了後、僕の身体中にまとわりつく重みを振り払うのに丸一週間かかりました。

幽霊の存在に関しては不確かなまま、僕は〈ケルズ〉をあとにしました。僕がそこで目撃した大半はどちらかというと、過去から残存している出来事のようでした。テーブルに向かった何か《エンティティ》も、僕の足元を走り抜けた子どもたちも、葬儀の音楽も、すべてが数十年前の印象を示しているようだったのです。スピリットに話しかけられることもなければ、誰かと交信するよう駆り立てられるような気持ちも湧きませんでした。建物内で目撃した活動はすべて、単なる霊的残存エネルギー、あるいはその場所に埋め込まれた経験のように思われました。

他にも数々の場所を調査しましたが、幽霊の存在を感じながら現場を去ることはほとんどありませんでした。僕は過去の出来事がその場所に残すパワーを徐々に理解するようになりました。サイコメトリーや、エネルギーが物質に保持されるという考え方が示しているように、活動が起こった場所にその痕跡が残るということは疑いようがありません。直観的な人、もしくはその痕跡にたまたま気がついた人が、その印象をスピリット由来だと誤解する可能性もあるでしょう。

ともかく、僕は幽霊の出る場所を調査してスピリットに遭遇する日を待ち望んでいます。僕がリーディングで交信する魂たちは、もっと高次の場所、この世から遠いどこかにいるような気がします。この世に留まり続けるスピリットと繋がることへの僕の関心は、これまでの調査が期待はずれに終わった結果、かえって強まりました。調査で得られた僕にとっての一番重要な情報は、怪奇現象は多くの人が考えているように頻繁に起こるものではないこと、そして、あらゆる活動は永遠という広大さの中に痕跡を残すということです。

――あなたが興味を惹かれる有名な怪奇現象はありますか？

「有名な」怪奇現象を扱う、テレビ用に制作された映画に関して言うと、何が実話に基づく真実かを見極めるのは困難です。たとえば僕が子どもの頃に好きだったホラー映画のひとつ『エクトプラズム　怨霊の棲む家』のストーリーは、作品の元となった実際の事件とは大きく異なります。ロードアイランド州ハリスビルにあるペロン家の農場を舞台にした映画『死霊館』も同様に、事実とフィクションを織り交ぜた作品です。アンドレア・ペロンはその三部作"*House of Darkness, House of Light*"で、館を所有していた時期に一家が悩まされた驚くべき出来事を詳細に語っています。

ぞっとするエピソードのひとつとして、ペロンは母親が体験した奇怪な出来事をこう回想しています。母親が夜中にダイニングルームを通りかかると、驚いたことに、家族とおぼしき一家が見たこともない食卓を囲んでいたというのです。一家は団らん中のように見えましたが、その部屋に現れた母親の存在に仰天し、幽霊でも見たかのようにショックを受けて彼女を見つめていました。母親も呆然と一家を見つめ返しました。ペロンいわく、その異世界の住人にとっては母親のほうが亡霊だったのです。

事実、いくらかの場所はいまだ測定不能な性質を持っている可能性があります。たとえばユタ州スキンウォーカー牧場のような場所やノルウェーのヘスダーレンライト現象などはすべて、解明されていない何かが作用していることへの動かしがたい証拠を示しています。

超常現象を調べてみればみるほど、いかにそれらの報告の多くが似通っているかに気がつくはずです。UFO研究やリモートビューイング、そしてミディアムの世界は、同じメカニズムの延長線上にあると僕は考えるようになりました。人は空に光のオーブが現れればそれをUFOと呼ぶかもしれませんが、ミディアムがリーディングしている時にそれと同じ光が部屋に現れたなら、今度はスピリットの訪問だと言うかもしれません。それを体験する背景によって、人はより重要な、そこに潜む共通性を見落としてしまうようです。

――リーディングで地球外生命の話題が出たことはありますか？

リーディング中に地球外生命体と繋がったことはまだ一度もありませんが、第一章でお話しした青い光の出現のような、謎めいた体験に仰天したことは何度かあります。そういう時に僕は、ある種の超常現象には次元をまたぐメカニズムが働いているのではないかと思ったことがあります。もはや物質界に制限されなくなったわれわれの意識の行く先は、まったく別の次元だと考えても確かに不思議はないのです。

未確認航空現象（ＵＡＰ）の起源に関する諸説のなかで僕がもっとも共鳴するのは、それを次元間の現象とする仮説です。ＵＦＯ研究家のジャック・ヴァレは三部作の著書において、数十年にわたる自身の調査を見事に詳述しています。その三部作*“Dimensions”“Confrontations”“Revelations”*はそれぞれ、世界中のＵＦＯ目撃情報とその報告の異なる側面を探究しています。各国政府は空に現れるこうした未確認の光の脅威を深刻に受けとめ、その調査に何百万ドルと投じています。本書を執筆中の現在、ニミッツ・ペンタゴンのビデオは異世界の何かが稼働していることの、もっとも有力な証拠のひとつに挙げられます。この出来事の背後にどういったフォースが働いているのか、その本質が明かされるのも時間の問題でしょう。

ジャック・ヴァレには、こうした説明のつかない出来事が神話や伝説、そして宗教のいくつかの側面にどのように影響を与えたかについて記した魅力的な著作もあります。"*Passport to Magonia*"で彼は、UFO体験の歴史やそれに共通する特徴を雄弁に語りました。驚いたことに、ヴァレはUFO目撃者から報告された特徴の多くとポルターガイスト現象との間に類似点を見いだしました。正体不明の光、電気系統の誤作動、神秘性といったことがすべて、そうした現象に共通しているのです。

地球外生命体が存在する可能性を怖がる人もいますが、僕はその可能性を励みにしています。もし本当にわれわれを観察する存在がいるのなら、それは人類の誰よりも知性を備えている可能性が高いでしょう。われわれが彼らの存在を確信し、説明するための技術的、理論的知識を持ち合わせていないことを踏まえると、明らかに彼らのほうが優位にあります。彼らの存在は、人類が知的生命体の食物連鎖の最上層にいるわけではない、という大局的な視点を与えてくれます。この現実を考えると、謙虚な気持ちになります。真実がどうであれ、空で、宇宙で何が起こっているのかをより深く理解するための歩みは続いていています。

――リーディング前の準備として、特別な儀式を行いますか?

僕が持っているなかで、もっとも有益なツールのひとつだとわかってきたのは習慣にする力です。ルーティンを決めると日常に根付き、その結果が変容を起こすこともあります。良くも悪くも、われわれの生活は繰り返される雑事で成り立っていますが、自分のスケジュールをマインドフルネスの実践の機会として見るなら、そうした雑事が儀式になります。僕は仕事の時、適切なマインドの状態に入るために特別な儀式を行っています。儀式といってもそれは単にマインドフルに意図を宣言するということで、祈りや瞑想はどちらも儀式です。自分だけのために神聖な時間を設けると、神性との繋がりが強化されます。

僕は毎朝、目を覚ますと同時に必ず「ありがとうございます」と意識的に思うようにしています。感謝とともに朝を始めると、不機嫌なスタートを切らずにすみます。少なくとも、その感謝の言葉が自分に与えられたすべてを思いださせてくれて、励みになります。

リーディング前は、僕はいつもとても静かになります。番組でリーディングに向かう道中では、母が一方的に喋っていることがほとんどです。視聴者は母がカメラの前だから大げさに喋りまくっていると思うみたいですが、母はカメラが回っていない時でもまったくあのままです。リーディングに向かうために何百回と運転を引き受けてくれていますが、母はいまだにお喋り人形、父がいうところの「チャティ・カレン」《チャティ・キャシー》なのです。

ともあれ、平穏と静寂は内観や瞑想に本当に役立ちます。現場のドアを叩く直前には、僕はリーディング前の最後の精神統一を行い、短い祈りを唱えて僕のガイドに呼びかけます。

僕のガイド、天使、スピリットガイドを召喚します。どうか今日もいつものように正確明瞭な情報をお与えください。神に誓って祈ります、アーメン。

頭の中のイメージを迎え入れる水門を開くには、この短い祈りで充分です。先述したとおり、遠隔透視者のなかには自身にチューニングするための音楽を聴いたり、おまじない的なことをしたりする人もいます。僕の場合はこの短い祈りがそれに当たり、もう千回以上、これをリーディングの前に唱えてきました。僕はこの祈りを唱えるところから仕事が始まると思っています。どうやら、信念が意図を促す大きな要因になるようです。

自分を労るルーティンを決めることも重要です。たとえ時間がないと思っていても、時間は作れます。夜寝る前なら、瞑想やコード切断などの儀式でセルフケアができるはずです。こうした精神的なルーティンを習慣にするのはかなり面倒に思えるかもしれませんが、毎日続けて一か月も経てば、習慣になってしまうでしょう。人生にうまく対処するのに、自分がルーティンに決めたその行為が気づけば欠かせなくなっていた、となるはずです。このように、儀式を行うことは無力感を解消するための内的ツールなのです。

――なぜ学ぶことがスピリチュアリティの中心にあるテーマだと思うのですか？

スピリチュアリティに関する普遍的な概念のひとつとして、人は学ぶためにこの地にいる、というものがあります。ただ人によっては、人生は最終試験に向かうひとつの大きな教室だというこの考えを不条理だと感じます。魂のレッスンを学んでいくという考えはあまりに単純化、簡略化され、障害の中に学びを見いだすということが、何か宗教めいた考えになってしまっています。なぜ学ばなければならないのか？　なぜすべてに学びを見つけるべきなのか？　そんなことをいったい誰が決めたのか？

僕は学ぶことに対して、従来とは異なるアプローチをとっています。人生は試験の連続だとは考えていませんし、学びの機会を与えてくれるただ一人の指導者がいるとも思いません。

僕が思うに、意識には観察する能力がもとから備わっています。意識は永遠であるため、われわれは決して観察することをやめません。観察は、当然のことながら、われわれを取り巻く世界を理解する助けになります。人が作りだすエゴの構造はフィルターで、そのフィルターを通して経験が処理されます。もしわれわれが障害の中に学ぶべきレッスンを見つけることを重視できれば、頭の中を埋め尽くしている課題を減らすことができます。課題の中から何か役立つ面を引きだすことができると、それはもう課題というだけのものではなくなるのです。

学ぶことは意識の副産物だと僕は考えています。誰もが皆それぞれの速度で学んでいくわけですが、エゴや自分自身を向上させようと努力することで、もっと優雅に学ぶことも可能です。無傷で生きていく人はいません。最終的には、人生を前進させるために何を選択するかが大きな違いを生みます。過去をやり直すことはできませんが、その過去が未来にどういう意味を持たせるかは自分で選択できるのです。

総じて言えば、魂は人生経験の保管場所のような役割を果たしているということです。人が経験するすべて、成長をもたらす経験のすべては、われわれの存在の根本的な基盤を強化します。これが永遠に持ち越されることを思えば、人生における短期間の困難など、遥かに長いスパンのうちのほんの一瞬の出来事でしょう。移ろいゆく人生で経験すること、それがなんであれ、そこには得るべき何かがあります。これを完全に信じて自らの行動に活かせれば、半分勝ったも同然です。

――他界する時、誰もが責任を負うことになっているのですか？

そうです。ただし、繰り返しになりますが、この責任は「裁きの神」から問われるものではないと僕は信じています――自分で自分をある意味「裁く」ことはあっても。人生では、人のマインドにかかったフィルターや条件付け、エゴの構造がわれわれの持つ他者への共感力を歪めてしまうことがあります。心ない行動をとる人はたいてい、自分の破壊的な行動を決して素直に認めません。一番責任を問われるべき人が一番責任を取らない、というのはよくあることです。そうなると、死のプロセスは厳しいものになるでしょう。

死のプロセスの一環として起こるのは、大局観を得ることです。それにより、自分がとった建設的な行動と破壊的な行動への理解を深めるのです。そこでは意図的なものも不注意によるものも含む、あらゆる自分の行為が及ぼした広範な影響を認識します。マインドフルで、自己認識ができている親切な人だったとしても、人生の振り返りプロセスは人間の単一次元的な考え方に衝撃を与えます。そもそもこのプロセスは謙虚な気持ちにさせてくれるものであり、これまで僕のところに現れたすべての魂が、新たに得た視点に畏敬の念を表していました。そうした理解はすべて必要かつ自然なものであり、意識の進化にともなってエゴの解体を促します。

あの世で糾弾されたと伝えてくるスピリットには出会ったことがありません。自分自身や自分の言動に対して起こる裁きは、あくまで自己認識から生じるものです。いかなる条件付けが人間のマインドを責任から免れさせていたとしても、あの世に行けばその魂は、自分がどれだけ集合体に変化をもたらしたかを最終的に理解します。人は皆、自分のしたことに向き合い、自分の内的世界がどれだけ外的世界に変化を起こしたかを直視しなければならないのです。

心配になってきた人は、どうか心配しないでください。人生の振り返りを心配するような人は、次の次元に生まれ変わるのに苦労するタイプの人ではありません。人生を無分別に生き、思いやりなどそっちのけで他者を傷つけるような人こそが、このプロセスから影響を受けるのです。

僕は死を魂にとっての啓発的な出来事だと考えていますが、それはある種の誕生でもあります。人間の誕生が陣痛をともなうように、そこには存在の新しい形態に移行するためのプロセス、イニシエーションがあります。コード〔訳註／「へその緒」と「絆」の両方の意味がある〕は切断されなければならず、生前の世界への執着をなくしていく必要があります。そうして新しい環境になじんでいかなければなりません。こうしたことはすべて人間体験に共通する条件ですが、魂もまた、死に際して似たような経過をたどるのです。人は毎日、新しい考えを生み、小さな死を経験しています。この誕生と死と再生のサイクルが、学びと変化を可能にします。この自然なプロセスからどの程度の学びを得られるかは個々によるでしょう。

――世界にこれほどの不調和が生じている理由について、スピリットがヒントを与えてくれることはありますか？

人はよく、スピリットは人間の問題をどのくらい気にかけているのだろう、と疑問を抱きます。この世は絶えず変化していて、進化の波には満ち引きがあります。死後に意識がたどるプロセスで、人は個人として、また集合体としてわれわれが進む道を本質的に理解します。この明瞭な理解は、「人は例外なく、違いよりも共通点を多く備えている」というより深遠な真理を照らします。すべての魂は共通の源に繋がっていますから、他者への思いやりはすなわち自分への思いやりです。しかし、エゴは根本的に分離の幻想の中にあり、それがここまで社会を荒廃させてきました。

エゴは承認されると勢いづきます。そして、自分を持ち上げるような見方で世界を解釈する構造を作ります。エゴはまた、他者からの力添えを当てにし、なんとしてでも自らを守ろうとします。そうした純然たるエゴを、人種差別やあらゆる種類の偏見という形で目にすることがあります。近年では、前例のない抗議運動や人種間の敵対意識が最高潮に達しています。これはたまたま起こっているのではありません。

世界の集合的無意識はバランスの中にあります。ニュースでは騒動が常に叫ばれていますが、われわれは歴史の上では最高に平和な世界に住んでいます。悲惨な情報に簡単にアクセスできるせいで、多くの人がこの不調和を最近始まったものと考えてしまいますが、実際はそうではありません。

全人類をひとつの有機体として考えると、われわれの目の前で展開している成長をより理解できるでしょう。子どものように、人類には成長痛というものがありますし、走れるようになるには歩くことを覚えなければならず、その途中で転ぶのも必至です。過去の過ちは、未来にもっと良い行動をとるための機会を与えてもくれるのです。治癒の前には問題があります。全体としての人類は、前進したり後退したりしています。三歩進んで五歩下がる、そして願わくば次には六歩進みたい――これが学びというものです。

魂はこの前進と後進のタンゴが学びであることを理解しています。魂は過ちの中にある学びの価値を知っていて、より良い道が見えた時にそちらに向かうことの重要性を理解しています。世界を支配している勢力のエゴがどれだけ強固なものだとしても、人類はその集合的な本質を忘れることなどできません。この理解は直観的なものです。エゴはこの普遍性という叡智を奪い、目に見える優位性をもって分離を生じさせます。集合的な利益と個人的な利益の間でのこの闘いが目の前で毎日のように展開していますが、これは今までもずっとそうでした。

われわれは緊迫した世界に暮らしています。僕の願いは、この緊迫がポジティブな変化の起爆剤となって、人類が進歩する方向に活用されることです。あの世の人たちは成長プロセスにおける困難の重要性を認めるとともに、変化が人間にとってどれだけ落着かないものであるかを理解しています。彼らは権力者に対して真実を語ること、自己を主張すること、集合体に利益をもたらすことの価値を知っています。エゴの構造はこうした前進の歩みすべてに関わっていて、本物の変化というのはその構造を通じて起こるものです。

――死への恐怖とどのように向き合えばいいですか？

僕には当然ながら、死ぬことに怯えている人たちと接触する機会がよくあります。正直、誰でも少しは不安に思うのではないでしょうか？　死は未知の領域であり、人が人生で経験する唯一にして最大の変化です。僕は死そのものを恐れてはいませんが、早くあの世に行きたいとは思っていません。その時が来れば、これまでにスピリットたちから教わってきたように、素直に死を受け入れるつもりです。人は誰しも死ぬことになっています。でも、誰もが充分に生きるというわけではありません。

もし死を恐れているなら、その根本原因を理解するのに自己認識が役立つでしょう。人間は生きたいと思うようにプログラムされていて、それは自衛本能の自然なあり方です。死に対する戸惑いは、それ自体が安全対策のようなものです。ただ、それが恐怖症ともなると、死への恐怖が人生を制限してしまいかねません。存在がなくなるかもしれないということが怖いのでしょうか？　それとも、地獄があるという観念が全力で生きることを阻止しているのでしょうか？　あるいは、死というものの性質がもともとなじみのないもので、単に未知であるがゆえに対処できないということでしょうか？

恐怖心の根底にある原因を特定してください。そうして初めて、死と向き合うことができます。生命が死後も存続することを疑いなく知っているという点で、僕は非常な恩恵にあずかっていますが、誰もがそう確信できるとは限らないでしょう。だとすると、存在することが完全に終わる、ということに恐れは湧くかもしれません。そうした思考パターンに苛まれている人には、世界中で行われてきた臨死体験の研究についてリサーチしてみることをお勧めします。臨死体験の報告には、無視できないほど似通った共通点があります。レイモンド・ムーディ博士による一連の著作は、死後も存続する意識についての価値ある研究に何十年にもわたって貢献しています。

地獄があるという観念に怯えている人もいるでしょう。深く根付いた宗教的信念を取り払うのは難しい場合もありますし、かなりスピリチュアルな人のなかにも、この良からぬ場所に行くのを恐れている人はいます。僕は人が死の際に生前の自分の言動と折り合いをつけるということを確かに信じていますが、それは、要は自分で自分を裁くということであり、そこに意地悪な神がいる気配は感じません。

もし意地悪な神がいるなら、僕はその神に質問してみたいです。「神が邪悪な行為を防止する能力を持ちながら、その邪悪な行為が起こるのをゆるしているのだとすれば、その行為の責任は神にあるのではないか?」と。つまり、いかなる時でも介入できるこの全能なる裁きの神が、あらゆる罪人と罪業を生んでいるのではないかということです。苦しみに対する神の無関心は、善行と悪行を書き連ねたリストを手にする者など存在しないことを示しているように思えます。もしそのような存在がいるとしたら、そうした善行悪行において自らが果たした根本的な役割について責任を負う必要があるでしょう。マウトハウゼン強制収容所の壁には次のような恐ろしい言葉が彫られていました。「神がいるのなら、私のゆるしを乞うがいい」

僕からすると、地獄を恐れるというのは非論理的です。われわれは人間の創造主の一部ですから、創造主はわれわれの行いすべてに対して部分的に責任があります。そもそも、創造主が厳格な道徳規範を遵守しているとすれば、いつなんどきでも自ら介入して過ちを妨げるはずです。それをしないという事実はわれわれ人間についてだけでなく、創造主そのものについても多くを物語っています。

僕は高次のパワーの価値は大いに認めていますが、裁きの神の存在を信じていません。もしいるのなら、われわれを裁く前に自らを裁くのが公平というものでしょう。あの世にいる魂たちは、われわれ全員が進化の途上にある未完成の存在だと認めています。別の次元に地獄を求める必要などありません。それは毎日この世で繰り広げられているのですから。「永遠の責め苦はそれにふさわしい者に与えられる」と考えて気休めにする人もいるようですが、この複雑な問題に対する答えとしてはいい加減すぎます。

最終的に、魂は他者へ与えた影響から逃れることはできません。この理解は、僕の前に現れる意識すべてに浸透しています。あらゆる言動の重大さが認識、理解され、最後には処理されることになります。しかし、地獄の業火に苦しむスピリットが僕の前に現れたことは一度もありません。スピリットがそのことを隠しているのなら話は別ですが、僕は、このテーマは宗教が内包できる以上に複雑であるという考えに傾いています。

多くの人にとって、死は最後の未開拓領域《フロンティア》のようなものです。この物理的な宇宙が何で構成されているのか、その大部分に答えが出ている一方で、死後に何が待っているのかは大半の人にとって謎のままです。死後の存在を知る人たちでさえ、それを完全に理解するレベルには近づけません。心穏やかな最期を迎えるための鍵は、後悔のない生き方をすることだと僕は思います。あの世への移行にとても苦労する人たちは、「たられば」の思いを手放せない人たちなのです。

そういうわけで、今、生きがいある人生を送ることが重要です。今発言し、今行動しましょう。そして、些細なことを心配して時間を無駄にしないでください。相手が亡くなった時に寂しいと思う気持ちと同じくらいの愛を今、相手に向けてください。人は誰でも死にゆく運命にありますが、そのプロセスは一瞬です。死にしばしば向けられる関心は、本当は人生に向けられるべきです。生きがいある人生を送り、行動を通じて遺産《レガシー》を創造しましょう。そこに不滅性が宿るのですから。

――愛する人が私に腹を立てたまま亡くなっても、いつかはゆるしてもらえますか？

最終的に、死者はあなたを理解します。生きている時は、人は決して完全には理解されないものです。人間というものは承認されるか承認されないかのどちらかで、いずれにしても、それは他者からの真の理解ではありません。それがあの世に行くと、個人的な見解を見通し、意図の本質を理解できるようになります。死者は平安への旅路でわだかまりや恨み、怒りに終止符を打ちます。そうした感情は、あの世では何の意味も持たないからです。

故人が自分のことを怒っていたのではないかと心配するクライアントに、僕は数えきれないほど会ってきました。これはある若い女性をリーディングした時の例で、彼女のボーイフレンドは衝撃的な状況で亡くなりました。二人は親族の集まりに向かう道中で車の事故に遭ったのですが、それは運転していたクライアントが、前後に車を揺らしてボーイフレンドをびっくりさせてやろうと思いついたのが原因だったのです。冗談のつもりだったのに、車が砂利道に乗りあげ、コントロールがきかなくなって木に衝突しました。彼は即死で、彼女は無傷でした。

彼女の後悔は計り知れないものでした。肉体的には傷ひとつなく現場をあとにしましたが、感情的には死んでいました。自分の無鉄砲な行為のせいで人生が急に途絶えたことを、ボーイフレンドは怒っているだろうと考えると耐えきれませんでした。

彼のスピリットが現れた時、僕はその明るい雰囲気に驚きました。そのボーイフレンドは、彼女がなぜあんなことをしたのか、ちゃんと理解していると伝えてきました。あれは事故だったのだ、と。彼女がもっと賢い判断をしていれば起こらなかった事故ですが、人生は意図しない結果をともなう、ほんの一瞬の失敗にあふれています。彼は彼女に、もっとマインドフルに生きて、今この瞬間に生きるチャンスをつかんでほしい、すべての言動の影響力を理解してほしいと望んでいました。彼は彼女の行為に文字どおり衝撃を受けたわけですが、怒ってはいませんでした。そんな必要はなかったからです。彼がそう理解していたことで、彼女は手放せずにいた罪悪感から解放されました。そして、彼が自分に抱いているだろうと恐れていたネガティブな感情は、実は自分で自分に向けていたものだと気がつきました。当の彼はあの世で元気にしていて、自分の肉体としての人生が終了したからといって、彼女の人生が精神的に終わってしまうことを望んでなどいなかったのです。

愛する故人が自分をゆるしてくれるかどうかを心配している人たちは、自分自身の感情に向き合う必要があるというのがたいていです。われわれが物事にどう対処しようとあの世の人たちは平気かもしれませんが、果たしてわれわれ自身はどうでしょう？　人は皆、発展途上の未完成な存在だと知ったうえで、友人に向けるような思いやりを自分自身にも向けなければいけません。あの世の人たちが自分のことをゆるしてくれると疑いなく知っていたとして、あなたは自分のことをゆるせるでしょうか？

――自分の考え方や信念が周囲とは異なる場合、それにどう対処すればいいですか？

自分があの世と繋がっていることに気づいた人たちの多くは、家族にそれを伝えるのを怖がります。数えきれないほどの人たちが、説明はつかないけれども確かに現実だとわかる特異な体験をしている一方で、自分とは考えが異なりそうな友人や家族に自分の見解を伝えるのは難しいという場合があります。僕には幸いにも自分の一連の考えを分かち合える友人や家族がいますが、インタビューや懐疑的な相手とのコミュニケーションでは、自分の真意を説明しなければならない状況に直面します。この経験によって僕は自分の信念を強く意識するようになり、周囲の人たちに伝える際にはとても気をつけるようになりました。

僕は、スピリチュアリティは他者からの承認を求めるべきものではないということを学んできました。あなたのスピリットはあなたのものであり、他人のものではありません。あなたと神性との繋がりはあなた自身と同じくらいユニークなものであり、自分自身との繋がりと同じくらい親密なものです。あなたとこの非常に親密な部分との繋がりを、いかなるものであれ外部の力が変えるべきではありません。スピリチュアリティというのは本来、常に内面のプロセスなのです。

修行僧はいつの時代も、しばしば長期にわたる世間との隔絶をともなう壮大な旅に出るとされますが、それには理由があります。そうしたスピリチュアルな旅路は通常、内観を通じて神性との強固な繋がりを確立するための手段として行われます。歴史を見てみると、彼らは世間に変化を起こすような貴重な洞察を得て戻ってきています。つまりそれは、英雄の旅《ヒーローズ・ジャーニー》なのです。

誰もが自分の人生の主人公、自分の物語における主役であり、スピリチュアリティはその役柄の神聖な一部でなければいけません。スピリチュアリティは目に見えないものとあなたを繋げ、皆が感じるわけではないものを感じさせてくれます。スピリチュアリティがもたらすこの特権的な知恵は、それを受け取ろうとする努力を惜しまなければ、計り知れない価値を与えてくれます。

自分のスピリチュアルな面を理解するために、他人からの承認にすがってはいけません。あなたの内側に灯る光を弱めようとする勢力は、なんであれ、スピリチュアリティとは対極にあります。信念を持つのに大勢の支持者など不要です――イエスの支持者がたったの十二人だったように。重要なのは、自分の知っていることに忠実でいられる力、誰の内にもある神聖な源を育む力です。この世界を変容させてきた人たちは、規範から外れることを決して恐れませんでした。誰かが古い型を破ると、あとに続く人たちが同じく型を破るためのステージを用意することになります。慈愛が自分の信念を満たしている限り、強さは尽きることなくあふれてきます。あなたが周囲とどんなに違っていようと、あなたは自分の置かれた環境をより良くするためにこの世にいるのです。

——なぜトラウマは前進を妨げるのですか？

先述したように、経験というものがそれぞれに特有のやり方で反応、対処するように条件付けます。この条件付けは、過去の苦しい経験、不快な経験に対する防御メカニズムであることがほとんどです。人は、不快を回避するように条件付けられているのです。トラウマのような桁外れに不快な経験に直面すると、それがその人のエゴの構造にネガティブな影響を与える場合もあります。トラウマは人を型にはめ、成長を妨げ、苦しいパターンや思考を繰り返すループを作ります。

中毒、虐待、自傷行為といったものはすべて、未解決のまま残っているトラウマの結果です。人はどこからか行動様式を学び、自分の定義に従って行動規範が作られます。これが条件付けのパワーであり、その影響力に気づかなければ、人生が未知の海へと流されてしまいかねません。

トラウマには、自分が傷ついた出来事を追体験させる傾向があります。そうした追体験のプロセスは精神面で起こるだけなのですが、それが精神力や身体的健康を蝕むことがあります。恐れには人を麻痺状態に陥れる作用があり、トラウマが発達や成育を妨げてしまう場合があるのです。トラウマの罠から抜けだす最善策のひとつは、変化を起こすことです。筋肉は使わなければ衰えますが、それと同じで、長い間マインドが停滞したままでいると精神面での衰退が始まります。トラウマはマインドを過去に留め、現在に追いつくのを困難にしてしまいます。

セラピーの重要性は、いくら強調しても足りないくらいです。ミディアムを訪ねてくる人の多くが、リーディングですべてが解決すると考えて、グリーフ・カウンセラーを訪ねるのを躊躇します。しかし、外側の経験というのは内的な物語がそれを進んで受け入れようとする時に初めて役立つもので、トラウマを負ったクライアントのリーディングは良い結果に繋がりません。トラウマを認めてそれに対処するためには、即時の解決を求めてミディアムのもとへ駆けつけるよりも、できる限り内的ワークに取り組むことをお勧めします。グリーフ・カウンセリングはわれわれが客観的なサポート源に頼れるよう助け、個々がユニークな旅路を歩めるよう導いてくれます。自分自身に素直になって必要な援助を求めれば、どんな人でもそこから恩恵を得られます。スピリチュアリティの大部分は内面を見つめることであり、時には一人でその旅路を歩むことにもなりますが、誰の助けも借りずに最大限の可能性を発揮することはできないでしょう。ですから、このダイナミクスのバランスを取ることが鍵になります。

内面を見つめるべき時と、外側にサポートを求めるべき時を見定めることが極めて大切です。そこに利用できる支援があるのに一人で耐え忍ぼうとする人、またそれとは反対に、自分以外の誰かに心の平穏を与えてもらおうとする人があまりにたくさんいますが、どちらか片方だけではだめなのです。それよりも、内的ワークと外的サポートの両方から成長は得られるのだと理解してください。状況によって必要となる対処法も異なりますから、あらゆる選択肢を探ろうとする意欲があなたの道を切り開く助けになるでしょう。人生を見るレンズをトラウマが曇らせていることに気づけると、それがパワーになります。知るということは、パワーなのです。

――子どもの頃の超常体験で、今のあなたの信念に一番影響を与えたものはなんですか？

自分の能力を受け入れようとしていた頃、僕はあの世を垣間見る体験を数えきれないほどしました。それぞれの体験は道を示すパンくずのように、より深遠な理解へと僕を導いていました。子どもの頃の僕は自分の体験を概念化できませんでしたが、大人になってそれらを熟考できるようになるにつれ、個々の体験が役立つようになりました。僕が目撃したもっとも衝撃的な体験のいくつかは偶発的なものだったり、大いなる真実を映しだす小さな証拠だったりしました。

一例を挙げると、僕が自分の能力を解明しようとしている時にこんなことがありました。ある夜、寝室で横になっていると、部屋に何かの存在の気配を感じて僕はハッとしました。四方を見回しましたが、何もおかしなところはありません。ところが、ベッドから数十センチ離れた本棚に注意が向いた時、ハンス・ホルツァーの『ゴースト』という本が棚から飛びだし、ベッド脇の床に落ちたのです。僕は仰天し、少しばかりゾッとしました。それは小さなサインでしたが、大きな声で何かを訴えていました！　これはその後に僕が理解するようになったスピリットのコミュニケーションの性質を、象徴的に表していました。彼らは小さなサインを使って、大きなメッセージを伝えてくるのです。スピリットはわざわざ口に出すまでもなく、本のタイトルを通じてメッセージを伝えていました。

僕はその体験によって、スピリットの通信手段の性質に関する洞察を与えられたわけですが、意味深い夢を通じてもこのことと向き合うことになりました。ある時から他界した人たちが強烈な鮮やかさで夢に現れ、僕が起きている時に伝達してほしいメッセージを伝えてくるようになったからです。祖母が死後に訪問してくれたことは僕に大きな変化をもたらしましたが、その後、知っている人からも知らない人からも訪問を受けるようになりました。彼らのメッセージはいつも短く、神秘体験の儚い性質を物語っていました。ただ、それらは短くはあっても、とても鮮明で否定しようのないものでした。これは母の他界した友人からの訪問を受けた時のことですが、彼女からメッセージを受け取って目を覚ますと、母がその葬儀から戻ってきたところでした。僕は母の友人が亡くなったことも、母が葬儀に参列する予定だったことも知らなかったので、この夢は僕にいくつかの洞察を与えることになりました。スピリットは夢を通じて交信できるということに加え、その訪問のタイミング自体もメッセージであるとわかったのです。

僕はリーディングを始めた頃、詳細に多少の差異はあれど、たくさんのクライアントから似たような話を聞かされることに驚きました。彼らの多くは自分が目撃したことは自分にしか起こりえないと考えていますが、その体験の多くが皆に共通しているのです。人は自分に起こった超常体験をオープンには話さないかもしれませんが、そうした体験は確実にあちこちで起こっています。どのくらい重視するかは人によるとしても、こういった出来事はわれわれの信念とは関係なく存在します。夢やシンクロニシティや直観はすべて、超常現象の範疇です。世界が超自然現象、超常現象と見なす出来事の多くは実は自然で普通の出来事であり、まだ完全には理解されていないというだけなのだと僕は初期の頃に学びました。人々が自分の体験をオープンに語るようになれば、こうした興味深い多層的な現象を研究しようという流れに潮目が変わっていくかもしれません。

――この世に縛られるスピリットはいますか？　もしいるとすれば、その理由は？

先述したように、この世に縛られていると考えられるスピリットには、ほんの数回しか遭遇したことがありません。この次元に依然として縛られている対象と繋がるのは、僕にとっては珍しいことです。たいていの場合、僕が繋がるスピリットたちは遠く離れたところにいるように感じられ、この地球よりもずっと目覚めた場所から呼びかけられている感覚があります。

われわれがどこに行こうと、どんな意識状態に到達しようと、それはあらゆる魂の必然です。この世に縛られている人たちやすんなりとは移行しない人たちも、いつかはあの世に渡らねばなりません。赤ん坊が産道に留まるわけにはいかないのと同様に、死者も、意識がたどる自然な進歩を続けなければいけないのです――どれだけそれに抵抗しようとも。

あの世にたやすく移行できないのは珍しいケースですが、起こりうることです。そうしたケースは間違いなく、その意識のエゴが主導権を手放すまいとしていることが原因です。ほとんどの場合、恐怖心がその恐れの対象に固執させる役割を担い、あの世での進歩を妨げます。確かに、大半の人が死の前にある程度の恐れを抱くものですが、その恐れは和らいで、究極の安らぎに変わるのが普通です。

死に抵抗する人たちも、少数派ながらいます。そうした人たちは、自分が地獄に行くものだと洗脳され、そのため何がなんでも死に抵抗するのかもしれません。それ以外のケースだと、その個人が極めて強い意志を持ち、彼らの現実《リアリティ》である物質的な性質を手放せないということもあるかもしれません。最終的にはそうした洗脳も抵抗もすべて処理され、移行させられるのですが、こうした要因が個人を最終目的地ではない一時的な状態に留まらせることもあります。

地上に縛られたスピリットになりはしないかと心配している人は、どうか心配しないでください。この世に縛られてしまう人というのはいつでも、縛られることなど心配していない人たちなのです。魂の自然な進歩にあまりに長く抵抗することはできませんが、ある程度の期間の抵抗は起こりえます。

大半の人は、死によって物質主義の無意味さを知ります。物質主義といっても、必ずしも物への執着だけを意味するのではありません。物質主義はどちらかというと、身体的なものすべてに対する過剰な固執という形で現れます。愛する遺族の人生に残してきた状況や肉体への執着を手放せないでいると、次の再生が厄介なものになることがあります。死後に人生を振り返り、エゴが抜け落ちるのはそうした理由からです。それによって、存在の次の段階を受け入れやすくなるのです。

まだ平穏を見つけていないスピリットのために、祈りを捧げたいと思います。そのようなスピリットはごく稀ですが、僕は平穏をなかなか見つけられないこともまた、彼らのスピリチュアルな旅路の一環だと信じています。その中間の領域で自分の執着について考えをめぐらせることで、成長のために見るべきものに目を向けざるをえなくなるのかもしれません。大変な作業のようでも、それもまたその人の自己認識のプロセスの一環なのでしょう。生きている間に執着を処理できればできるほど、他界する時にそれを手放せるようになります。人はゆるしを通じて怒りを手放し、信頼を通じて恐れを手放します。そして、スピリチュアリティを通じて物質主義を手放すのです。

――偶然の一致にはすべて意味があるのでしょうか？　どうすればもっと簡単にそれを認識できますか？

先述したように、意味のある偶然の一致は、この宇宙に展開する壮大なメカニズムを垣間見せてくれます。シンクロニシティは、愛する故人からのメッセージとして直接体験をもたらしたり、進むべき方向へと人生を導いてくれたりするのです。ただし、すべての偶然の一致が必ずしもシンクロニシティだとは限りません。

この宇宙の偶然性は、宇宙でのわれわれの役割に関する洞察を与えてくれると僕は思っています。われわれはパターンから成る宇宙に暮らしており、限りなく些細な偶然の一致がそのことを思いださせてくれることもあります。

何度も目にする数字が好例でしょう。特定の数字が自分についてまわっている気がしている人はたくさんいます。たとえば毎日同じ時間に時計を見てしまうのも、日中に連続する数字に気がつくのもすべて、壮大なシステムが機能していることを示す小さなサインです。なぜ特定の物事に注意が向くのか、それは何を知らせようとしているのか、自問してみるべきです。その背後に潜むメカニズムは直観であると僕は信じています。

繰り返し見る数字は何かの前兆ではないか、悪い知らせが届く前ぶれではないかと心配する人たちから連絡をもらうことがあるのですが、そうした心配は通常、未知のものに対する恐れの投影なので、そういう自分の傾向に気づくべきだと僕は思います。理解していないものに怯えるのは簡単ですが、その未知なるものも、われわれと同様に自然なものなのだと理解しないといけません。そういう意味で、小さな偶然の一致にとらわれすぎないことが重要です。そうした一致はいつでもどこでも起こっています。そして時に、現実《リアリティ》の統計的性質や相関性を垣間見せてくれるのです。

シンクロニシティという言葉を生んだカール・ユングは、自分のクライアントの妻が体験した不思議なシンクロニシティを報告しています。この報告のどこに説得力があるかというと、その妻は以前にも同じシンクロニシティに気づいてそれと認め、そこから未来に起こることを予知できたという点です。以下がその報告です。

私の男性クライアント（五十代）の妻から聞いた話によると、彼女の母親が亡くなる時と祖母が亡くなる時、その部屋の窓の外に何羽もの鳥が集まったらしい。他の人たちから似たような話を聞いたこともある。

彼女の夫の治療が終盤に差しかかった頃、彼に表面上はさして害のなさそうな症状が出たのだが、私には心臓病のように思えた。私は彼に専門医を紹介したが、その専門医は彼を診察後、特に心配するようなものは見つからなかったと書面で知らせてきた。

受診後、帰途についた彼は（ポケットに診断書を入れたまま）通りで倒れた。彼が瀕死状態で家に運ばれてきた時、妻はすでに強い不安状態に陥っていた。なぜなら、夫が医師のところに出かけてまもなく、鳥の大群が夫妻の家を取り囲んだからだ。彼女は母親と祖母が亡くなった時のことをふと思いだし、最悪を予測していたのだ。


これは決して慰めになるようなシンクロニシティではありませんが、確証を与える事例でした。その女性は鳥の大群と目前に迫った死を頭の中で結びつけることを厭わなかったので、その時実際に起こっている出来事を直観で知ることができたのです。もし彼女がこのシンクロニシティをただの偶然だと片付けていたら、夫の死にもっとショックを受けていたでしょう。

シンクロニシティは情報を開示します。これは超現実的な体験になりうるので慎重にアプローチしないといけませんが、その情報が心なぐさむ洞察の源泉となる場合もあります。理性を失って万事に意味を見いだそうとするのはよくありませんが、何かに気がついた時は心を開いて受けとめましょう。それだけでいいのです。偶然の一致を認めることを恐れなければ、あなたの歩んでいる道の未来が整然とアレンジされていることに気づきやすくなります。こうしたすべてがあなたの前進を助け、相互に繋がる現実《リアリティ》の本質を覆っている幕を引いてくれることでしょう。

謝辞

本書は生者と死者の愛とサポートがなければ完成しなかったでしょう。親切にしてくださったすべての方々に本書を捧げます。ただ思いやりを示したい、という目的のために思いやりを示してくれた人たちに敬意を表します。たくさんの助力者が僕の前に現れて、ミディアムという職業につきものの重荷を軽くしてくれました。私的な面でも職業的な面でも、僕がここに到達するまでに手を貸してくれた人たち全員に深く感謝します。僕たちは皆、家《ホーム》までの道のりを支え合いながら進んでいます。皆さんと共に歩めることを嬉しく思います。

近くで執筆活動を励ましてくれた人たちにも感謝しています。両親は、尽きることのないサポートと無償の愛を惜しみなく与えてくれます。それは二人が与えてくれたなかでも最高のギフトです。僕はこの世界で二人を両親に持てた幸運をひしひしと感じています。そして、僕の伴侶ともいえるクリント。どれだけ僕の力になってくれているか、言葉を尽くしても伝えきれません。僕にいつも新たな疑問を投げかけ、古い疑問を見直すきっかけをくれてありがとう。

マネージャーのマイケル・コーベットとラリー・スターンにも感謝しています。二人は僕のプロとしての世界の屋台骨となり、この能力を世界に届ける手助けをしてくれました。二人のユニークな視点と常に有益なアドバイスがなければ、今日の僕がいる場所にたどり着けなかったでしょう。二人のサポートはかけがえのないものです。今後も共に冒険できることを楽しみにしています。僕にとって二人目の母のような存在、アシスタントのヘザー・デネヒにも感謝しています（母というよりも姉ですね！）。多くの負担を軽くしてくれたその忍耐力に永遠に感謝します。ヘザーのおかげで、僕はミディアムとしての仕事だけに集中することができました。それはあなたがすべてを取り仕切ってくれているとわかっていたからです。前著『ふたつの世界の間で』が出版されたあとに他界したロンにも感謝を捧げます。僕は、ロンのスピリットが僕の行動すべてに宿っていることを知っています。本書も他の本もすべて、僕に対するロンの愛情と擁護がなければありえませんでした。

僕の本に携わるチームのブランディ・ボウルズとアイリーン・ロスチャイルド、そしてセント・マーティンズ・パブリッシング・グループのスタッフすべての方々にも感謝を伝えたいと思います。ブランディは最初の日から僕のそばにいてくれましたが、その忍耐力と思いやりは信じがたいほどのものでした。ニューヨークシティで一緒にTMZから逃げまわったことを決して忘れません。これから生まれる本にも感謝を！　アイリーンをはじめとするセント・マーティンズの皆さんには、二冊目のこの本を出す機会を与えてくださったことをとても感謝しています。貴社を通じて僕の物語を世界に伝えられて光栄に思います。

僕の前に現れてくれたミディアム、そして今後現れるであろうミディアム全員に感謝を送ります。僕たちは同じ人間なのに、何世紀にもわたって虐められ、迫害を受けてきました。日陰から出てきて、神から与えられたこの能力を尊重しても安心していられるようになったのはここ数百年のことです。まだまだ成すべきことはたくさんありますが、僕たちよりも前にカミングアウトしてくれたミディアムたちがいなければ、それも成しえなかったでしょう。この能力を与えられながら活かすことができなかった人たちに、本書をもって敬意を表します。時代が変わり、認知度が増しても、すべてのミディアムがありのままの自分に忠実に生きられますように。

ミディアムシップという道を歩むうえで僕を助けてくれた、導きの力とガイドスピリットたちに永遠の感謝を捧げます。ミディアムはスピリット側のコミュニケーション能力があってこそ成り立つ存在です。コミュニケーション能力に優れたスピリットたちと繋がってこられたことを、光栄に思っています。スピリットたちがいなければ、僕の人生はこれほど有意義なものにはならなかったでしょう。あなたたちの存在は、人生には目に見える以上の価値があることを教えてくれます。今後も自分の能力を尊びながら、自分に与えられたものを活用して正しいことをし続けたいと思っています。

そして読者の皆さん、この数年にわたる変わらぬサポートをありがとうございます。ミディアムだと公表することは簡単ではありませんでしたが、皆さんが僕を支え、もうひとつの家族になってくれました。世間の目にさらされながら人生を歩むのは時に困難ですが、皆さんの存在が僕の人生を価値あるものにしてくれました。僕の前に現れる方々は、自分がどれだけ感謝すべきかを思いださせてくれます。そのことを一生忘れません。新しい読者の皆さんにとっても、昔からの読者の皆さんにとっても、本書が旅路の一助となることを願っています。あなたは決して一人で歩んでいるのではないこと、僕たち全員がいつか再会することを知って、これからも前進していきましょう。

訳者あとがき

『ふたつの世界の間で』に続くタイラー・ヘンリーの著作第二弾『あの世に行った人たちから学ぶ、この世の生き方』（原題 *"Here & Hereafter"*）をお届けします。前作を読まれた方はご存知だと思いますが、著者は有名人や一般人のリーディングを行うリアリティショー『ハリウッド・ミディアム』と『タイラー・ヘンリーの死後の世界』という冠番組をもつ腕利きのミディアムです。前作では著者があの世の人たちから得た学びを織り交ぜつつ、自身の歩んできた道のりを綴っていますが、本作では自伝的要素も絡めたスピリチュアルな洞察がふんだんに盛りこまれています。

著者はミディアムとして、あの世の人たちや自身のスピリットガイドとの交信を通じてそうした洞察を得てきました。ミディアムには「中間・媒体」という意味があり、霊能者《ミディアム》は「この世（here）」と「あの世（hereafter）」の中間に立つ人と言えます。そしてミディアムシップとは、この世とあの世をつなぐコミュニケーションの一種と言えるでしょう。そうしたミディアムシップ、すなわち霊的世界との交信の歴史は世界各国に見られますが、この日本語版の出版にあたり、著者が「日本におけるミディアムシップ」に関する寄稿文を届けてくれましたので、ここにご紹介いたします（以下は著者の見解であり、日本のミディアムシップの起源については諸説あります）。

＊

日本――この伝統とスピリチュアリティが浸透する国にはミディアムシップの色濃い歴史があり、それは文化においても社会においても重要な役割を果たしています。

日本のミディアムシップの起源は古代の神道と仏教の伝統にあります。古墳時代（西暦二五〇～五三八年）に遡ると、日本人は神のお告げを仰ぎ、神霊と交流して、守護や導きを求めていました。こうした初期のミディアムシップが、その後の何世紀にもわたる、より洗練されたミディアムシップの礎を築いたのです。

祖先崇拝、すなわち「カミ」への畏敬の念は日本社会に深く根づいています。その中心には、人々を見守り、導き続ける先祖の霊に対する信心があります。家族は祭壇を置き、供物を捧げて先祖を敬い、ご加護を願います。

また、「巫女」と呼ばれる神社のミディアムは、生者と死者の意思疎通を行う重大な仕事を伝統的に担っていました。古代日本のミディアムは多くの場合が若い女性で、彼女たちはその純粋さゆえに選ばれました。彼女たちは正装して儀式を行い、トランスに似た状態に入って神霊と交信していました。ほかの多くの文化と同じく、日本も幼少時代や純粋さに「神性との結びつき」を見いだしたのです。多くの人が知恵を年齢と紐づける一方で、多くのミディアムは若いがゆえにあの世の次元により近しいと考えられていました。その次元に存在する神霊たちは、個人的な悩みから政治的な決断にいたるまで、種々の問題に助言を与えていました。こうしたミディアムシップの昔ながらの形態は宗教的実践と深く結びつき、日本の歴史の歩みを形作るうえできわめて重要な役目を果たしてきたのです。

日本古来のミディアムシップは文化的に珍しいだけではなく、日本の歴史の流れに多大な影響を与えました。時の支配者や統治者は、重要な決定をくだす際にはミディアムの助言を求めました。このことは、ミディアムシップがどれだけ深く古代日本の宗教的実践や統治と結びついていたかを示しています。出産に関する問題から国の統治にいたるまで、神託や予言は、それ以外の選択肢がすべて役に立たなかった時に必要な洞察をもたらしていました。

たとえば、古代日本で摂政として指導力を発揮した聖徳太子（五七四〜六二二年）は、仏教を強く支持していたことで知られています。彼は未来予知やミディアムシップを活用し、四天王寺など重要な仏寺を建立するといった重要な決断をくだしました。それは日本における仏教の普及に永続的な影響を与えることになります。

日本古来のミディアムシップは儀式を深く重んじ、しばしば複雑な祭式や厳格な男女の役割分担をともないました。それとは対照的に、現代のミディアムはより多様で身近なアプローチを取り、心理学とカウンセリングとスピリチュアリティの要素を組みこんでいます。時代の変化にともない、神性に対するわれわれの理解や、身近さも変化しているというわけです。

儀式は神聖なつながりの空間を作るうえで非常に役立ちます。儀式は一連の極めて個人的な実践で、誰にでも活用できるものです。儀式はわれわれの日常のスケジュールやルーティンを切り離し、意味深い瞬間を呼び起こします。われわれの人間的な資源、エネルギー、コントロール力がすべて枯渇した時、残るのは儀式であり、それはわれわれが自ら得ることのできないものを与えてくれます。

神聖な洞察を得る手法は進化してきましたが、その目的は常に同じ――宇宙のランダム性を通して新しいアイデアを促すことでした。新旧を問わず、そうしたスピリチュアルな手法のすべては、神聖な自然発生的現象が新しいアイデアを導きうるという考えの延長線上にあります。事実、世界が好転してきたのはそのおかげなのです！

＊

いかがでしたでしょうか？　ミディアムシップ、と聞くと耳慣れない言葉のように思われるかもしれませんが、日本でも古くから浸透している伝統的文化の一端を担っていたのですね。著者が述べているように、現代ではより広範に、そして形を変えてミディアムシップは活きています。誰もがミディアムになれるしなるべきだ、などとは思いませんが、「高次からアイデアを得られる」ということを心の片隅においていると、人生を有意義なものに変えるヒントになるかもしれません。

最後に、本作品を翻訳する機会を与えてくださったナチュラルスピリット社の今井社長、いつも的確なアドバイスをくださる編集の光田さん、本書の制作に携わるスタッフの方々、最後まで読んでくださった読者の皆さまにお礼申し上げます。一人でも多くの人が、この世とあの世の繋がりを知り、悔いのない人生を歩むことができますように。

采尾英理

二〇二四年八月

◆ 著者紹介

タイラー・ヘンリー　Tyler Henry

霊視能力者。1996年、米カリフォルニア州ハンフォード生まれ。

10歳の時に祖母の死を突然、正確に予知するとともに、亡くなった人と交信できる能力を発見して以来、人生が一変する。授かった特殊な能力を探究し磨きながら、地元の小さな街でリーディングを開始すると、その才能の噂はロサンゼルスにまで広がるようになる。

10代後半にハリウッドに拠点を移すと瞬く間にセレブの間で評判になり、2016年にはエンターテイメントテレビ局“E! Entertainment”のオファーで、セレブを一対一でリーディングするリアリティ番組『ハリウッド・ミディアム』がスタート。同番組で一躍有名になり、2022年には、一般の様々な依頼人たちにあの世からのメッセージを伝え、自らの家族の謎にも迫るリアリティシリーズ『タイラー・ヘンリーの死後の世界』がNetflixにて放映開始される。現在は、全米をまわるライブショー・ツアーも精力的に行い、あの世からの具体的な情報を、ユニークかつ愛に満ちた態度で人々に伝えている。

他の著書に『ふたつの世界の間で』（ナチュラルスピリット）がある。

ホームページ：https://www.thetylerhenrymedium.com

◆ 訳者紹介

采尾 英理　Eri Uneo

同志社大学文学部卒。翻訳作品に『クリエイティング・マネー』、『イエスの解放』（DVD）、『マインドとの同一化から目覚め、プレゼンスに生きる』（DVDブック）、『今だからわかること』、『無限との衝突』、『マインドフルネスを超えて』、『イエスと接した二人』などがある（すべてナチュラルスピリット刊）。

あの世に行った人たちから学ぶ、
この世の生き方
今のあなたの人生を有意義なものに変えるヒント

●

2024年9月9日　初版発行

著者／タイラー・ヘンリー
訳者／采尾英理

装幀／福田和雄（FUKUDA DESIGN）
編集・DTP／光田和子

発行者／今井博揮
発行所／株式会社 ナチュラルスピリット
〒101-0051 東京都千代田区神田神保町3-2 高橋ビル2階
TEL 03-6450-5938　FAX 03-6450-5978
info@naturalspirit.co.jp
https://www.naturalspirit.co.jp/

印刷所／中央精版印刷株式会社

ISBN978-4-86451-489-7 C0011
落丁・乱丁の場合はお取り替えいたします。
定価はカバーに表示してあります。